LA SABIDURÍA DE
TODOS LOS TIEMPOS

Wayne W. Dyer

LA SABIDURÍA DE TODOS LOS TIEMPOS

Cómo acercar las verdades eternas a nuestra vida cotidiana

Traducción de Alicia Sánchez

grijalbo mondadori

Título original:
WISDOM OF THE AGES
Traducido de la edición original de HarperCollins Publishers,
Nueva York, 1998
Cubierta: *idee*
© 1998, Wayne W. Dyer
© 1999 de la edición en castellano para todo el mundo:
    Grijalbo Mondadori, S.A.
    Aragó, 385, 08013 Barcelona
    www.grijalbo.com
© 1999, Alicia Sánchez, por la traducción
Primera edición
Todos los derechos reservados
ISBN: 84-253-3403-9
Depósito legal: B. 41.528-1999
Impreso en Hurope, S.L., Lima, 3 bis, Barcelona

Los autores agradecen los permisos para reproducir los siguientes textos:
– «For Anne Gregory», de William Butler Yeats; reproducido con permi-
so de Scribner, división de Simon and Schuster y extraído de *Collected
Works of W.B. Yeats*, vol. 1: *The Poems*, revisado y editado por Richard
J. Finneran; © 1933, Macmillan Publishing Company, renovado en 1961
por Bertha Georgie Yeats.
– «The Road Not Taken», de Robert Frost: de *The Poetry of Robert Frost*,
editado por Edward Connery Lathem; © 1916, 1969, Henry Holt and Co.,
reproducido con permiso de Henry Holt and Company, Inc.
– «So That's Who I Remind Me Of», de Ogden Nash: de *Good Intentions*,
de Ogden Nash; © 1942, Ogden Nash. Con autorización de Little, Brown
and Company.
– «On Being a Woman», de Dorothy Parker: de *The Portable Dorothy
Parker*, editado por Brendan Gill; ©1991, Viking Penguin. Reproducido
con autorización de Viking Penguin.

A nuestro hijo Sands Jay Dyer,
bodhisattva extraordinario

Cuando hayas muerto,
no busques
tu morada final en la tierra,
sino en el corazón de los hombres.

Jalal ud-Din RUMI

Las vidas de los grandes hombres nos recuerdan
que podemos sublimar las nuestras,
y al partir dejan tras de sí
sus huellas en las arenas del tiempo.

Henry Wadsworth LONGFELLOW

Agradecimientos

Quiero dar las gracias a estos sesenta maestros que se vieron impulsados a compartir su sabiduría en beneficio de toda la humanidad.

También deseo agradecer a mi querido amigo y agente literario durante los últimos veinticinco años, Arthur Pine, así como a mi editora, correctora, mecanógrafa y querida amiga, Joanna Pyle, su gran aportación a la producción de este libro.

Gracias, gracias.

Índice

Introducción

Puedo imaginar cómo era el mundo en otras épocas y me fascina lo que pudieron sentir en el fondo de su corazón las personas que vivieron antes que nosotros. Me resulta increíble pensar que Pitágoras, Buda, Jesucristo, Miguel Ángel, Shelley, Shakespeare, Emerson y tantos otros respetados maestros y guías espirituales pisaron este mismo suelo, bebieron esta misma agua, contemplaron la misma luna y se calentaron con el mismo sol que yo. Pero lo que más me intriga es saber qué es lo que a estas grandes mentes de todos los tiempos les hubiera gustado que supiéramos.

He llegado a la conclusión de que, para que se produzca un profundo cambio espiritual en nuestro mundo, hemos de conocer el legado de sabiduría que estos eminentes maestros de nuestra historia nos han dejado, para experimentarlo en nuestra vida. Muchos de estos grandes maestros fueron considerados una amenaza y algunos incluso fueron condenados a muerte por sus creencias. Sin embargo, sus enseñanzas nunca se han podido silenciar, como prueba la variedad de temas de diferentes períodos históricos expuestos en este libro. Sus palabras han perdurado en el tiempo y, gracias a ello, tenemos la oportunidad de leer y aplicar los consejos que nos dieron para disfrutar de una experiencia más profunda y más rica de la vida. Esta recopilación es un compendio de la sabiduría de todas las épocas y de lo que yo creo que esos sabios y creativos pensadores nos están transmitiendo para que impulsemos un profundo cambio espiritual en nuestras vidas.

De algún modo, las personas que vivimos actualmente en la Tierra estamos vinculados a todos aquellos que vivieron antes que nosotros. Puede que tengamos nuevas tecnologías y comodidades, pero todavía compartimos el mismo espacio del corazón, y la misma energía o fuerza vital que fluía a través de sus cuerpos corre ahora por los nuestros. Este libro está dedicado a esta imagen mental y a esta energía compartida. ¿Qué tienen que decirnos hoy en día esos eruditos de la Antigüedad a quienes consideramos los más sabios y avanzados espiritualmente?

Sus observaciones sobre las grandes lecciones de la vida están contenidas en la prosa, la poesía y los discursos que dejaron para que los leyéramos y los escucháramos. Aunque vivieron en otras épocas y bajo condiciones muy distintas, su mensaje sigue teniendo un significado para todos nosotros. La esencia de estas brillantes mentes del pasado ha perdurado a través de sus palabras.

He decidido destacar a sesenta grandes maestros por los que siento gran admiración y respeto. Son un grupo muy diverso, que representa la Antigüedad, la Edad Media, el Renacimiento, principios de la Edad Moderna y los tiempos actuales, y todas las regiones del mundo. Algunos vivieron hasta los noventa años y otros murieron a los veinte. Hombres, mujeres, blancos, negros, indios norteamericanos, Extremo Oriente, Oriente Próximo, eruditos, soldados, científicos, filósofos, poetas y políticos, están aquí y tienen algo que decirnos a cada uno de nosotros.

Que haya escogido a estos sesenta personajes no significa en modo alguno que los que no se encuentran aquí sean menos importantes. La elección de cada uno de ellos para ilustrar estos temas ha sido simplemente una cuestión de preferencia personal. Así de sencillo. De haber incluido a todos los grandes maestros del pasado, habrías tenido que alquilar un tráiler y una grúa para levantar este libro. ¡Sí, tan prodigioso es el legado de nuestros antepasados!

Cada sección está escrita de modo que podamos entender claramente cómo puede beneficiarnos la obra de estos grandes maestros, aquí y ahora. Cada parte está diseñada para transmitirnos un mensaje personal, incluyendo sugerencias específicas al final de cada breve ensayo sobre el mejor modo de poner en práctica esas enseñanzas en la vida cotidiana. Al ofrecerte estas profundas palabras de algunos de los más célebres maestros mi intención no es darte una clase de literatura. Si fuera así, te sería muy fácil desentenderte de las verdades que encierran y pensar: «Bueno, todo esto está muy bien para una clase de literatura o de humanidades, pero pertenece al pasado, y ahora estamos en el presente». Te recomiendo que leas cada sección abierto a la idea de que estas mentes privilegiadas comparten la misma divinidad y fuerza vital que tú y que yo, que te están hablando directamente en su propio lenguaje único y con su propio estilo ¡y que vas a empezar a aplicar su sabiduría en tu vida hoy mismo!

Mientras escribía estos ensayos tenía a mano una foto o un dibujo del maestro sobre el que estaba escribiendo y le preguntaba literalmente: «¿Qué te gustaría que aprendiéramos las personas de hoy en día?». Luego, adoptaba una actitud de entrega y escuchaba. Al dejarme guiar por ellos, mi escritura surgía casi automáticamente. Puede que resulte extraño, pero realmente sentía la presencia de esos escritores y poetas mientras escribía cada uno de los sesenta ensayos.

Muchos de los fragmentos de este libro son poemas. Para mí, la poesía es como el lenguaje del corazón: no es sólo una forma de entretenimiento o para aprobar en la escuela, sino un modo de transformar nuestras vidas comunicándonos mutuamente nuestra sabiduría. A continuación expongo tres ejemplos extraídos de mi propia vida sobre cómo la poesía, el lenguaje del corazón, me ha llegado al alma.

Hace muchos años, el día que me dieron el doctorado, asistí a una fiesta en la que me hicieron muchos regalos maravillosos. El que más me conmovió fue un poema escrito por mi madre que, treinta años más tarde, todavía cuelga de una de las paredes de mi despacho. Lo reproduzco aquí para ilustrar de qué modo la poesía, que no necesariamente se ha de originar en las mentes de las grandes celebridades, puede llegar a influir en nuestras vidas:

Una madre no puede hacer más que guiar...
después, se ha de apartar; yo sabía
que no podía decir:
«Éste es el camino
que has de seguir».

Puesto que no podía prever
qué caminos te podrían atraer
hacia cimas inimaginables
que quizá yo nunca llegue a conocer.

Sin embargo, en el fondo de mi corazón sabía
que tocarías una estrella...
¡No me sorprende!

Cuando Tracy, mi hija mayor, era sólo una niña de cinco o seis años, me envió un dibujo que había hecho en la escuela con un poema que expresaba sus sentimientos hacia mí. Su madre y yo nos habíamos separado, y ella conocía mi dolor por no poder estar a su lado todos los días. Éste también lo enmarqué y está colgado en la pared que está cerca de mi mesa:

Aunque el sol deje de brillar,
aunque el cielo nunca esté azul,
no me importará,
porque siempre te querré.

Cuando leo estos maravillosos pensamientos, expresados en forma de versos por mi hija, no puedo evitar que lleguen a mi corazón y que mis ojos derramen lágrimas de gratitud.

Por último, nuestra hija Sommer escribió este poema como regalo de Navidad para su madre. Está enmarcado y su madre lo tiene al lado de la cama para leerlo cada noche:

LO QUE TU CARIÑO SIGNIFICA PARA MÍ

Conocer tu sonrisa que
me saluda al abrir la puerta
y tus dulces palabras
que borran mis preocupaciones.

Cada vez que resbalo en un escalón
ahí estás para ayudarme a levantarme
y cuando tú y yo nos reímos juntas
me siento plena.

Tu amor hacia nosotros brilla
en todos los días nublados.
No puedo imaginar
que pudieras llegar a abandonarnos.

Otra madre como tú es imposible,
eres de. las que no se encuentran.
Por eso te quiero.
Esto es lo que tu amor significa para mí.

Tal como he dicho, la poesía es el lenguaje del corazón, y sin duda tu corazón se conmoverá cuando empieces a leer las palabras que sesenta majestuosas almas escribieron para ti en otro lugar y en otra época. Este libro te será más útil si lo entiendes como una forma de volver a conectar con esas grandes almas que han dejado nuestro mundo material en su forma física, pero que todavía están muy cerca de nosotros en el plano espiritual.

Te animo a que conviertas este libro en un proyecto de renovación interior de dos meses de educación, durante los cuales leerás sólo un ensayo cada día y luego tratarás de aplicar esas sugerencias. Cuando hayas llegado al final de los sesenta días, utilízalo como libro de referencia. Revisa los sesenta temas del índice, y si necesitas fomentar la paciencia, la clemencia, la amabilidad, la meditación, el perdón, la humildad, el liderazgo, la oración o cualquier otro tema del que hayan tratado los antiguos maestros, vuelve a leer el ensayo correspondiente y trata de aplicar sus recomendaciones específicas. ¡Déjate guiar por su grandeza!

Para mí ésta es la forma de enseñar poesía, prosa y literatura; permitir que cobre vida, dejar que se refleje en tu mente y luego hacer que ese despertar interior siga siempre vivo. Todos estamos profundamente agradecidos a aquellos que hacen que la vida palpite a un ritmo más intenso y vigoroso. Esto es lo que han hecho por mí esos grandes maestros del pasado, y por eso te animo a que apliques en tu vida este lenguaje del corazón de la sabiduría eterna.

Dios te bendiga.

Wayne W. Dyer

Meditación

Aprende a estar en silencio.
Deja que tu mente tranquila
escuche y se quede absorta.

PITÁGORAS
(580 a.C.-500 a.C.)

El principal interés de Pitágoras, filósofo y matemático griego, fue el estudio de las matemáticas en relación con los pesos y medidas y con la teoría musical.

Todas las desdichas del hombre provienen
de su incapacidad para sentarse tranquilamente
en una habitación a solas.

Blaise PASCAL
(1623-1662)

Blaise Pascal fue un filósofo, científico, matemático y escritor francés cuyos tratados aportaron una importante contribución en los campos de la hidráulica y la geometría pura.

Ésta es la única vez en toda esta recopilación que he optado por citar a dos escritores para un mismo tema. He escogido a dos hombres cuyas vidas estaban separadas por casi dos milenios. Los dos fueron considerados en su tiempo como los más doctos en los racionales campos de las matemáticas y la ciencia.

Pitágoras, cuyos escritos influyeron en el pensamiento de Pla-

23

tón y Aristóteles, fue uno de los que más aportaron al desarrollo de las matemáticas y de la filosofía de Occidente. Blaise Pascal, famoso matemático, físico y filósofo religioso francés, que vivió veintidós siglos después que Pitágoras, es considerado una de las primeras mentes científicas. Fue el inventor de la jeringa, de la prensa hidráulica y de la primera calculadora. Hoy, la ley de la presión de Pascal todavía se enseña en las clases de ciencias de todo el mundo.

Recordando las inclinaciones de estos dos científicos en los que predomina el hemisferio izquierdo, vamos a leer de nuevo las dos citas. Pascal: «Todas las desdichas del hombre provienen de su incapacidad para sentarse tranquilamente en una habitación a solas». Pitágoras: «Aprende a estar en silencio. Deja que tu mente tranquila escuche y se quede absorta». Ambos hablan de la importancia del silencio y del valor que tiene la meditación en nuestra vida, tanto si eres contable como si eres un avatar. Nos envían un valioso mensaje acerca de una práctica que no se fomenta mucho en nuestra cultura: la importancia de dedicar un tiempo a estar a solas y en silencio. Si deseas despojarte del sufrimiento, aprende a permanecer a solas y en silencio en una habitación y medita.

Se calcula que una persona normal tiene unos sesenta mil pensamientos distintos al día. El problema es que hoy tenemos los mismos pensamientos que ayer y los mismos que mañana. Nuestras mentes están ocupadas en la misma conversación interior de todos los días. Aprender a estar en silencio y a meditar implica descubrir cómo entrar en los espacios que existen entre los pensamientos; en los huecos, como yo los llamo. En este silencioso espacio vacío entre nuestros pensamientos, podemos disfrutar de una sensación de paz total que normalmente nos es desconocida. En él, cualquier pensamiento ilusorio de separación se aniquila. Sin embargo, si tienes sesenta mil pensamientos distintos al día, no hay tiempo para entrar en ese hueco entre pensamientos, ¡porque no existe!

En la mayoría de los casos, nuestra mente trabaja a un ritmo vertiginoso día y noche. Nuestros pensamientos son un maremágnum continuo de horarios, preocupaciones económicas, fantasías sexuales, listas de la compra, problemas con las cortinas, inquietud por los hijos, planes de vacaciones y así sucesivamente, como un carrusel que nunca para. Esos sesenta mil pensamientos suelen girar en torno a las actividades cotidianas y crean unas pautas mentales que no dejan lugar para el silencio.

Estas pautas refuerzan nuestra opinión de que los vacíos que se producen en las conversaciones (silencios) se han de llenar rápidamente. Para muchos, el silencio supone una situación embarazosa y un defecto social. Por consiguiente, aprendemos a llenar esos espacios, independientemente de si el relleno tiene algún sentido. Los períodos de silencio dentro de un vehículo o en una cena se perciben como momentos difíciles y la gente de mundo sabe cómo llenarlos con algún tipo de ruido.

Lo mismo hacemos con nosotros mismos; no estamos preparados para el silencio, nos resulta pesado y nos causa confusión. Por lo tanto, mantenemos el diálogo interior igual que el exterior. No obstante, en ese lugar para el silencio el viejo maestro Pitágoras nos dice que dejemos que nuestra mente permanezca tranquila y absorta: la confusión desaparecerá y nos sentiremos iluminados. La meditación afecta también a la calidad de las actividades que no hacemos en silencio. La práctica diaria de la meditación es lo único que proporciona a mi vida sensación de bienestar, una mayor energía y una productividad más consciente, relaciones más satisfactorias y una relación más estrecha con Dios.

La mente es como un lago. En la superficie ves el movimiento del agua; sin embargo, la superficie no es más que una parte del lago. Bajo la superficie, en la quietud de las profundidades, conocerás la verdadera esencia del lago, como la de tu propia mente. Al atravesar la superficie, llegas a los espacios que hay entre los pensamientos y puedes entrar en esos huecos. El hueco es vacuidad total o silencio, y es indivisible. No importa cuántas veces cortes el silencio por la mitad: siempre obtendrás silencio. Esto es lo que significa el «ahora». Quizá sea la esencia de Dios, que no se puede separar de la unidad.

Estos dos científicos pioneros, que todavía se citan en la actualidad en las universidades, estudiaban la naturaleza del universo. Se esforzaron por descubrir los misterios de la energía, la presión, las matemáticas, el espacio, el tiempo y las verdades universales. Su mensaje para todos nosotros es muy sencillo: si quieres entender el universo o tu propio universo personal, si deseas saber cómo funciona, quédate en silencio y enfréntate a tus miedos a solas en una habitación, adéntrate en las profundidades de tu propia mente.

El espacio entre las notas crea la música. Sin ese vacío, ese silencio intermedio, no hay música, sólo ruido. Tú también eres un espacio vacío y silencioso en tu centro, que está rodeado de forma. Para atravesar la forma y descubrir la naturaleza creativa que yace en el centro, has de dedicar un tiempo cada día a estar en silencio, a entrar en ese espacio extático que hay entre los pensamientos. Por más que yo escriba sobre el valor de la meditación diaria, tú no podrás apreciar el valor de esta práctica si no te comprometes a practicarla.

Mi finalidad al escribir este breve ensayo sobre el valor de la meditación no es explicarte cómo has de meditar. Hay muchos cursos útiles, manuales y casetes para enseñarte a hacerlo. Mi propósito es poner de relieve que la meditación no es una práctica exclusiva para aquellas personas con una inquietud espiritual que desean pasar su vida en profunda contemplación, descuidando la productividad y las responsabilidades sociales. La meditación es una práctica defendida por los que confían en la razón, por los que hacen cálculos matemáticos, por los autores de teoremas y por los que creen en la ley de Pascal. Puede que te sientas como Blaise Pascal cuando escribió: «El eterno silencio de estos espacios infinitos me aterra».

A continuación expongo algunas sugerencias para que superes ese terror y aprendas a estar en silencio cuando estés a solas en una habitación:

• Concentra tu atención en la respiración para aprender a volverte hacia tu interior, hacia el yo silencioso. Puedes hacerlo en una reunión, mientras hablas con alguien o incluso en una fiesta. Simplemente observa y concéntrate en tu respiración durante unos momentos, varias veces al día.

• Busca un momento al día para sentarte a solas en una habitación y observar tu mente. Observa los distintos pensamientos que entran y salen y que te conducen al siguiente pensamiento. Ser consciente de la frenética actividad mental te ayudará a trascender el desenfrenado ritmo de tus pensamientos.

• Lee un libro sobre meditación o intégrate en algún grupo para aprender a practicarla. Te puedes iniciar en ella con maestros o en centros de meditación.

• Hay muchos CDRom y cintas sobre meditación. Busca alguna que te atraiga. Yo he grabado una que se titula *Meditation for Manifesting* [Meditación para la manifestación], en la que enseño la meditación específica denominada *japa*. Te guío en una meditación matinal y otra vespertina utilizando mi voz para ayudarte a repetir los sonidos de lo divino. Los beneficios de la cinta se destinan a obras de caridad.

Conocimiento

No creas en lo que has oído.
No creas en la tradición porque provenga de muchas generaciones.
No creas en nada de lo que se ha hablado muchas veces.
No creas en algo porque haya sido escrito por algún viejo sabio.
No creas en las conjeturas.
No creas en la autoridad, en los maestros o en los ancianos.
Cuando hayas observado y analizado detenidamente una cosa,
que esté de acuerdo con la razón y beneficie a uno y a todos,
entonces acéptala y vive conforme a ella.

BUDA
(563 a.C.-483 a.C.)

Buda, fundador del budismo, una de las principales religiones del mundo, era el príncipe Siddhartha Gautama, que nació en el nordeste de la India, cerca de la frontera con Nepal. Cuando, a la edad de veintinueve años, vio la desgracia, la enfermedad y la muerte a las que hasta los más poderosos y ricos están sujetos en esta vida, abandonó su palacio y partió en busca de una verdad más elevada.

La palabra *buddha* es en realidad un título que significa «el despierto» o «el iluminado». Es el título que se le dio a Siddhartha Gautama, que abandonó la vida palaciega a la edad de veintinueve años y emprendió la búsqueda de un conocimiento religioso y de una forma de liberarse de la condición humana. Se dice que desechó las enseñanzas de sus contemporáneos y que alcanzó la iluminación o el entendimiento supremo a través de la meditación. A partir de entonces, asumió la función de maestro, instruyendo a sus seguidores en el *dharma* o verdad.

Sus enseñanzas se convirtieron en la base de la práctica religiosa del budismo, que ha desempeñado un papel fundamental en la vida espiritual, cultural y social de Oriente y también de gran parte de Occidente. En este ensayo, he optado deliberadamente por no escribir sobre los principios de la doctrina budista y he preferido citar este conocido fragmento de Buda y hablar del significado que tiene para nosotros en la actualidad, unos veinticinco siglos después de su muerte.

La palabra clave del fragmento es «creer». De hecho, la frase principal es: «No creas». Todo aquello que llevas contigo y que denominas creencia, lo has hecho tuyo debido en gran parte a las experiencias y los testimonios de otras personas. Si te llega a través de una fuente exterior, independientemente de lo convincente que pueda ser el proceso de condicionamiento y de cuántas personas hayan contribuido a convencerte de la verdad de esas creencias, por el hecho de que sea una verdad ajena debes recibirla con dudas e interrogantes.

Si tuviera que intentar convencerte del sabor de un delicioso pescado, quizá me escucharías, pero tendrías tus dudas. Si te enseñara las fotos de ese pescado y cientos de testimonios de personas que apoyaran mis afirmaciones, puede que estuvieras más convencido. Pero aún te quedaría la duda, porque no lo habrías probado. Puedes aceptar la verdad de que a mí me resulte delicioso, pero hasta que no pruebes personalmente el pescado, tu opinión será sólo una creencia basada en la mía, en mi experiencia. Lo mismo sucede con todos los bienintencionados miembros de tu familia y con tus antepasados.

El hecho de que una creencia goce de una tradición de siglos y haya sido respaldada por los más grandes maestros no es motivo para aceptarla sin más. Recuerda lo que dice Buda: «No creas».

En vez de usar el término «creencia», intenta cambiarlo por la palabra «conocimiento». Cuando tienes la experiencia directa de saborear el pescado, obtienes el conocimiento. Es decir, lo incorporas conscientemente y puedes determinar la verdad basándote en tu experiencia. No sabes montar en bicicleta o nadar por tener una creencia, sino por tu experiencia directa.

El «iluminado» de hace veinticinco siglos te recuerda directamente que apliques este mismo entendimiento en tu práctica espiritual. Hay una diferencia fundamental entre haber oído hablar de algo y conocerlo. «Haber oído hablar» es otra forma de decir «creer». «Conocer» es un término exclusivamente reservado para la experiencia directa, que significa la ausencia de duda. Recuerdo a un conocido curandero kahuna que respondió a mis preguntas sobre cómo llegar a ser sanador. Me dijo: «Ante una enfermedad, cuando un conocimiento se enfrenta a una creencia, el conocimiento siempre triunfa». Me explicó que los kahunas eran educados para dejar a un lado las dudas y abrazar el conocimiento.

Cuando pienso en las parábolas que presentan a Jesucristo como el gran sanador, no puedo albergar ninguna duda. Cuando Cristo se acercaba a un leproso no decía: «Últimamente no hemos tenido mucho éxito con la lepra, pero si sigues mi consejo, tendrás un treinta por ciento de posibilidades de sobrevivir en los próximos cinco años». Es fácil ver toda la duda que alberga esta frase. Él hubiera dicho desde su estado de conocimiento absoluto: «Estás curado». Éste es el mismo estado de contacto consciente con el conocimiento que permitía a san Francisco realizar sus curaciones milagrosas. De hecho, todos los milagros resultan de transmutar la duda en conocimiento.

No obstante, la capacidad persuasiva de la influencia cultural es muy fuerte. Constantemente te están recordando lo que has o no has de creer, lo que todos los miembros de tu grupo social han creído siempre y lo que pasará si no respetas esas creencias. El miedo se convierte en el eterno compañero de tus credos y, a pesar de las dudas que puedas tener, sueles adoptarlos y se convierten en las muletas en las que apoyas tu vida mientras buscas una salida para las trampas que cuidadosamente han sembrado generaciones de creyentes anteriores a ti.

Buda nos da un gran consejo y, como podrás ver, en su conclusión no aparece la palabra «creer». Él nos dice que cuando una cosa esté de acuerdo con la razón —es decir, cuando sepas que es cierta basándote en tu observación y en tu experiencia— y beneficie a uno y a todos, entonces, sólo entonces, ¡vive conforme a ello!

En este libro te ofrezco un compendio sobre algunos de los genios más famosos y creativos de todos los tiempos. Sus palabras te hablan desde otra época, y te animo a que hagas lo mismo con ellas que con las que te ha transmitido tu cultura desde hace muchas generaciones. Ante todo, pon en práctica los consejos que aquí se exponen. Pregúntate de qué modo se ajustan a tu propia razón y sentido común y, si te benefician a ti y a los demás, entonces vive de acuerdo a ellos. Es decir, forja tu conocimiento.

Cuando te niegas a dejarte influir por los patrones establecidos, la gente te ve como una persona insensible o indiferente a la experiencia y las enseñanzas de los demás, especialmente de aquellos que más se preocupan por ti. Te sugiero que leas varias veces estas palabras de Buda. Él no habla de rechazo, sólo de ser lo bastante adulto y maduro para tomar tus propias decisiones y vivir según tu conocimiento, en lugar de hacerlo conforme a la experiencia y el testimonio de los demás.

No podrás aprender nada a través de los esfuerzos ajenos. Los más grandes maestros del mundo no te podrán enseñar nada, a menos que estés dispuesto a aplicar lo que te ofrecen basándote en tu conocimiento. Esos grandes maestros sólo te ofrecerán opciones en el menú de la vida. Pueden hacer que éstas resulten muy atractivas y en último término tal vez te ayuden a elegir. Puede que hasta escriban el menú, pero el menú nunca podrá ser la comida.

Para que la sabiduría empiece a funcionar te sirvo en bandeja estos «aperitivos» de mi propio menú:

• Haz una lista de todas las creencias en las que puedas pensar. Incluye cosas como tu actitud hacia la religión, la pena capital, los derechos de las minorías, la reencarnación, la juventud, los ancianos, la medicina no tradicional, lo que sucede después de la muerte, tus tendencias culturales, la capacidad para realizar milagros.

• Sé sincero con este inventario respecto a cuántas de tus firmes creencias se basan en tus propias experiencias de la vida y cuántas son heredadas. Intenta abrir tu mente para experimentar las cosas por ti mismo antes de proclamarlas como ciertas y vivir conforme a ellas.

- Ábrete a sistemas de creencias que sean opuestos a los que te son familiares. Experimenta lo que es estar en la piel de los que son diferentes a ti. Cuantas más experiencias «contrarias» te permitas tener, más conocerás la verdad.

- No te dejes seducir por los argumentos basados en las ideas que te han inculcado personas bienintencionadas. Es decir, ¡deja de emplear tu energía en cosas en las que no crees o que sabes que no son para ti!

Liderazgo

ACTUAR CON SENCILLEZ

Los verdaderos gobernantes
apenas son conocidos por sus seguidores.
Cerca de ellos se encuentran los líderes
que la gente conoce y admira;
después de éstos, aquellos a los que temen;
después de éstos, aquellos a los que desprecian.

No dar confianza
es no recibir confianza.

Cuando se hace bien el trabajo,
sin alboroto ni ostentación,
la gente corriente dice:
«¡Oh, lo hemos hecho!».

LAOZI
(VI a.C.)

Laozi (también conocido como Lao Tse o Lao Tzu), filósofo chino, escribió el Tao Te Ching, *que significa «la senda». Es la base de la práctica religiosa del taoísmo.*

Con frecuencia me sorprende ver cuántos políticos contemporáneos se refieren a sí mismos como «líderes», por el simple hecho de ocupar un cargo oficial. Si repasamos la historia, es evidente que los que ocupan cargos políticos rara vez han sido los que han producido los cambios. Por ejemplo, ¿quiénes fueron los líderes del Renacimiento? ¿Fueron los que ocupaban los puestos oficiales? ¿Fueron los alcaldes, gobernadores y presidentes de las capitales europeas? Por supuesto que no.

Los líderes fueron los artistas, escritores y músicos que escucharon a sus corazones y espíritus y expresaron lo que oían, conduciendo a los demás a descubrir la voz que también vibraba en su interior. Al final el mundo entero escuchó con una nueva conciencia, que fue la responsable del triunfo de la dignidad humana sobre la tiranía. Los verdaderos líderes rara vez poseen un título.

Piensa por qué títulos se te conoce y cómo intentas vivir conforme a los mismos. Puedes tener el título de padre o de madre, que es una tremenda responsabilidad. Cuando tus hijos busquen tu consejo porque te ven como el cabeza de familia, ten presente que lo que realmente deseas es que ellos puedan decir «lo he hecho yo solo», en lugar de darte el mérito a ti. Trata de ensalzar tus cualidades de líder estando siempre alerta para no caer en el pensamiento erróneo de que los títulos te convierten en líder. Los verdaderos dirigentes no son conocidos por sus títulos. ¡Es el ego quien necesita los títulos!

Ayudar a los demás a convertirse en líderes, mientras ejercitas en ti mismo las verdaderas cualidades del liderazgo, implica hacer un gran esfuerzo para frenar la influencia del ego. Los líderes disfrutan de la confianza de los demás, que es muy distinto a gozar de los privilegios, los halagos y el poder que el ego insiste en que son signos de liderazgo. Para recibir confianza has de dar confianza.

Observa las veces que insistes en que los demás hagan las cosas a tu manera. Laozi nos dice que un líder con esta actitud es el menos eficaz y el más despreciado. Tu estilo de mando te hará decir frases amenazadoras, como: «Te castigaré si no lo haces a mi manera». Laozi nos dice que los gobernantes que se apoyan en el miedo no están cualificados para gobernar. El líder cuya motivación es suscitar la admiración, según Laozi tampoco es un maestro en gobernar. Los que siguen este estilo dirían: «Te daré una recompensa si haces esto como yo quiero». El verdadero líder actúa de tal manera que casi pasa desapercibido en todo el proceso. Este líder da confianza y ánimo y sabe felicitar a los demás cuando encuentran su propio camino.

Cuando nuestros legisladores nos dicen qué es lo que necesitamos, emplean la táctica del miedo para predecir terribles consecuencias o tratan de que actuemos inducidos por admiración hacia ellos, no son verdaderos líderes. Para ser un verdadero líder se ha de permanecer en silencio y escuchar cómo el pueblo dice: «Sí, hemos sido nosotros los que hemos creado esta gran economía».

Lo mismo sucede contigo. Para ser un verdadero líder en tu vida y en la de los demás, reprime la necesidad de reconocimiento. Guía sin poner trabas, dando confianza siempre que puedas. Sonríe gentilmente al deseo de fama de tu ego y reconoce en silencio tu verdadero liderazgo cuando oigas decir a los demás: «¡Oh, sí, lo hemos hecho nosotros!». A continuación apunto algunas sugerencias para aplicar la sabiduría de Laozi:

• Antes de actuar, detente y pregúntate si lo que vas a decir suscitará odio, temor, admiración o autoconciencia. Elige fomentar la autoconciencia.

• Actúa sobre tu deseo de ser un verdadero líder siendo eficaz de la forma más silenciosa posible. ¡Descubre a alguien que hace algo bien!

• Sé consciente de que el ego será quien te insinúe que eres un fracaso. En lugar de verte como un fracaso porque no recibes reconocimiento alguno, recuérdate que has triunfado como líder y afablemente haz saber a tu ego que ésta es la forma de tener éxito como dirigente.

Paciencia

No desees que las cosas
se hagan deprisa.
No te fijes en las pequeñas ventajas.
Desear que las cosas se hagan deprisa
impide que se hagan bien.
Fijarse en las pequeñas ventajas
impide realizar grandes empresas.

CONFUCIO
(551 a.C. - 479 a.C.)

Confucio fue un maestro y filósofo chino, cuyo pensamiento tuvo una gran influencia en la vida y la cultura de su país durante casi dos mil años.

Tengo esta cita del antiguo maestro y filósofo chino Confucio pegada sobre mi máquina de escribir como recordatorio para no hacer nada que pueda impedir que se cumplan las «grandes empresas». Son muchas las cosas que nuestra naturaleza puede enseñarnos sobre el modo en que obstaculizamos nuestra grandeza. Sin embargo, solemos olvidar los dictados de nuestra naturaleza en favor de lo que nos dicta nuestra mente.

La paciencia es el ingrediente clave en el proceso del mundo natural y en nuestro mundo personal. Por ejemplo, si me hago un arañazo en el brazo o me rompo un hueso, el proceso de curación tiene lugar a su propio ritmo, independientemente de cualquier opinión que yo pueda tener al respecto. Eso es el mundo natural en acción. Mi deseo de que se cure pronto no sirve de nada. Si aplico esta impaciencia a mi mundo personal, estaré poniendo trabas para que sane apropiadamente, como advirtió Confucio hace veinticinco siglos. Shakespeare manifestó una opinión similar a la de este antiguo predecesor chino cuando escribió: «¡Qué pobres son los que no tienen paciencia! ¿Qué herida que se haya curado jamás no lo ha hecho gradualmente?».

Cuando era niño, recuerdo haber plantado en primavera algunas semillas de rábanos. Cuando llegaba el comienzo del verano, observaba los tallos verdes sobresaliendo de la tierra. Los veía crecer un poco cada día, hasta que al final ya no podía esperar más y empezaba a tirar de los brotes para intentar que crecieran más rápido. Todavía no había aprendido que la naturaleza revela sus secretos en el momento preciso. Cuando tiraba de las pequeñas hojitas, del suelo emergían rábanos sin formar; mi impaciencia infantil, que me impulsaba a querer verlos crecidos cuanto antes, era precisamente lo que impedía que llegaran a formarse.

Ahora, cuando me preguntan si estoy decepcionado porque alguno de mis libros no aparece en la lista de *best-sellers* como los anteriores, pienso en esta observación del sabio chino: «Las grandes cosas no temen al tiempo». ¡Qué gran cumplido para el genio de Confucio que sus palabras todavía se citen hoy en día y que aún se aplique su conocimiento veinticinco siglos después de su muerte! Yo también escribo para esas almas que aún no se han materializado, y si ello supone sacrificar la pequeña ventaja de una posición de prestigio en alguna lista de éxitos, mi impaciente ego puede estar perplejo, pero ¡yo estoy contento!

Hay una frase de *Un curso de milagros* que puede desconcertar a cualquiera que sea prisionero de su ego, porque parece una contradicción. Dice así: «La paciencia infinita produce resultados inmediatos», y no es sino un eco del consejo de veinticinco siglos de antigüedad sobre el que estás leyendo. La paciencia infinita es aquello que subyace a la condición de fe o de conocimiento absoluto. Si sabes sin lugar a dudas que lo que estás haciendo guarda coherencia con tu objetivo y que estás tratando de llevar a cabo una gran empresa, estarás en paz contigo mismo y en armonía con tu heroica misión, de lo cual resulta una profunda sensación de paz y beatitud que ya es en sí misma un estado de iluminación. Por ende, la paciencia infinita lleva tu fe a un punto en que hacer las cosas deprisa no tiene el menor interés. Transmutas la necesidad de ver resultados inmediatos, al igual que cuando tus cortes, arañazos y heridas sanan según los dictámenes de la naturaleza en lugar de seguir los designios de tu yo impaciente.

Este tipo de conocimiento me ha ayudado inmensamente en mi labor de escritor y en mi vida profesional. Por lo que se refiere a mis hijos, procuro no preocuparme demasiado por los resultados de sus exámenes o por una conducta irregular en un determinado momento, porque no dejan de ser cosas menores en el contexto general de su vida. Tal como reza un proverbio oriental, probablemente inspirado en las palabras de Confucio: «Con tiempo y paciencia, la hoja de la morera se convierte en toga de seda». Del mismo modo, veo a mis hijos como togas de seda en proceso de fabricación. No cabe duda de que saboreamos los pequeños triunfos del aquí y ahora. Sin embargo, también sé que cualquier revés no hará más que aumentar su grandeza.

La impaciencia fomenta el miedo, el estrés y el desánimo. La paciencia se manifiesta en la confianza, en la decisión y en un sentimiento de pacífica satisfacción. Mientras contemplas tu propia vida, examina con qué frecuencia exiges señales de éxito inmediato para ti y para los demás e intenta ver las cosas desde una perspectiva más amplia. Cuando tienes un propósito y aplicas una perspectiva más global, puedes desprenderte de la inclinación a buscar reconocimiento bajo forma de condecoraciones y aplausos.

Es posible que en tu vida hayas tenido alguna experiencia similar a la que yo pasé con las adicciones. Cuando me puse como meta dejar de tomar sustancias adictivas como la cafeína y el alcohol solía buscar pequeñas victorias, como no beber durante todo un día, y cuando lo conseguía bajaba la guardia y volvía a tomarme una Coca-Cola o una cerveza para celebrarlo. Al dar tanta importancia a mis pequeñas victorias estaba frenando mis posibilidades de conseguir plenamente mi objetivo. Cuando desarrollé una paciencia infinita conmigo mismo, puse el problema en manos de Dios y recordé lo perfecto que Él había sido siempre conmigo, incluso en mis peores momentos. Al ser infinitamente paciente pude ver que las sustancias tóxicas interferían en mi propósito más elevado y en la misión de mi vida, y las abandoné.

No te equivoques, todos mis pensamientos acerca de dejar mis adicciones, todas mis tentativas y mis fracasos —esas «pequeñas ventajas», como las llama Confucio— formaban parte del proceso de purificación. Al ser paciente conmigo mismo, pude ser paciente con mis pequeñas victorias, y así éstas no se convirtieron en un obstáculo para que alcanzara mi verdadero objetivo. Permití que el proceso avanzara a su propio ritmo, y gracias a eso hoy puedo ver con claridad que desprenderme de mi impaciencia me confirió la capacidad de pasar a un nivel que nunca hubiera imaginado cuando no dejaba de felicitarme por mis pequeños triunfos y luego me volvía a retirar en mi derrota. Si puedes apreciar la paradoja de esta situación, disfrutarás de estos dos dichos paradójicos: «La paciencia infinita produce resultados inmediatos» y «Un solo día cada vez produce resultados eternos».

Para ver el absurdo de la impaciencia en tu vida, adelanta el reloj varias horas y arranca varias páginas del calendario. Entonces, ¡observa si has avanzado en el tiempo! Los fracasos y frustraciones, así como los éxitos inmediatos, forman parte del todo perfecto. Si observas la naturaleza —tu naturaleza y el mundo natural que te rodea—, verás que has de permitir que cada herida se cierre a su propio ritmo; para comerte un higo, primero has de dejar que salga la flor, luego el fruto, y que éste madure. Confía en tu naturaleza y abandona el deseo de obtener resultados inmediatos.

Para conseguirlo:

• Deja de evaluar tus éxitos o fracasos basándote en los signos inmediatos. Si interiormente sabes que tienes una misión más elevada que lo que pueda parecer a simple vista, te liberarás de la estupidez de desear resultados inmediatos. Ir a la cabeza desde el inicio del juego puede suponer una gran desventaja, si eso oscurece tu perspectiva global del mismo.

• Piensa en lo que estás haciendo a cinco siglos vista en vez de a cinco minutos. Produce para los que estarán aquí dentro de cinco siglos, y en lugar de hacer hincapié en los resultados inmediatos lo harás en empresas mucho mayores.

• Sé tan paciente contigo mismo, con todos tus éxitos y fracasos, como crees que Dios lo ha sido siempre contigo. Cuando puedes delegar un problema en alguien que está por encima de ti y con quien te sientes vinculado, inmediatamente pasas a ese estado de paciencia infinita y dejas de buscar los pequeños signos del presente.

Inspiración

Cuando estás inspirado por algún gran propósito,
por algún proyecto extraordinario,
los pensamientos rompen sus barreras;
la mente trasciende sus limitaciones,
la conciencia se expande en todas las direcciones,
y te encuentras en un mundo nuevo y maravilloso.
Las fuerzas, las facultades y los talentos dormidos
cobran vida
y te das cuenta de que eres mucho más grande
de lo que jamás hubieras soñado.

PATANJALI
(*c.* i-iii a.C.)

Patanjali, autor de los Yoga Sutras, *vivió en la India, probablemente entre uno y tres siglos antes que Cristo, y se le atribuye haber establecido la tradición de la meditación. Se ha dicho de él que fue un matemático del misticismo y un Einstein en el mundo de los buddhas.*

Aproximadamente en el siglo ii a.C., un hombre considerado santo por su gente escribió un clásico de la literatura hindú denominado los *Yoga Sutras*, bajo el seudónimo de Patanjali. En este libro, clasificó el pensamiento yóguico en cuatro volúmenes. Sus tratados se titulan *Samadhi* (Trascendencia), *La práctica del yoga, Poder psíquico* y *Kaivalya* (Liberación).

Estos sutras no son otra cosa que un método para conocer a Dios y alcanzar el más elevado estado de conciencia, y son muchas las personas que ven las palabras de este místico como los fundamentos para construir una base espiritual y liberarse de las limitaciones del cuerpo y del ego.

He seleccionado este fragmento de Patanjali porque creo que expresa una verdad universal de todos los tiempos. Te animo a que repases sus palabras conmigo, paso a paso; mientras lo haces, recuerda que millones de personas hasta la fecha han estudiado las enseñanzas de este maestro de la Antigüedad, al que todavía se considera un avatar que nos está ofreciendo su divina sabiduría. Patanjali explica que, cuando estamos verdaderamente inspirados por algo que consideramos extraordinario, empiezan a sucedernos cosas realmente sorprendentes, especialmente en nuestros procesos de pensamiento. De algún modo, cuando nos implicamos mucho en algo que nos gusta especialmente, nuestros pensamientos empiezan a cambiar y a perder esa sensación de limitación.

Por propia experiencia sé que cuando estoy hablando en público o cuando escribo siento que estoy cumpliendo «mi propósito» en la vida. En esos momentos, tengo la profunda sensación de que soy el instrumento de un ser superior, como si no fuera realmente este cuerpo físico denominado Wayne Dyer el que está dando la charla o escribiendo el libro. Me doy cuenta de que mi mente no considera el concepto de limitación. Sé que no estoy solo y que la guía divina está conmigo, y hablo y escribo sin dificultad alguna. Tengo la impresión de que, en esos instantes, cuerpo y mente están en armonía. Algunos han denominado a este estado «fluir», otros lo llaman «experiencia cumbre». Patanjali lo describe así: «La conciencia se expande en todas las direcciones, y te encuentras en un mundo nuevo y maravilloso».

Cuando leas estas palabras, ten presente la naturaleza sempiterna de este consejo. Incluso aquellos que vivieron en tiempos remotos conocían la importancia de tener un propósito en la vida. En los momentos cumbre de la experiencia, en esos inspirados instantes en los que te sientes en unión con Dios y con todo el universo, experimentas la vida como algo verdaderamente maravilloso. Esto ocurre cuando estás en el plano de la inspiración. Tu atención no se fija en lo que está mal o en lo que falta, sino en la equilibrada sensación que procede de estar «en espíritu». Estás cocreando con el espíritu. Es decir, estás teniendo un momento de inspiración.

Después Patanjali habla de lo que yo considero el aspecto más extraordinario de este estado de gracia inspiradora. «Las fuerzas, las facultades y los talentos dormidos cobran vida», nos dice. Esto significa que muchas de las cosas que creíamos que superaban nuestra capacidad de manifestación despiertan en nuestro interior. Cuando estoy realmente inspirado en algún proyecto, he descubierto que me olvido del cansancio, a pesar de no dormir. Me doy cuenta de que no pienso en comer y que, de hecho, mi cuerpo parece abandonar sus continuas exigencias y puedo avanzar en mi trabajo sin esfuerzo alguno. La fatiga por las diferencias horarias desaparece cuando estoy centrado en mi actividad, aunque haya cruzado ocho o nueve zonas horarias en un solo día.

Si no das los pasos necesarios para conseguir la inspiración en tu vida, esas facultades y talentos que describe Patanjali seguirán dormidos. Creo que el empleo en este caso del concepto «fuerzas dormidas» es muy importante. Cuando te encuentras centrado en ese estado, activas unas fuerzas universales que anteriormente estaban fuera de tu alcance. Lo que necesites se materializará. Aparecerá la persona adecuada en el momento apropiado. Recibirás la llamada telefónica que esperabas. Encontrarás las piezas que te faltan. Controlarás las coincidencias de tu vida, lo cual suena un tanto paradójico. No obstante, cuando consigues el apoyo del espíritu a través de la inspiración, se puede aplicar el proverbio zen: «Cuando el discípulo está preparado, aparece el maestro».

Cuando hablo o escribo centrándome únicamente en aquello en lo que puedo ser útil y dejo mi ego aparcado, las palabras «estancado» o «bloqueado» nunca entran en el ámbito de mi conciencia. Es como si supiera que tengo una guía, siempre y cuando yo (mi ego) no intervenga. Esa fuerza dormida a la que Patanjali hace alusión se activa cuando conectamos con lo divino, cuando nos centramos en un proyecto que implique de alguna forma al espíritu. Entonces, como sugiere Patanjali: «Te das cuenta de que eres mucho más grande de lo que jamás hubieras soñado». ¡Extraordinario! Goethe escribió: «El hombre no ha nacido para resolver los problemas del universo, sino para descubrir lo que ha venido a hacer». Yo añadiría: «Y a hacerlo con su inspiración».

Si dudas de tu habilidad para trascender las limitaciones y activar fuerzas durante tanto tiempo dormidas, reflexiona con una mente abierta sobre este sabio consejo de uno de los más grandes maestros espirituales del mundo. Lee cada pensamiento como si te estuviera hablando directamente a ti. En tu interior existe una persona mucho más grande de lo que jamás hubieras podido imaginar. Patanjali sugiere que esa persona aflora cuando estás inspirado por lo extraordinario. Probablemente tu siguiente pregunta sea: «Pero, ¿qué pasa si no sé cuál es ese proyecto? ¿Cómo puedo descubrir mi propósito en la vida?».

Ten presente que, en este caso, tu trabajo no es preguntar cómo, sino decir «¡Sí!». Ábrete a las ideas de los antiguos *Yoga Sutras* que se han expuesto en este pasaje y confía en que aparecerá el medio. Pregúntate: «¿Cuándo me siento más pleno? ¿Cuándo me siento maravillosamente y creo ser una gran persona?». Sea cual fuere la respuesta a estas preguntas, te darás cuenta de que tiene alguna relación con el servicio al prójimo, al planeta, al universo o a Dios. Cuando dejes que tu ego se apacigüe y te comprometas a sentirte inspirado y a participar en algún proyecto extraordinario que no sólo te beneficie a ti, sabrás lo que has de hacer.

Para que las poderosas ideas de Patanjali empiecen a tener efecto en tu vida, prueba estas sugerencias:

• Anota algunas actividades de tu vida con las que te sientas más «en espíritu» (inspirado). No las descartes por insignificantes o poco valiosas, ya sea jugar con un bebé, cuidar del jardín, hacer arreglos en el coche, cantar o meditar. Sencillamente, haz la lista.

• Utiliza este inventario para averiguar quién se gana la vida haciendo esas cosas cada día. Cualquier afición se puede convertir en un proyecto extraordinario para expandir tu conciencia en todas direcciones. Moviliza esas nuevas fuerzas y talentos que te hacen sentir que eres una persona mucho mejor de lo que habías imaginado.

• Escucha sólo la voz interior que te impulsa hacia esa actividad extraordinaria. No escuches el consejo de aquellos que te dicen lo que deberías hacer con tu vida. La clave es conseguir la inspiración del interior, no del exterior; de lo contrario ¡el mundo estaría acabado!

• Recuerda las palabras de Ralph Waldo Emerson cuando rompas las ataduras de lo que condiciona tu forma de pensar en ti mismo y en el propósito de tu vida: «La medida de la salud mental es la predisposición a hallar lo bueno en todas partes». Pruébalo y observa cómo estas facultades y talentos cobran vida.

Triunfo

LOS SEIS ERRORES DEL HOMBRE

La ilusión de que las ganancias personales
se consiguen aplastando a los demás.

La tendencia a preocuparse por las cosas
que no se pueden cambiar o corregir.

Insistir en que una cosa es imposible
porque no podemos conseguirla.

No querer prescindir de preocupaciones banales.

Rechazar el desarrollo y el perfeccionamiento de la
mente y no adquirir el hábito de leer y estudiar.

Intentar obligar a los demás a creer y vivir
como nosotros.

Marco Tulio CICERÓN
(106 a.C.- 43 a.C.)

Hombre de estado y de letras romano, Cicerón fue uno de los más grandes oradores y el filósofo con mayor claridad de expresión de Roma. Los últimos años de la Roma republicana se conocen a menudo como la era de Cicerón.

Realmente me asombro cuando pienso que hace dos mil años nuestros brillantes y persuasivos antepasados caminaban sobre el mismo suelo, respiraban el mismo aire, contemplaban las mismas estrellas que vemos nosotros por la noche, se maravillaban ante el mismo sol que vemos todos los días y escribían y hablaban sobre los mismos temas que nos preocupan hoy en día. Cuando leo lo que estaban intentando decir a sus conciudadanos y también a mí, como ciudadano que soy de este mundo, me siento profundamente vinculado a estas personas.

A Cicerón se le llamó padre de su patria. Fue un brillante orador, abogado, político, escritor, poeta, crítico y filósofo. Vivió un siglo antes del nacimiento de Cristo y estuvo temporalmente involucrado en los conflictos entre Pompeyo, César, Bruto y muchos otros de los personajes y acontecimientos que forman parte de la historia de la antigua Roma. Tuvo una larga y brillante carrera política y fue un escritor reconocido, cuya obra se considera la de mayor influencia de su tiempo. Sin embargo, en aquel entonces no tenían muchos miramientos con los disidentes. Fue ejecutado en el año 43 a.C., y su cabeza y sus manos fueron expuestas sobre el estrado de los oradores en el Foro de Roma.

En uno de sus memorables tratados, Cicerón citó los seis errores del hombre, que veía ampliamente generalizados en la antigua Roma. Veinte siglos después yo los repito aquí añadiendo un breve comentario. Todavía podemos aprender de nuestros antepasados de la Antigüedad y confiar en que el hecho de que me manifieste conforme con las palabras de Cicerón ¡no me cueste que mi cabeza y mis manos sean expuestas en el foro nacional de los oradores de los Estados Unidos!

Error n.° 1: La ilusión de que las ganancias personales se consiguen aplastando a los demás. Éste es un problema que desgraciadamente todavía nos acompaña. Muchas personas creen que pueden llegar a ser más importantes encontrando defectos a los demás. No hace mucho vi por televisión la entrevista que le hicieron a un experto internacional en motivación. Su enfoque era: «Soy el mejor, nadie puede proporcionar las herramientas para vivir que ofrezco yo. No escuches a los que sólo hablan para levantar el ánimo, todos son inferiores». No pude evitar pensar en el primer error de Cicerón.

Hay dos formas de construir el edificio más alto de la ciudad:

una es destruyendo todos los demás edificios, pero esta fórmula no funciona durante mucho tiempo, porque aquellos a los que les han demolido su casa acaban volviendo para cazar al culpable; la otra es trabajar en tu propio edificio y ver cómo avanza. Lo mismo sucede en la política, los negocios y en nuestra vida privada.

Error n.º 2: La tendencia a preocuparse por las cosas que no se pueden cambiar o corregir. Según parece, en la Antigüedad las personas malgastaban sus energías preocupándose por cosas sobre las que no tenían control alguno, y las cosas han cambiado poco desde entonces. Uno de mis profesores me lo expuso de forma bastante sucinta. Me dijo: «En primer lugar, no vale la pena preocuparse por las cosas sobre las que no tienes control, porque si no puedes hacer nada, no tiene sentido que te preocupes. En segundo lugar, no tiene sentido preocuparse por las cosas sobre las que tienes control, porque si tienes el control, no hay razón para preocuparse». Y en estas dos categorías entran todas las cosas que podrían preocuparnos. Tanto si tienes control como si no lo tienes, preocuparse es un gran error.

Error n.º 3: Insistir en que una cosa es imposible porque no podemos conseguirla. Muchas personas todavía se dejan dominar por esta inclinación hacia el pesimismo: llegan a la rápida conclusión de que algo es imposible sencillamente porque no podemos ver la solución. Hay gente que me ha dicho que los ángeles, la reencarnación, los viajes del alma, la comunicación con los muertos, los viajes astrales a otras galaxias, la ingeniería genética, las máquinas del tiempo, viajar a la velocidad de la luz, las curaciones milagrosas espontáneas y demás, son imposibles, simplemente porque no pueden concebir tales ideas.

Me pregunto cuántos contemporáneos de Cicerón hubieran sido capaces de imaginar que existirían teléfonos, faxes, ordenadores, automóviles, aviones, misiles, agua corriente, mandos a distancia, o que se podría caminar sobre la Luna y tantas otras cosas que hoy en día nos parecen normales. Un buen lema es: «Nadie sabe lo bastante como para ser pesimista». Lo que hoy no podemos ni tan siquiera imaginar, será una realidad aceptada por las personas que vivan dentro de dos mil años.

Error n.º 4: No querer prescindir de preocupaciones banales. Muchas personas tienen la costumbre de preocuparse por cosas insignificantes. Dejamos que nuestras maravillosas energías vitales se desperdicien preocupándonos por lo que los demás piensan de nosotros, por nuestro aspecto o por las marcas de ropa que llevamos. Desperdiciamos nuestras vidas angustiándonos por riñas con nuestra familia o compañeros de trabajo y llenamos nuestras conversaciones de temas insustanciales. El ego se convierte en la fuerza motriz de nuestra vida y atribuimos a nuestra persona una importancia desmesurada.

Vemos el hambre y la miseria que hay sobre nuestro planeta, pero nos impacientamos cuando hemos de esperar cinco minutos para conseguir una mesa en un restaurante, donde se va a tirar a la basura la mitad de la comida. Nos llegan noticias de miles de niños mutilados y asesinados, y sin embargo lo aceptamos como algo que no podemos solucionar. Muchas personas creen que, como personas individuales, su contribución es demasiado insignificante para ayudar a solucionar los problemas del mundo y, por lo tanto, se dejan llevar por las banalidades y los caprichos de su vida cotidiana.

Error n.º 5: Rechazar el desarrollo y el perfeccionamiento de la mente y no adquirir el hábito de leer y estudiar. Parece que cuando terminamos nuestra educación formal en la escuela ya hemos completado el desarrollo de la mente. Hemos adoptado el credo de que hay que leer y estudiar para examinarnos y conseguir diplomas o títulos universitarios. Una vez tenemos el certificado en las manos, la necesidad de estudiar y refinar la mente ha desaparecido. Cicerón debió de notar esta misma tendencia entre sus conciudadanos y les advirtió de que podía ser un preludio de la caída del imperio, como sucedió.

Nuestra vida se enriquece mucho cuando nos dedicamos a la literatura y la escritura espiritual, no porque tengamos que hacer un examen, sino por el mero enriquecimiento personal. Descubrirás que la lectura diaria y el estudio proporcionan una experiencia más plena de la vida en todos los sentidos. Esto es especialmente gratificante cuando sabes que lo estás haciendo por voluntad propia, no como un deber.

Error n.° 6: Intentar obligar a los demás a creer y vivir como nosotros. Evidentemente, todavía somos culpables de este sexto error. Muchas veces nos sentimos víctimas de quienes nos están imponiendo su punto de vista sobre lo que deberíamos estar haciendo y cómo deberíamos vivir. El resultado es un estado de tensión y resentimiento. Nadie desea que le digan cómo ha de vivir o lo que ha de hacer. Una de las principales características de las personas plenamente realizadas es que no desean controlar a los demás. Hemos de recordarnos esta verdad y seguir el consejo que Voltaire da en la última frase de *Cándido*: «Aprende a cultivar tu propio jardín».

Si los demás desean plantar coles y tú elijes plantar maíz, que así sea. Sin embargo, tenemos tendencia a fisgar en la vida de los demás e insistir en que crean lo mismo que nosotros y se preocupen por las mismas cosas. Es un error muy común que el cabeza de familia imponga su voluntad a los demás miembros de la unidad familiar. También es un error muy frecuente de los políticos, que determinan lo que es mejor para todos.

Si los seis errores de Cicerón son una parte no grata de tu vida, ten en cuenta las seis sugerencias siguientes:

• Concéntrate en tu propia vida y en cómo mejorarla. Trata de estar atento a cuando caes en la costumbre de criticar a los demás y detente de inmediato. Cuanto más consciente seas de que estás derribando los edificios de los demás, antes empezarás a construir el tuyo propio.

• Cuando algo te preocupe, pregúntate: «¿Qué puedo hacer al respecto?». Si está fuera de tu control, no te preocupes más. Cuando puedas hacer algo, cambia de actitud y empieza a aplicar una estrategia. Estas dos preguntas te ayudarán a deshacerte del hábito de preocuparte.

• Siempre que tengas que enfrentarte a un problema que creas que no puedes resolver, recuerda que no hay más que una solución a la espera de la respuesta correcta. Si no puedes ver esa solución, busca a alguien que pueda dártela. Siempre hay alguien que puede ver las cosas de modo positivo. Elimina la palabra «imposible» de tu vocabulario.

• Ponte deberes para trabajar en lo que consideras temas importantes por los que todos deberíamos preocuparnos. Abandona algunas de tus actividades más banales en favor de estas tareas más valiosas y recuerda que, aunque tu contribución parezca insignificante, está causando un impacto en la resolución de grandes problemas sociales.

• Lee cada día libros espirituales o escucha cintas de este tipo en tu tiempo libre o mientras conduces. Acostúmbrate a asistir a seminarios de autosuperación o a conferencias sobre toda clase de temas que ayuden a refinar la mente.

• Cultiva tu propio jardín y abandona tu tendencia a examinar y juzgar cómo los otros cultivan el suyo. Evita cotillear acerca de cómo deberían vivir los demás y deshazte de los pensamientos sobre lo que tendrían que hacer o por qué no tienen derecho a vivir y pensar como lo hacen. Mantente ocupado en los proyectos de tu vida y tendrás mucho más trabajo del que preocuparte y mucho menos tiempo para obligar a los demás a que comulguen con tus creencias y vivan como tú.

Desde la antigua Roma, Cicerón, el gran político, orador, escritor y filósofo, nos da una lección sobre la vida. No cometas los mismos errores que ha venido cometiendo la humanidad a lo largo de los siglos. Comprométete a eliminarlos uno a uno.

Sé como un niño

No entrarás en el reino de los cielos
hasta que te conviertas en un niño.

Jesús de Nazaret
(c. 6 a.C.-30 d.C)

Jesucristo es una de las más grandes figuras religiosas del planeta, considerada por los cristianos como el Mesías anunciado por los profetas del Antiguo Testamento.

No hace mucho, mientras preparaba una conferencia que tenía que dar en una ciudad lejos de mi casa, tuve una extraña experiencia al mirarme en un espejo. En el despacho que se me había asignado, mi mesa de escritorio estaba adosada a una pared que era un inmenso espejo. Yo estaba allí sentado, escribiendo en mi cuaderno de notas y, cada vez que levantaba la vista, me parecía que un extraño me miraba desde el espejo. Al final, me detuve un momento y volví a mirar. No podía asimilar el hecho de que era realmente yo quien se estaba reflejando en el espejo. Recuerdo que me dije a mí mismo: «Ése es un viejo que ha alquilado mi cara».

Cuando volví a mirar pensé en el ser invisible que vive en el interior de cada uno de nosotros. En ese ser sin fronteras o forma, sin principio ni fin. Es el testigo silencioso e invisible, eterno e inmutable. Es el niño eterno que vive dentro de nosotros. Cuando somos como niños sin edad nos convertimos en sinónimos del cielo, que representa la eternidad, donde las formas y fronteras, los principios, los finales y los altibajos, no tienen sentido.

El cielo no es un lugar con fronteras, perímetros, bordes y vallas. Más bien representa aquello que trasciende las demarcaciones. Es lo mismo que ese niño del que habla Jesús en su parábola. Está dentro de nosotros, siempre con nosotros, siempre joven, siempre atento, siempre observando: la caída de los párpados, las arrugas de la piel, el encanecimiento del cabello. En realidad, ¡es un anciano quien tiene alquilado mi rostro estos días!

El niño eterno que hay en mí, mi observador eterno e inmutable, nada sabe de odios y juicios. No hay nada que juzgar, nadie a quien odiar. ¿Por qué? Porque no ve las apariencias, él sólo sabe mirar con amor a todas las cosas y a todos los seres. Es lo que yo denomino el «otorgador» absoluto. Sencillamente, permite que todo sea como es y sólo ve la manifestación de Dios en todas las personas que salen a su paso. Al no tener forma, tamaño, color o personalidad, este niño eterno no reconoce las distinciones vulgares. Al no vivir tras ninguna de las fronteras establecidas por el ser humano, no puede permitirse el lujo de la identificación étnica o cultural, por lo que la lucha contra estas fronteras artificiales es imposible. Por consiguiente, este niño invisible y eterno siempre está en paz, se limita a observar y, lo más importante, a respetar.

Recientemente, una mañana que salí a correr un rato, me sentí con tanta vitalidad que salté una valla de poco más de un metro de altura cuando regresaba al hotel al final de mi carrera. Mi esposa, que me estaba mirando, lanzó un grito y me dijo: «¡No puedes hacer eso! No se saltan vallas cuando se tienen cincuenta y seis años. Te podías haber matado». Mi respuesta inmediata fue: «¡Ah, pues se me había olvidado!». Ese yo invisible y sin edad, mi eterno observador, se olvidó por un instante de que estaba viviendo en un cuerpo que ya tenía más de medio siglo.

Para mí, este pasaje de Jesús, extraído del Nuevo Testamento, habla del proceso de dejar de identificarnos con nuestros cuerpos, de olvidarnos de nuestra identidad étnica, de nuestro idioma, de nuestro nivel cultural, de la forma de nuestros ojos o del lado de la frontera en el que hayamos nacido, para ser como niños pequeños, insensibles a estas divisiones. Jesús no estaba diciendo que fuéramos infantiles e inmaduros, indisciplinados y maleducados.

Se estaba refiriendo a ser como niños, que no juzgan y que aman, aceptan y son incapaces de colgar etiquetas a nadie ni a nada.

Cuando seamos capaces de ser como niños, nos daremos cuenta de que en todo adulto hay un niño que necesita desesperadamente salir a la luz. El niño es el que está lleno y el adulto el que está vacío. La plenitud del niño se evidencia en la paz, el amor, en el no juzgar y en respetar. La vacuidad del adulto se revela en el miedo, la ansiedad, los prejuicios y las luchas. La iluminación se puede considerar como el proceso de recordar que en el corazón de un niño hay pureza y que este amor puro y divino, junto con la aceptación, es el billete para el reino de los cielos. Haz que una de tus metas en la vida sea actuar como un niño en todo lo que hagas.

La cualidad que vemos en los genios se parece a la curiosidad de los niños. Los genios y los niños comparten el afán de explorar sin pensar en el fracaso ni preocuparse por las críticas. Creo que la palabra clave de este pasaje de Jesús es «conviertas». Se nos ha dicho que nos convirtamos en algo que es perfecto, amable, adorable y ante todo eterno. Reside en cada uno de nosotros, no puede envejecer o morir. Nos queremos convertir en ese testigo gentil y silencioso. Ese místico inocente pero imaginativo, espiritual por naturaleza, es el niño que deseamos ser. Cuando lo consigamos, abandonaremos nuestras infantiles conductas de adultos, que son las que nos impiden entrar en el reino de los cielos.

Ese reino está a tu alcance aquí y ahora, tanto en esta tierra como en el cielo. Lo único que has de hacer es una reconversión. Para ello:

• Pasa todo el tiempo que puedas observando a los niños. Mientras lo haces, recuerda al niño que hay en ti y al que le encantaría jugar con ellos. El filósofo antiguo Heráclito dijo una vez: «El hombre está más cerca de sí mismo cuando alcanza la seriedad de los niños cuando juegan». Sé más como un niño, juguetón, cariñoso y curioso, mientras haces tu conversión para entrar en el reino de los cielos.

• Cuando te percates de que estás demasiado serio y solemne, recuerda que el observador que tienes dentro de ti está viendo lo agrio de tu actitud. ¿Está él también así? Pronto verás que tu testigo no podría ser jamás de esa manera. Entonces, proponte cambiar de actitud inmediatamente.

• Toma esta decisión: «Nunca voy a dejar que un anciano ocupe mi cuerpo». Tu cuerpo puede estar alquilado por una persona mayor, pero el observador eterno e invisible, que se da cuenta de todo, siempre será como un niño, inocente y dispuesto a entrar en el reino de los cielos en el momento preciso, con resolución y firmeza.

Divinidad

Eres claramente en ti mismo una porción de la esencia de Dios. ¿Por qué, entonces, desconoces tu noble nacimiento? ¿Por qué no reparas en tu procedencia? ¿Por qué no recuerdas, cuando comes, quién es el que come y a quién alimentas? ¿No sabes que nutres a lo divino; que mueves a lo divino? Llevas a Dios contigo.

Los hombres se perturban no por las cosas que les suceden, sino por sus opiniones sobre las cosas que suceden.

Epicteto
(55-135)

Epicteto, esclavo emancipado, fue un filósofo estoico griego. De él no se conservan obras escritas, pero su discípulo Flavio Arriano recogió sus doctrinas esenciales en un manual.

Cuando, hace muchos años, estudiaba para ser consejero psicológico, Epicteto fue una fuente de inspiración para mí. Su nombre apareció repetidas veces en el estudio del impacto que tienen nuestras emociones y conductas sobre la mente y se hacía referencia a él en la literatura sobre terapia emotiva racional. Todavía estoy impresionado por la sabiduría de este hombre que nació esclavo, en el siglo I después de la crucifixión, se convirtió en un hombre libre en el año 90 d.C. y fue expulsado de Roma por el déspota emperador cuyo tiránico gobierno criticaba. Años más tarde, sigo indagando en las principales obras de este filósofo estoico, leo sus *Coloquios* y aprendo más sobre su filosofía.

Las dos citas que he seleccionado son valiosos pensamientos espirituales y filosóficos, de casi dos mil años de antigüedad. Los he incluido en este libro porque creo que pueden enriquecer nuestra vida.

En el fragmento más largo, que comienza diciendo: «Eres claramente en ti mismo una porción de la esencia de Dios...», Epicteto nos recuerda que con frecuencia olvidamos que todos tenemos la chispa divina, una «parte de Dios». Esta profunda idea es tan difícil de asimilar, que Epicteto insiste, desde su experiencia como esclavo, en que no es más que la verdad. Imagina cómo sería ser plenamente consciente de llevar a Dios contigo.

Si Dios está en todas partes, entonces no hay lugar donde no esté. Esto también te incluye a ti. Una vez conectas con este entendimiento, recobras la capacidad de dominar tus energías. En lugar de verte como algo separado del milagroso poder de Dios, reivindicas tu divinidad y reclamas toda la potencia de Dios. Cuando comes, estás ingiriendo a Dios y nutriendo a Dios. Cuando duermes inhalas a Dios y le dejas descansar. Cuando haces ejercicio, mueves a Dios y al mismo tiempo le fortaleces.

Seguramente, cuando leas estas palabras verás que esto tiene sentido, pero probablemente seas como muchos de los que no crecimos con este concepto. La imagen que la mayoría tenemos de Dios suele ser la siguiente: Dios es una gigantesca máquina expendedora, que está en el cielo y que tiene la forma de un hombre con barba blanca sentado en un trono. Tú depositas monedas en forma de oraciones y unas veces Dios te enviará lo que necesitas y otras no. Ésta es la idea de Dios como algo separado y distinto de nosotros mismos. Epicteto sugiere cambiar este concepto del «universo como una monarquía» por el entendimiento de que somos una obra de Dios, un fragmento del mismo Dios.

Sai Baba es un avatar contemporáneo que vive en la India y sabe lo que es ser la chispa divina de Dios y lo practica, es consciente de que él forma parte de Dios y de que, a su vez, Dios también forma parte de él. Demuestra públicamente su condición divina de diversas maneras, y una de ellas es una variación de la habilidad divina de hacer aparecer panes y peces. Cuando un periodista occidental le preguntó a Sai Baba: «¿Eres Dios?», él respondió amablemente: «Sí, lo soy y tú también lo eres. La única diferencia entre tú y yo es que yo lo sé y tú no». Cuando sabes que eres una manifestación de Dios, has conectado conscientemente con Él y tratas a los demás y a ti mismo como una expresión de lo divino. En Roma y en Grecia, esto es lo que nos decía Epicteto hace dos mil años. Confía en tu naturaleza divina, no discutas nunca la nobleza de tu verdadero yo y trátate con el mismo respeto que a Dios.

La segunda observación de Epicteto, sencilla como parece, quizás haya sido la información más útil que he recibido en mi vida. Nuestra opinión sobre las cosas, no las cosas en sí, es la que causa problemas en nuestra vida. ¡Qué gran fuente de liberación saber que nadie puede molestarnos, que nada exterior puede hacer que nos sintamos mal, que controlamos nuestros sentimientos al decidir cómo interpretar las cosas, los acontecimientos, a las otras personas y sus opiniones!

Hace muchos años, cuando trabajaba como psicólogo para una escuela, solía invocar la sabiduría de esta observación. Cuando un estudiante estaba enfadado por lo que otro hubiera dicho o hecho, yo le preguntaba: «Supongamos que no supieras lo que han dicho de ti, ¿seguirías estando enfadado?». El estudiante solía responder: «Claro que no. ¿Cómo podría estar enfadado si no lo supiera?». Entonces le decía afablemente: «Así, no ha sido lo que han dicho o hecho. Cuando eso sucedió no estabas enfadado, hasta que te enteraste y decidiste reaccionar molestándote». Los estudiantes empezaron a tomar conciencia de que nadie puede hacer que nos enfademos sin nuestro consentimiento.

Estas dos joyas de Epicteto han influido en mi vida y en mis libros, y disfruto recordándome su valor cada día. Las comparto contigo porque me han ayudado mucho. La clarividencia espiritual de Epicteto está contenida en este antiguo dicho sánscrito: «Dios duerme en los minerales, se despierta en las plantas, camina en los animales y piensa a través de ti». Dicho de otro modo, no hay lugar donde Dios no esté durmiendo, despierto o caminando. Dios es la fuente universal de la existencia, es una presencia más que una persona y esta presencia piensa dentro de ti.

Entonces, ¿cómo has de pensar? Utiliza esta presencia de Dios para darte cuenta de la magnitud de tu capacidad de pensamiento. No son las cosas, los acontecimientos, las circunstancias y las opiniones de los demás los que te hacen sentir incómodo e inestable, es la forma en que empleas al Dios que hay en ti, a tu yo invisible, para procesar aquellas cosas que determinan tu felicidad, ¡no es más que eso! Date cuenta de que Dios está en ti, contigo, detrás de ti, delante de ti y que puedes sentirlo en todas partes, especialmente en tus opiniones sobre las cosas que te suceden. Para que estas dos antiguas observaciones te puedan ser de utilidad, empieza por:

• Recordar diariamente que eres una creación divina y que tienes derecho a ser tratado con amor por los demás y por ti mismo. Al sentirte conectado a Dios, en lugar de creer que estás separado de Él, sentirás mayor respeto hacia ti mismo.

• Practica regularmente rituales que te ayuden a afirmar la presencia de Dios en ti y en todo lo que haces. Bendice la comida y da gracias, y cuando lo hagas, recuerda que estás alimentando a lo divino. Del mismo modo, cuando hagas ejercicio visualiza la energía de Dios en todas tus células.

• Da gracias por todo lo que recibes, incluyendo la lluvia, el aire, el sol y las tormentas, como quiera que se manifiesten. La gratitud es una forma de reconocer al Dios que hay en todas las cosas.

• Abandona cualquier tendencia a culpar de tu desdicha a las circunstancias externas. Cuando te sientas molesto, pregúntate: «¿Cómo puedo cambiar mi actitud hacia este suceso y eliminar el malestar?». Luego, ponte manos a la obra hasta que la culpa desaparezca. Esto se puede conseguir bastante rápido si estás dispuesto a eliminar de tu vida a los culpables y entrar en contacto con Dios, como Epicteto nos animó a hacer hace dos milenios.

Iluminación

Antes de la iluminación,
cortar leña,
llevar agua.

Después de la iluminación,
cortar leña,
llevar agua.

PROVERBIO ZEN

El budismo zen, fundado en China en el siglo VI e introducido en Japón en el siglo XII, hace hincapié en el logro de la iluminación por los medios más directos posibles.

Cuando estudio el fenómeno de los estados superiores de conciencia y de lo que normalmente se denomina iluminación, este simple proverbio zen es siempre una gran fuente de placer para mí. Cuando nos referimos a esa cosa escurridiza llamada iluminación, generalmente pensamos en un estado de conciencia que alcanzaremos si adoptamos las prácticas espirituales apropiadas y trabajamos con diligencia para alcanzarla. Se supone que una vez hayamos despertado totalmente, todos nuestros problemas desaparecerán y viviremos una vida de bienaventuranza eterna.

No obstante, el mensaje de este famoso proverbio es que la iluminación no es un logro, sino una realización. Una vez alcanzas esta realización, todo parece haber cambiado, aunque no sea así. Es como si hubieras estado yendo por la vida con los ojos cerrados y de pronto los hubieras abierto. Ahora puedes ver, pero el mundo no ha cambiado; simplemente lo ves con otros ojos. Lo que me dice este proverbio sobre cortar leña y llevar agua es que la iluminación no empieza con la postura del loto en una cueva del Himalaya. No es algo que obtendrás de un *gurú*, un libro o del estudio. La iluminación es una actitud hacia todo lo que haces.

Para mí, la iluminación implica la idea básica de estar inmerso en un estado de paz en cada momento de mi vida. Si estoy ansioso, estresado, tenso o tengo miedo, no me doy cuenta del potencial que tengo para la iluminación incluso en ese momento. Tengo la certeza de que ser consciente de esos momentos de intranquilidad es una de las formas de llegar a la iluminación. Dicen que la diferencia entre una persona iluminada y una ignorante es que una se da cuenta de que es ignorante, mientras que la otra no.

En estos últimos años he venido experimentando una mayor sensación de paz interior e iluminación, y todavía sigo cortando leña y llevando agua, como hacía cuando era adolescente. Todos los días sigo trabajando para pagar las facturas, aunque el trabajo ha cambiado. Cada día hago ejercicio para conservar la salud, como equilibradamente, me cepillo los dientes y yo mismo limpio lo que ensucio. En los últimos treinta años, desde que nació mi primer hijo hasta ahora que tengo siete más que educar, mis preocupaciones básicas han seguido siendo las mismas: cómo protegerlos, alimentarlos, aconsejarlos y tratarlos. Continúo cortando leña y llevando agua, como padre de familia que se preocupa de sus vidas. La iluminación no es un medio para eliminar las tareas diarias de la vida. ¿De qué sirve entonces afrontar la vida desde el estado de iluminación, si no es para trascender las labores cotidianas y conducirnos a una vida contemplativa libre de problemas?

La iluminación no cambiará nuestro mundo exterior, pero sí nuestra forma de percibirlo. Por ejemplo, como padre que soy puedo ver a mis hijos con una actitud menos posesiva, con un mayor distanciamiento, mientras que antes su conducta podía alterar mis emociones. Ahora veo las pataletas de mi hija de ocho años como el medio del que dispone en esos momentos para conseguir atención. No me siento impulsado a unirme emocionalmente a ella en su conducta juvenil. También veo los éxitos que cosechan todos mis hijos, gracias a ese mayor distanciamiento.

El distanciamiento no implica una actitud de indiferencia. Significa que sé que puedo elegir tener paz en todo momento, sin dejar de desarrollar mis actividades diarias, con los problemas y circunstancias que conllevan. Mientras esté en este cuerpo físico, siempre tendré algo de leña que cortar y agua que llevar. No obstante, mi perspectiva constituye la iluminación.

Puedo recordar el horror que experimenté una vez, cuando tuve que cambiar un pañal especialmente sucio o cuando tuve que limpiar el suelo tras haberlo decorado con una vomitona uno de mis hijos. Yo decía: «No puedo hacer estas cosas. Me ponen enfermo», y las evitaba o, si no podía hacerlo, respondía a la agresión olfativa mareándome. Es sorprendente cómo semejante actitud condiciona nuestras reacciones físicas y hace que los deberes más duros de un padre resulten desagradables.

Hoy en día, puedo acercarme a un pañal o a una montaña pestilente de vómito con una actitud completamente distinta. Sin embargo, lo más sorprendente es que ya no tengo las mismas reacciones físicas que antes, sencillamente porque he cambiado mi forma de pensar. Los pañales estaban antes y seguirán estando después de la iluminación, al igual que el vómito, pero tras haber alcanzado ese estado, puedo hacer la tarea con distanciamiento y el resultado es la paz. Me encanta esta afirmación de *Un curso de milagros*: «¡Puedo elegir la paz en lugar de esto!». A mi entender, esta afirmación condensa la experiencia de la iluminación: ser capaz de elegir la paz mientras llevas agua, cortas leña, limpias, cumples con tus obligaciones, das martillazos y un millón de cosas más.

La iluminación no es algo que te libere, sino que tú mismo te conviertes en la libertad. No te conviertes en un águila en el cielo, te conviertes en el cielo. Ya no te defines por las limitaciones de tu cuerpo; el universo se convierte en tu cuerpo. Estás conectado espiritualmente con todo aquello que ves y que haces. Empiezas a ver todas tus tareas, incluso las más mundanas, como oportunidades para conocer a Dios. Transmites la paz a todo cuanto te rodea, puesto que mentalmente eres uno con todas las cosas y todas las personas. No te preocupas por etiquetar las flores y los árboles, sino por sentirlos.

Este sencillo proverbio zen, que ha sido transmitido por aquellos que han buscado la iluminación durante miles de años, es un gran regalo. Nunca has de cambiar lo que ves dentro o fuera de ti, sólo tu forma de verlo. ¡Eso es la iluminación!

Para que este sencillo proverbio zen funcione en tu vida, te ofrezco unas pocas estrategias igualmente simples para practicar:

• Sé consciente de tu «ignorancia» al permitir que te aparte diariamente de la paz. Sé consciente de a quién has culpado en tus momentos de desesperación, en qué ocasión ha sido y con qué frecuencia has caído en la trampa. Reconocer tus momentos oscuros es la forma de empezar a transformarlos en lo contrario. Recuerda que los ignorantes no suelen ser conscientes de su ignorancia. Sé consciente.

• Abandona tu tendencia a ver la iluminación como algo que has de alcanzar en el futuro, cuando las circunstancias de tu vida hayan cambiado para mejor. Siempre tendrás algo que cortar o algo que llevar. De ti depende cómo quieras verlo.

• Intenta realizar cambios específicos en tu manera de afrontar aquellas cosas que te apartan de la paz. Por ejemplo, si descubres que el tráfico te está poniendo demasiado nervioso, utiliza estas circunstancias ordinarias de la vida moderna para conectar con tu vida interior. Reserva un espacio en tu interior para que la iluminación se revele en los momentos en que sueles sentirte angustiado.

• Por último, no anuncies nunca tu iluminación. La persona que dice: «Estoy iluminada», no lo está. Procura no entablar conversaciones sobre tu iluminación. Una enseñanza zen dice que sólo has de responder cuando un indagador sincero te ha preguntado más de tres veces. Los sabios guardan silencio respecto al tema de su propio nivel de realización en la búsqueda de Dios.

El ahora

El dedo que se mueve escribe;
teniendo una orden, avanza:
ni tu piedad ni tu ingenio
le harán retroceder para suprimir media línea,
ni borrarán tus lágrimas una sola palabra.

Omar Jayyam (1048?-1122)
Rubayat

Omar Jayyam fue un erudito y astrónomo que vivió en Irán. Su poesía refleja sus pensamientos sobre la divinidad, el bien y el mal, el espíritu, la materia y el destino.

Han transcurrido casi mil años desde el nacimiento de Omar, el fabricante de tiendas, poeta y astrónomo más famoso de su época, todo ello reunido en la persona de un brillante narrador filosófico. Estos versos del *Rubayat* contiene una lección que sigue siendo actual después de un milenio. Estas famosas palabras abrazan una verdad sutil que se le escapa a muchas personas.

Una forma de entender la sabiduría de estos versos es imaginar tu cuerpo como si fuera una lancha motora que está cruzando las aguas a cuarenta nudos. Estás de pie en la popa de la lancha y observas el agua. Lo que verías en esta escena imaginaria es la estela. Ahora te voy a pedir que reflexiones sobre estas tres preguntas.

Pregunta n.° 1: ¿Qué es la estela? Probablemente llegues a la conclusión de que no es más que el rastro que deja la lancha tras de sí.

Pregunta n.° 2: ¿Qué está moviendo al barco? (El barco representa tu «crucero» por la vida.) La respuesta es: «La energía del momento presente generada por el motor; ninguna otra cosa es responsable del avance». En el caso de tu vida, los pensamientos del momento presente impulsan a tu cuerpo para que siga adelante, ¡nada más!

Pregunta n.° 3: ¿Es posible que la estela conduzca el barco? La respuesta es evidente. El rastro que queda atrás nunca puede hacer que el barco vaya hacia adelante. Es un rastro, nada más. «El dedo que se mueve escribe; teniendo una orden, avanza...»

Una de las grandes fantasías de la vida es creer que el pasado es el responsable de nuestra situación actual. Con frecuencia lo utilizamos como excusa para justificar por qué no salimos de la rutina. Insistimos en que se debe a todos los problemas con los que nos hemos enfrentado en el pasado. Nos aferramos a las heridas que experimentamos en la juventud, dejamos que nos aten y seguimos culpando a esas desafortunadas experiencias de nuestras actuales circunstancias. Por esas razones no podemos avanzar. Es decir, vivimos con la ilusión de que nuestra estela es la que guía nuestras vidas.

Piensa en cuando has sufrido una herida física, como un corte en la mano. La naturaleza actúa de inmediato y la herida empieza a cerrarse. Por supuesto, ha de limpiarse, al igual que las heridas emocionales. La curación suele ser rápida porque tu naturaleza dice: «Cierra todas las heridas y te habrás curado». No obstante, cuando tu naturaleza dice: «Cierra todas las heridas del pasado», muchas veces no le haces caso y creas vínculos con esas heridas, vives en los recuerdos y utilizas el pasado para justificar tu fracaso o tu incapacidad para seguir adelante.

El dedo que se mueve al que se refiere Omar Jayyam es tu cuerpo. Una vez ha escrito, se ha terminado y no puedes hacer nada para borrarlo. Ninguna de tus lágrimas borrará una sola palabra de tu historia. La inteligencia, la oración o la piedad no podrán cambiar una sola gota de tu estela. Es la huella que has dejado tras de ti. Aunque meditar sobre los hechos pasados de tu estela puede ser beneficioso, has de llegar a la convicción de que sólo tus pensamientos presentes son responsables de tu vida actual.

Muchas veces se ha dicho que las circunstancias no hacen al hombre, sino que hacen que éste se manifieste. La tendencia a culpar a nuestro pasado de nuestros defectos presentes es tentadora. Es la vía fácil, ya que nos proporciona una excusa para rechazar los riesgos que conlleva pilotar nosotros mismos el barco. Todos, repito, absolutamente todos tenemos experiencias y condicionamientos del pasado que podemos utilizar como excusa para la pasividad. La estela de nuestra vida está rebosante de escombros de nuestra historia pasada. Los fallos de nuestros padres, las adicciones, las fobias, los abandonos, las enfermedades de los miembros de nuestra familia, las oportunidades perdidas, la mala suerte, las condiciones económicas precarias e incluso el orden de nuestro nacimiento nos están mirando insidiosamente desde la estela que dejamos atrás. Sin embargo, el dedo que se mueve ha escrito la historia y nada se puede hacer para borrarla.

Omar Jayyam nos recuerda desde otro lugar, otra era y otro lenguaje que el pasado pertenece al pasado, y no sólo eso, sino que no podemos recuperarlo o volver a vivirlo. Además, es un engaño creer que el pasado es lo que nos conduce en nuestra vida o lo que nos hace fracasar. El dedo todavía está conectado con el corazón y puede escribir todo lo que desee, independientemente de lo que escribió ayer. ¡Despierta y apártate de la estela y escucha la sabiduría de Omar el fabricante de tiendas!

Las lecciones esenciales de estos versos incluyen:

• Vive hoy. Abandona tu apego al pasado y deja de utilizarlo como excusa para tu situación actual. Eres el producto de las elecciones que estás haciendo en estos momentos y nada de lo que hay en la estela te puede afectar en el presente si tienes sentido común.

• Elimina toda palabra de culpa de tu vocabulario. Estate atento para descubrir cuándo utilizas tu pasado como excusa para tu conducta actual y, cuando lo consigas, repite: «Soy libre de desprenderme de aquello que fui en el pasado».

• Despréndete de tus lágrimas, que han sido un símbolo de tu apego al pasado. La tristeza y la autocompasión no borrarán ni la más mínima parte de tu pasado. Recuerda con amor a esa parte de ti mismo que aquello ya ha pasado y que ahora estás en el presente. Aprende de esas experiencias. Bendícelas porque son grandes maestras y no tardes en centrarte de nuevo en el verdadero eje de tu vida, ¡el presente! Existe un pasado, pero no ahora. Hay un futuro, pero no ahora. ¡Asimila esta sencilla verdad de hace mil años y escribe tu vida con ella!

Oración

Señor, conviérteme en un instrumento de tu paz.
Donde haya odio, permíteme sembrar amor;
donde haya herida, perdón;
donde haya duda, fe;
donde haya desesperación, esperanza;
donde haya oscuridad, luz;
y donde haya tristeza, dicha.
Oh, divino maestro, otórgame
no tanto buscar el consuelo, como consolar;
ser comprendido como comprender;
ser amado como amar;
porque cuando damos recibimos;
cuando perdonamos somos perdonados;
y cuando morimos nacemos a la luz eterna.

San Francisco de Asís
(1182-1226)

Para san Francisco de Asís, el italiano fundador de la orden de los franciscanos, la religión era dicha y amor por la naturaleza, y esto le hacía ver a todos los seres vivos como hermanos y hermanas.

Esta sencilla oración es una de las más famosas de la historia. Expresa el anhelo profundo que existe en todo ser humano de ser algo espiritual que vive en una forma física. En esta oración, san Francisco describe el contenido esencial de nuestro yo superior. Me encanta recitar en silencio esta oración, y a veces también repetirla en voz alta.

Creo que cuando la recitas conectas directamente con san

Francisco, una de las personas más divinamente espirituales que han vivido sobre la Tierra. El mismo Dios invisible que fluía a través de este hombre en los siglos XII y XIII, también fluye por ti y por mí. Si sientes que tienes algo en común con el hombre que escribió esta oración, tal vez te guste leer su biografía y ver la película titulada *Hermano Sol, hermana Luna*. Su vida ha supuesto tal inspiración para mí que, como menciono en otra parte de este libro, he visitado Asís para caminar por los mismos bosques y orar en la misma capilla donde realizó tantos milagros.

Esta oración habla del auténtico sentido de la oración. Para muchas personas orar significa rogar a Dios para que les conceda algún favor especial. Santa Teresa de Ávila tiene una idea bastante diferente de la oración. Nos dice: «Dirige tus oraciones a un único propósito, es decir, a adaptar tu voluntad a la voluntad divina». Esto es precisamente lo que nos dice la antigua oración de san Francisco. Esta oración expresa el deseo de ser el vehículo de Dios, en vez de suplicar favores a una entidad ajena a nosotros. Eso supone un cambio radical para la mayoría de nosotros y es el primer paso hacia la iluminación espiritual.

Pedir la fuerza para sembrar amor donde haya odio, esperanza donde haya desesperación y luz donde haya oscuridad es pedir liberarse de la mezquindad y los prejuicios que nos aprisionan. Es solicitar ser una expresión del poderoso amor que atribuimos al Creador y que es una parte de nuestro ser. No hace mucho tuve una oportunidad de hacer eso.

Estaba jugando un partido de tenis de dobles. Uno de los miembros de la pareja que estaba perdiendo empezó a ponerse más insoportable a medida que avanzaba el partido. Golpeaba violentamente la raqueta y lanzaba improperios durante el juego. Cuando acabamos salió vociferando de la pista sin dar el habitual apretón de manos. Mientras los otros salíamos de la pista, oí cómo mis otros dos compañeros condenaban la actitud del jugador ausente. La tentación de unirme a ellos para hablar de lo grosero que había sido casi sofocó las palabras «donde haya desesperación [permíteme sembrar] esperanza; (...) donde haya tristeza, dicha...», que han pasado a formar parte de mí, puesto que recito a menudo esta oración.

Cuando salimos de la pista, el hombre estaba furioso. Me acerqué a él, le pasé el brazo por los hombros y sencillamente le dije: «Todos tenemos momentos malos». No fue ningún afán de superioridad lo que me impulsó a actuar de este modo. Las palabras de un sencillo hombre de Dios, que vivió ochocientos años antes que yo, en otro continente, hablaron a través de mí en la pista de tenis.

Cuando sabemos que nunca estamos solos, cambiamos nuestra estrategia de oración y rezamos a aquello a lo que ya estamos conectados: el aspecto más elevado y más sagrado de nuestra propia existencia. Si Dios está en todas partes, entonces no hay lugar donde no esté, incluyendo nuestro interior. Equipados con esta conciencia, podemos orar y no pedir más que fuerza moral. En lugar de pedir ser protegidos del peligro, pedimos fuerza para no tener miedo. En lugar de pedir que nos quiten el dolor, buscamos la capacidad para trascenderlo y conquistarlo. Ya no suponemos que sabemos lo que necesitamos y lo que nos va a ayudar en este momento. Sin embargo, la experiencia nos enseña que muchas de las cosas que nunca se nos habría ocurrido solicitar han resultado ser las más beneficiosas. Como dijo una vez William Shakespeare: «Nosotros, ignorantes de nosotros mismos, con frecuencia suplicamos nuestros propios males, que los sabios poderes nos niegan por nuestro propio bien».

Esta oración de san Francisco de Asís es una forma de intentar practicar en nuestra vida cotidiana el consuelo, la comprensión, el perdón y la entrega. Todos tenemos en nuestro interior esta capacidad, y a menudo nos sentimos impulsados a actuar de este modo. No obstante, la mayor parte de las veces pedimos a los demás, y también a esa entidad que creemos que está fuera de nosotros, que nos consuelen, nos comprendan, nos perdonen y nos cuiden.

Al recitar esta sencilla oración, estamos dando los pasos hacia el verdadero crecimiento espiritual. Estamos dejando atrás al ego y permitiendo que nuestro yo sagrado guíe nuestra vida. La íntima y casi universal práctica o toma de conciencia de la oración es una fuerza de transformación increíblemente poderosa. Centramos nuestra atención en esta actividad, en una especie de comunión con el infinito, al que pedimos la fuerza y el coraje para poder conducirnos en nuestras vidas según los principios expuestos por san Francisco de Asís.

Siempre me ha gustado la historia del maestro que le dijo a un joven y adelantado avatar: «¡Te daré una naranja si me puedes decir dónde está Dios!». El joven respondió: «¡Te daré dos naranjas si puedes decirme dónde no está Dios!». El mensaje: Dios está en todas partes. Cuando rezas a Dios, lo haces a una fuerte y silenciosa presencia eterna que forma parte de ti. Entra en comunión con esta presencia eliminando la idea de separación. Luego practica las divinas palabras de san Francisco y empieza a ponerlas en práctica en tantos sitios como puedas cada día.

Ralph Waldo Emerson escribió las siguientes palabras sobre el tema de la oración. Concluiré este ensayo con ellas:

> La oración como medio para conseguir un fin privado es un robo y no tiene sentido. Supone dualismo en la naturaleza y en la conciencia. Cuando el ser humano se ha fusionado con Dios, deja de suplicar. Entonces ve la oración en todas las acciones.

Sugiero que practiques las palabras de san Francisco incorporando las siguientes ideas a tu vida:

• Recita diariamente esta oración. Te darás cuenta de que, por el simple hecho de repetirla, empiezas a actuar de acuerdo con ella durante el día.

• Si te encuentras en una situación que implique algún tipo de enfrentamiento con alguien, ya sea con algún familiar o con un extraño, antes de reaccionar pregúntate: «¿Está motivado lo que voy a decir por mi necesidad de tener razón o por mi deseo de ser amable?». Luego escoge una respuesta que surja de la bondad, independientemente de las objeciones de tu ego.

• Practica transmitir amor donde anteriormente habías irradiado odio, especialmente cuando lees el periódico o ves las noticias en la televisión. Al sembrar amor en vez de odio, por muy difícil que pueda parecer, estarás haciendo algo para paliar el odio en el mundo. Esto requerirá mucha atención por tu parte, ya que debes vencer los condicionamientos de la mentalidad del «ojo por ojo».

• Vuelve la vista a tu corazón y sé sincero con todas las personas que en el pasado te han perjudicado de alguna manera. Donde haya dolor, practica el perdón. El perdón es el cimiento del despertar espiritual, y es precisamente a lo que se refiere san Francisco en esta divina oración.

El pesar como bendición

Vi al pesar beber una taza de tristeza y decir: «Qué dulce es su sabor, ¿verdad?». «Me has descubierto —dijo el pesar— y has arruinado mi negocio, ¿cómo voy a vender la tristeza, ahora que sabes que es una bendición?»

Yalal ud-Din RUMI
(1207-1273)

Yalal ud-Din Rumi, poeta místico y santo sufí persa, escribe sobre el amor puro que podemos alcanzar al trascender nuestro ego, en el divino anhelo del alma y en el éxtasis de la unión con Dios.

¡Cómo nos gusta sufrir! Incluso leemos libros sobre lo importante que es el proceso del sufrimiento en nuestra recuperación, y hasta llegamos a identificar el dolor como una etapa necesaria para superar nuestras pérdidas y recobrar la estabilidad. Sin embargo, Yalal ud-Din Rumi, poeta místico del siglo XIII que escribió en la zona que hoy en día se conoce como Afganistán, nos envía un mensaje desde la Edad Media. Nos dice que el sufrimiento es una bendición, no un mal necesario en nuestro camino hacia la cordura. No es doloroso en absoluto, sino que es una oportunidad para beber el delicioso néctar que se nos brinda en los momentos oscuros de nuestra vida.

Para la mayoría de las personas el pesar es la forma de reaccionar a una pérdida o a una tragedia, y parece completamente natural ante una experiencia dolorosa. No obstante, si tuviéramos la sabiduría de las palabras de Rumi, tal vez podríamos transmutar nuestra pena en ambrosía.

Algunas de las más grandes enseñanzas de mi vida me han llegado a través de la Cábala, un sistema de interpretación místico del judaísmo de muchos siglos de antigüedad, al igual que de los escritos de Rumi. La sencilla lección que aprendí fue: «En la vida, las caídas nos proporcionan la energía para impulsarnos hacia un nivel más alto». He leído muchas veces este antiguo dicho. A la vez que permitía que aliviara la intensa angustia de los momentos de dolor de mi vida, empezaba a incorporarla en los momentos de tristeza y pesar. Y descubrí la verdad que encierra la idea de que cada caída nos proporciona la oportunidad de generar la suficiente energía para ascender a un nivel superior. Cada caída en la desesperación contiene en sí misma la energía para ayudarnos a evolucionar.

¿Cuántas veces te han llevado los momentos de desesperación —un accidente, una enfermedad, un desastre financiero, una ruptura en una relación, un incendio o una inundación, la pérdida de una propiedad o una muerte— a estados de angustia, ira, negación y luego pesar? La mayoría de las personas cuando están pasando por un momento difícil tienen la necesidad de comunicar a todo el mundo su desgracia. Finalmente, tras un largo período, empiezas a sobreponerte y acabas por aceptar la situación.

Ahora supongamos que sabes que lo que te ha sucedido, eso que tú has catalogado de pérdida o fracaso, es exactamente lo que tenía que suceder. Supongamos que supieras al instante que era necesario que experimentaras el acontecimiento que desencadenó tu pesar y tu tristeza. Luego, supongamos que puedes actuar de acuerdo con esta nueva conciencia. Sin lugar a dudas, esta «suposición» se contradice con todo lo que te han enseñado acerca de cómo has de reaccionar ante la catástrofe y la muerte. No te estoy diciendo que no respetes tus verdaderos sentimientos. Te estoy sugiriendo que la verdad de las observaciones de Rumi te ofrece otra forma de responder a este tipo de circunstancias. Te estoy exhortando a que te abras a la dulzura que puedes encontrar en la tristeza.

Éste es un sistema inteligente del que todos formamos parte y en el que no hay accidentes. Siempre hay algo que aprender del sufrimiento. Puedes aceptar esta lección y saborear la dulce certeza de este misterio. No se trata de fingir que te gusta la tragedia, lo importante es que te comprometas a utilizarla para generar energía y ascender a un nivel más alto en tu vida. Puedes convocar a tu tristeza, al igual que hizo Rumi ochocientos años antes, y decirte: «Qué dulce es su sabor, ¿verdad?». Es decir, tengo algo que aprender, aquí mismo, en medio de todo este dulce dolor, voy a tomármelo de esta manera y a desdeñar a los que se dedican a repartir penas.

En las sociedades que nosotros denominamos primitivas, la muerte es un acontecimiento digno de celebración. Incluso en los momentos de pesar y duelo existe un conocimiento básico: no se cuestiona el momento en que Dios decide que cada persona llegue a la Tierra, ni tampoco el momento de su partida. ¡Todo sucede a su debido tiempo! Quizá ese consuelo provenga de la dulce visión de que todo forma parte de la perfección del universo, cuya inteligencia organizativa invisible fluye a través de cada célula de la creación, incluyendo las múltiples experiencias dolorosas de toda una vida.

Cuando iba al instituto practicaba el salto de altura en el equipo de atletismo. No mencionaré las marcas que conseguí, pero por las películas sabemos que ¡los hombres blancos no saben saltar! Solía poner la barra en los soportes, retroceder entre cuatro y seis metros, correr hacia la barra y encogerme lentamente para impulsar mi cuerpo con mayor energía sobre la barra. Cuanto más encogiera mi cuerpo en el momento de impulsarme, más alto llegaría. Mis días como atleta en el instituto me proporcionan una imagen análoga al mensaje de Rumi. Es el mensaje de la Cábala y es mi mensaje para ti.

El pesar, cuando sólo es una experiencia interior de tristeza y dolor, te mantendrá en las profundidades del abismo. Te inmovilizará y te hundirá en la culpa y la angustia. Pero cuando sabes que esa desesperación contiene una dulce bendición, dejas de asociar pesar y tristeza; la caída te ayuda a recobrar tu equilibrio y a remontarte por encima de los devastadores golpes de la vida en la Tierra.

A continuación tienes algunas alternativas para el dilema pesar-tristeza:

• Haz una pausa cuando estés en un momento de tristeza y di deliberadamente: «¿He de sufrir ahora, por dentro y por fuera, por esta pérdida, que al final acabaré viendo como una bendición?». Escucha y déjate llevar por tu respuesta. No importa cuál sea: te estarás dando la posibilidad de mejorar tu respuesta a la desesperación.

• Intenta expresar con sinceridad tus sentimientos de pérdida aceptando que no es inevitable que el dolor te desborde. Es posible sentir la pérdida, expresarla y aun así ser consciente interiormente de la bendición que ésta supone. No exijas un cambio inmediato. Deja que lo que hay dentro de ti esté donde está, a la vez que te abres a la posibilidad de adoptar una conducta distinta.

• Puede que hayas aceptado el pesar y la tristeza como algo inevitable, porque te han enseñado que es frío e inhumano ser de otro modo. Cuando aceptes que todas las caídas son bendiciones y que todas las pérdidas están dentro del orden divino, dulcificarás gradualmente la tristeza y obtendrás la energía necesaria para elevarte a una mayor altura en todas las áreas de tu vida.

Equilibrio

Aléjate de vez en cuando, relájate un poco, porque cuando regreses a tu trabajo, tu juicio será más certero; puesto que si siempre trabajas perderás el discernimiento...

Aléjate, porque el trabajo parecerá menos, en un instante tu perspectiva será mayor, y la falta de armonía o de proporción será mejor percibida.

Leonardo da Vinci
(1452-1519)

Leonardo da Vinci, pintor, escultor, arquitecto, músico, ingeniero, matemático y científico italiano, fue uno de los más grandes intelectos de la historia de la humanidad.

Cuando un hombre de la talla de Leonardo da Vinci da algún consejo, estoy dispuesto a escuchar con toda mi atención. Muchos historiadores han dicho de él que es el hombre con la mente más inquieta de todos los tiempos. ¡Eso es todo un cumplido! Sus logros fueron prodigiosos y con frecuencia se dice que fue el iniciador del Renacimiento, el que sacó al hombre de la Edad Oscura.

Para Leonardo todo era un misterio, e indagaba a fondo para comprender las cosas. Estudió la Tierra, el cielo y el firmamento. Siguió el movimiento de las estrellas e hizo planos para máquinas voladoras, cuatrocientos años antes de que se construyera el primer avión. Era un arquitecto y artista consumado, absorto en el estudio de la naturaleza y de la personalidad humana. Sus retratos eran los mejores que se habían visto hasta entonces, y encarnaban una realidad que captaba la verdadera esencia de los personajes. Se han escrito muchas páginas sobre la magnificencia de su cuadro *La última cena*. Ningún personaje escapó a la curiosidad de Leonardo y, en el consejo aquí citado, nos ofrece una herramienta para nuestra propia expresión creativa.

Si piensas en la gran cantidad de trabajo creativo que acumuló Leonardo da Vinci durante su vida, puede que llegues a la conclusión de que era un adicto al trabajo que se pasaba el día pintando, esculpiendo e inventando. No obstante, su consejo demuestra todo lo contrario, y yo también comparto ese punto de vista. Este auténtico hombre del Renacimiento nos está aconsejando que nos alejemos de la rutina diaria y que nos distanciemos para poder ser más eficientes y productivos.

A mi entender, las personas más productivas tienen un gran sentido del equilibrio y de la armonía en sus vidas. Están familiarizadas con su propio ritmo y saben cuándo han de retirarse para descargar a su mente de las preocupaciones del momento. Aquí la palabra clave es «equilibrio». A fin de evitar que algo te consuma, has de poder alejarte de ello. Según Leonardo, en el proceso de distanciamiento empiezas a ver tu trabajo, tu familia o tus proyectos menos cuesta arriba, empiezan a parecerte «menos».

Dejar de mirar un punto fijo y luego volver a mirarlo hace que parezca más pequeño. Pero alejarte y mirarlo con distanciamiento te permitirá ver cosas en las que no habías reparado. De este modo cualquier debilidad o defecto se percibe fácilmente. Aunque Leonardo hable como artista, su consejo también se puede aplicar hoy en día, independientemente de cuál sea tu profesión.

He descubierto que puedo aplicar el consejo de Leonardo en mi trabajo como escritor y orador, al igual que en otros proyectos. Cuando dejo mis investigaciones y el bloc de notas en el que escribo para irme a correr o sencillamente me ausento durante unos días, a mi regreso, casi de forma mágica, todo parece más claro. Siempre me sorprenden las revelaciones que tengo cuando dejo mi trabajo. Parece que acuden a mi mente en los momentos en que estoy menos preocupado por el resultado. El gran maestro del Renacimiento nos está diciendo que nos distanciemos, que nos relajemos, que no insistamos tanto, que eliminemos el esfuerzo y nos dejemos guiar por la esencia divina que hay en todos nosotros. Nos dice: «Relájate un poco, porque cuando regreses a tu trabajo, tu juicio será más certero». Una forma de hacer esto hoy en día es aprender a meditar antes de iniciar cualquier empresa importante, ya sea la planificación de una reunión de negocios, una entrevista de trabajo, una charla o pintar un retrato. El solo hecho de meditar te ayudará a mejorar mucho tu rendimiento. En los últimos diez años, no me he presentado delante de una audiencia sin haber pasado antes un mínimo de una hora (por lo general más) meditando. Cuando salgo de mi estado de meditación, me doy cuenta de que puedo salir al estrado o coger mi bolígrafo con la certeza de que estoy conectado con una parte superior de mí mismo que no tiene miedo. Me convierto en un mero observador y todo parece fluir como si la mano de Dios estuviera guiando mi lengua o mi mano.

Ese proceso de distanciamiento te permite relajarte y dar cabida a la intervención divina en tu actividad. Curiosamente, cuanto menos esfuerzo haces para realizar o completar una tarea, parece que tienes más fuerza para llevarla a cabo. Cuando te despreocupas del resultado permites que éste llegue por sí solo. Puedes ver este principio en acción en las actividades de ocio.

Por ejemplo, en una pista de baile tu objetivo no es terminar en un lugar concreto de la pista. En el baile el objetivo es disfrutar, y el lugar donde acabas depende del propio proceso de bailar. Del mismo modo, en un concierto, tu propósito no es llegar al final, sino disfrutar de cada momento. Llegar al final no tiene importancia cuando estás en el proceso. Piensa en cuando comes un plátano. ¿Cuál es el propósito? ¿Empezar por un extremo y acabar en el otro o disfrutar de cada bocado? Esto sucede con casi todas las cosas. Cuando nos relajamos y nos despreocupamos temporalmente, podemos perdernos de forma natural en ese proceso y el resultado llega como por arte de magia.

Leonardo da Vinci nos anima a equilibrar nuestras vidas, sean cuales sean nuestras metas. Implícate en tus actividades, pero trata de disfrutarlas por lo que son, no por sus resultados. Además, has de estar dispuesto a alejarte de ellas cuando sientas que no puedes juzgar con equilibrio o armonía. Al hacer esto consigues una mayor perspectiva y paradójicamente agudizas tu capacidad creativa en lugar de perderla.

Para poner en práctica en tu vida el consejo de este auténtico hombre del Renacimiento, te propongo lo siguiente:

- Intenta distanciarte del resultado de tu trabajo y de tus proyectos. Vive el momento y disfruta de tus actividades por lo que son, en lugar de hacerlo por lo que te van a aportar.

- De vez en cuando distánciate del trabajo para no hacer nada. Sin restricciones de tiempo, ni fechas límite, ni despertadores, sin relojes de ningún tipo. Simplemente sé tú mismo y observa lo libre que te sientes. Este tipo de distanciamiento sin restricciones te devolverá a tu trabajo con una nueva fuerza y un discernimiento mucho más agudo.

- Haz lo que yo hago normalmente cuando me siento bloqueado. Sencillamente, lo dejo todo en manos de Dios. Digo: «No sé lo que tengo que hacer en este momento y me siento incapaz de hallar respuestas. Te pido que me guíes y me ayudes a solucionar este problema». Puede parecer simplista, pero siempre funciona. Cuando le pido a Dios que me ayude, las respuestas llegan y vuelvo a ver las cosas con claridad.

- Recuerda que uno de los grandes creadores de todos los tiempos te aconseja: «Aléjate de vez en cuando, relájate un poco». Si siguiese algún consejo, sin duda sería el de Leonardo.

Esperanza

El mayor peligro para la mayoría de nosotros
no es que nuestra meta sea demasiado alta
y no la alcancemos,
sino que sea demasiado baja
y la consigamos.

MIGUEL ÁNGEL
(1475-1564)

Miguel Ángel Buonarroti, pintor, escultor, arquitecto y poeta italiano del Renacimiento, es una destacada figura en la historia de las artes plásticas.

En los últimos veinticinco años, he participado regularmente en programas de televisión y de radio, respondiendo a las preguntas de los oyentes que llaman al programa y participan en el debate. Una de las críticas más frecuentes que he recibido de los invitados a estos programas es que ofrezco demasiada esperanza a las personas que se encuentran en situaciones extremas y que eso puede resultar peligroso. A pesar de las críticas, sigo sin entender cómo es posible que tener demasiada esperanza resulte peligroso.

Cuando las personas me hablan de una enfermedad para la que no hay curación posible, las animo a que se pongan como meta cambiar eso. Suelo hablar de la ley que ha permitido que ocurrieran los milagros desde el principio de los tiempos. Explico que esa ley nunca ha sido revocada y que todavía se encuentra en los libros. Cito los casos de las personas a las que se les dijo que se fueran a casa y que esperaran la muerte, a las que se les dieron seis meses de vida y que han sido capaces de superar por sí mismas la enfermedad y el diagnóstico. Recibo cartas a diario de personas que se han negado a aceptar que no había esperanza para ellas, explicando lo agradecidas que están por haber recibido un mensaje de esperanza en los momentos difíciles.

A mi entender, Miguel Ángel, que vivió nada menos que hasta los ochenta y nueve años y seguía esculpiendo, pintando, escribiendo y diseñando a una edad en la que los noventa suponían casi sesenta años por encima de la esperanza de vida de aquella época, hablaba en esta famosa cita de la idea de tener esperanzas y metas muy altas. El peligro no reside en fijar metas irreales, sino en no tener ninguna o en que ésta sea muy baja, ya que, de ese modo, con nuestra falta de fe, frenamos la posibilidad de llegar a materializar metas más altas.

Esto no sólo se aplica a la superación de enfermedades físicas, sino que prácticamente lo incluye todo. El mundo está lleno de personas con metas bajas y pensamientos limitados que desean imponer esta actitud a los demás. El verdadero riesgo está en rendirse o en dejarse llevar por las bajas expectativas. Escucha atentamente a Miguel Ángel, un hombre al que muchos consideran el mayor artista de todos los tiempos.

Recuerdo que cuando vi la estatua del *David* en Florencia me quedé paralizado. El tamaño, la majestuosidad, el espíritu que parecía salir del mármol era Miguel Ángel diciéndonos a todos que apuntemos bien alto. Cuando se le preguntó cómo fue capaz de crear semejante obra de arte, respondió que en realidad David ya estaba en el mármol, él se limitó a quitar lo que sobraba para que éste pudiera salir a la luz. Una elevada meta, sin duda. Hablando de alturas, vale la pena contemplar la Capilla Sixtina. Miguel Ángel tardó cuatro años en pintar la bóveda, tendido boca arriba sobre un andamio, entre 1508 y 1512. Fue un proyecto que otros artistas de menor talla habrían considerado imposible. Sin embargo Miguel Ángel lo aceptó, así como muchos otros, en una vida cuajada de energía, talento y, cómo no, de grandes metas.

En buena parte de su obra, Miguel Ángel expresa la idea de que el amor ayuda a los seres humanos en sus esfuerzos para elevarse hacia lo divino. Así lo hizo en los casi trescientos sonetos que escribió y también se puede apreciar en la representación de los temas espirituales de sus pinturas, esculturas y diseños arquitectónicos. Desde sus humildes comienzos como hijo de un banquero, este hombre, gracias a sus altas esperanzas y a sus grandes sueños, gracias a su negativa a aceptar limitaciones, se convirtió en una de las grandes figuras del Renacimiento y de toda la historia de la humanidad.

Hace unos años, mientras paseaba con mi esposa por un poblado de Bali, alguien nos dijo que el oficio de un anciano que estaba sentado delante de una verja era fabricar nubes. Escuché atentamente mientras me explicaban que la gente del lugar creía que con su poder mental aquel hombre podía producir nubes que traerían lluvia en tiempos de sequía. He de admitir que por mi parte había algo de escepticismo, porque mis condicionamientos culturales dicen que este tipo de fenómenos están más allá del alcance de la conciencia humana. Actualmente sólo conozco una verdad respecto a dicho condicionamiento: nadie sabe lo bastante como para ser pesimista.

En alguna ocasión me he tumbado sobre el césped con mis hijos pequeños para hacer nubes, mientras mis vecinos seguramente murmuraban lo locos que estábamos por creer que podíamos hacerlo. Sencillamente, me tiene sin cuidado ese pesimismo, y me encanta cuando uno de mis hijos me dice: «¡Mira, papá, estoy haciendo que mi nube saque a la tuya de cuadro!». No veo ningún peligro en esa forma de pensar. En realidad, estoy de acuerdo con Miguel Ángel. El mayor riesgo está en conseguir las bajas metas que nos hemos propuesto.

El consejo de Miguel Ángel es tan actual ahora como lo fue en su tiempo, unos quinientos años atrás. No escuches nunca a los que intentan influirte con su pesimismo. Ten fe absoluta en tu capacidad para sentir ese amor que irradia a través del *David*, de *La Virgen y el Niño*, y de los frescos celestiales de la Capilla Sixtina. El amor es tu contacto consciente con el artista que compartió el mismo espíritu universal de unidad contigo y con toda la humanidad.

Sus logros surgieron del mensaje que nos remite a todos nosotros al inicio de este verso. Apunta alto, niégate a optar por los pensamientos pequeños y las bajas expectativas, y, ante todo, no te dejes seducir por la absurda idea de que es peligroso tener demasiada esperanza. De hecho, tu elevada esperanza te ayudará a mejorar tu vida y a producir tus propias obras de arte, ya sean frescos o cestas de fruta.

Para poner en práctica el consejo de Miguel Ángel, puedes seguir estas sencillas pautas:

• No escuches o hagas tuyas las opiniones de los que señalan tus limitaciones. Recuerda siempre que cuando hablas sobre tus limitaciones lo único que obtienes son limitaciones.

• Ante todo, no tengas metas bajas o pensamientos limitados. Eres una manifestación de Dios y en ese aspecto estás conectado con lo que causa y produce los milagros.

• Mantén viva la esperanza recordando esta famosa observación de Einstein: «Los grandes espíritus siempre han encontrado una violenta oposición en las mentes mediocres».

• Cuando hayas reflexionado sobre lo que te gustaría conseguir en tu vida, aunque no te sientas preparado, imagina al anciano Miguel Ángel, hace quinientos años, pintando, esculpiendo y escribiendo. Imagina que te está diciendo que puedes crear cualquier cosa que desees y que el gran peligro no reside en tener demasiadas esperanzas, sino en alcanzar algo que considera inalcanzable.

Poder mental

MI MENTE PARA MÍ UN REINO ES

Mi mente para mí un reino es,
tal presencia de júbilo allí encuentro,
que todo lo que el mundo
puede proporcionar o recrear supera.
Por más que desee lo que muchos anhelan,
mi mente todavía me prohíbe desear.

Ninguna pompa principesca, ni tienda llena de género,
ni fuerza para conquistar la victoria,
ni cerebro astuto para calmar una herida,
ni forma para alimentar a un ojo curioso;
a ninguno de ellos me subyugo,
puesto que mi mente de todo me abastece.

A menudo veo cómo se sufre por la riqueza,
y cómo los que rápido ascienden pronto caen;
veo que a los que arriba están,
son a los que más amenazan los contratiempos;
trabajan duramente, tienen miedo:
tales preocupaciones mi mente nunca podría soportar.

Contento vivo, éste es mi puntal,
no busco más que lo justo;
ejercer soberbia influencia no intento,
lo que me falta, mi mente me lo da.
Hete aquí que triunfo como un rey,
contento con lo que mi mente me da.

Algunos tienen demasiado, pero todavía ansían más;
poco yo tengo y más no busco.
Pobres son, aunque más tienen,

yo con menos rico soy.
Ellos pobres, yo rico; ellos piden, yo doy;
a ellos les falta, yo dejo; ellos languidecen, yo vivo.

No me río de las pérdidas de otro;
ni celos tengo de las ganancias ajenas;
ninguna ola mundana mi mente puede agitar;
mi estado de paz todavía se mantiene.
No temo a enemigo alguno; ni a ningún amigo adulo;
la vida no aborrezco, ni mi fin temo.

Algunos miden su placer por su lujuria,
su sabiduría por la fuerza de su voluntad;
sus bienes son su único patrimonio,
su talento, artimañas ocultas:
pero conservar una mente tranquila,
es mi único placer.

Mi riqueza, salud y calma perfecta,
mi elección, una conciencia limpia,
no busco complacer con sobornos,
ni ofender con engaños.
Así vivo; así moriré.
¡Ojalá todos lo hicieren tan bien como yo!

Sir Edward Dyer
(1543-1607)

Sir Edward Dyer, poeta inglés del período isabelino, es muy conocido por este poema.

Sir Edward Dyer, poeta y cortesano del siglo XVI, fue muy popular en su época; sin embargo, sólo ha sobrevivido un reducido número de sus obras. Este poema es el mejor de los que se conservan, un tesoro de medio milenio de antigüedad. Este poema sobre el poder de la mente es desde hace mucho tiempo uno de mis favoritos. Su rima inglesa es muy agradable y fácil de leer y me da la impresión de que va directamente dirigido a mí.

Puedo asegurarte que mi aprecio por este poema no se debe a que comparto el mismo apellido que su autor. He recibido miles de copias de este poema de personas de todo el mundo, preguntándome si tengo algún parentesco con Edward Dyer. Aunque el tema de mis libros parece encajar perfectamente con el título «Mi mente para mí un reino es», no creo que sir Edward Dyer y yo tengamos ningún parentesco biológico. No obstante, cada vez que leo este poema, me relajo maravillado e intento contemplar ese reino, mi mente.

El poeta describe la comodidad que supone no sentir apego por nada, incluyendo tu propio cuerpo, y morar en el reino de una mente tranquila. ¿Has reflexionado alguna vez sobre lo asombrosa que es la mente? No puedes verla o tocarla. Carece de sustancia, de fronteras, de lugar en el tiempo o el espacio, y, sin embargo, siempre está contigo, guiando y dirigiendo prácticamente todo lo que haces en la vida. Éste es tu reino, y sólo tú puedes utilizarlo para crear cuando lo desees una dinastía de deleite personal. La mente representa el rincón de la libertad, el lugar que no puede ser invadido por los demás, un refugio cuando todo lo que hay alrededor es agitación. Ésta es la extraordinaria mente invisible. Te estoy invitando a reconocer sus poderes con admiración y aprecio por la magnitud de su vasto dominio.

Si ansías aquello que te puede perjudicar, recuerda las palabras del poeta: «Mi mente todavía me prohíbe desear». Dyer se está refiriendo a la capacidad de elegir. Piensa que en tu mano está decidir. No hay nada fuera de ti a lo que puedas culpar de tus anhelos o de tus adicciones. Acude a tu reino interior, donde tu mente puede elegir cosas que son más poderosas que tus deseos. Cuando te pierdes en la necesidad de obtener una victoria a cualquier precio, puedes echar la culpa a la presión que la sociedad ejerce sobre ti o recurrir a este poderoso reino interior y pedir a tu mente que te ayude a realizar lo que sea mejor para todos, en lugar de nutrir a tu engreído ego.

La necesidad de adquirir más de lo necesario, de buscar el éxito a toda costa, de conseguir la aprobación de los demás, no es una imposición, sino la forma en que hemos elegido utilizar el misterio invisible que hay en nuestro interior, es decir, nuestra mente. Edward Dyer nos está diciendo que hay muchas personas a nuestro alrededor que tienen demasiado, y aun así desean tener más. «Pobres son, aunque más tienen, yo con menos rico soy.» Ve cómo los demás viven en agonía, siempre insatisfechos, a la búsqueda de ese escurridizo «más». «A ellos les falta, yo dejo; ellos languidecen, yo vivo.»

Tal como sugiere dulcemente el poeta, podemos elegir entre consumirnos por la avaricia y el afán de poseer, trabajar sin descanso, ser víctimas de los contratiempos y vivir con temor u optar porque «tales preocupaciones mi mente nunca podría soportar». Date cuenta de que es tu mente la que elige, no otra cosa. A tu alcance tienes la felicidad y plenitud ilimitadas, tal como el poeta insinúa en este verso: «Contento vivo, éste es mi puntal, no busco más que lo justo».

Tu mente está dispuesta a darte una existencia de paz y tranquilidad y puede hacerlo. Cuando decides cambiar tu actitud empiezas a vivir. Cuando recurres a ese reino interior empiezas a crear una vida de abundancia en lugar de carencia. En la mente, siempre tenemos la libertad de estar en paz.

Cualquier miedo que experimentes no procede de fuera, sino de cómo eliges utilizar tu mente. Cuando limpias tu reino interior de los restos de toda una vida de condicionamientos, puedes incluso eliminar el miedo a la muerte. Éste es el estado de gracia descrito por sir Edward Dyer como «la vida no aborrezco, ni mi fin temo».

Tu reino es la forma en que usas la mente ante cualquier circunstancia. Eres el rey, el máximo gobernante. Nadie puede hacerte enfadar sin el consentimiento de tu mente soberana. Nadie puede hacer que te deprimas sin tu permiso. Nadie puede herir tus sentimientos sin tu colaboración.

El poema te dice cómo dejar de medir el placer por la lujuria; termina con la inagotable necesidad de conquistar y ponerte a prueba; deja de medir tu éxito con todas esas actividades mundanas y mira hacia dentro, hacia ese lugar donde la paz y la serenidad están al alcance de la mano. Como te recuerda la conclusión del famoso poema de Dyer: «Mi riqueza, salud y calma perfecta».

Hay aún una última cosa que debes tener en cuenta en tu reino interior. Tu mente está al frente de tu salud y de tu bienestar.

Cambia tus pensamientos respecto a la forma de curarte y cambiarás las reacciones de tu cuerpo respecto a la enfermedad. Con una mente liberada de la necesidad de ganar, poseer, conquistar, de trabajar duro para acumular más, de la lujuria, produces moléculas de salud en tu reino interior. Bajará tu presión sanguínea, eliminarás el riesgo de úlceras, reforzarás tu sistema inmunológico y reducirás tu vulnerabilidad a cualquier tipo de enfermedad, y todo ello a partir del reino de tu mente.

Adopta estas palabras de sabiduría que describen poéticamente la idea de que tu mente es un reino con un yo que reina en su interior. Pon en práctica en tu vida este hermoso poema, siguiendo estas sugerencias:

• Practica el control mental para eliminar el engreimiento. Pregúntate por qué has elegido enfadarte en vez de utilizar tu mente para crear tranquilidad y paz. Sé consciente de cuándo te encuentras en medio de una reacción depresiva o de cólera e intenta pensar de otro modo.

• Pasa algún tiempo asombrándote de tu mente y de lo que es capaz de crear para ti. Contempla tu reino interior y rechaza la entrada en ese espacio sagrado interior de pensamientos que puedan contaminarlo.

• Recuérdate con frecuencia que no hay nada fuera de ti mismo que pueda hacerte infeliz sin tu consentimiento. Recuerda que eres la suma del total de tus elecciones. ¿Por qué usar la mente como estercolero, en vez de utilizarla como reino? Tienes las mismas oportunidades que sir Edward Dyer de saber que: «Mi mente para mí un reino es».

• Memoriza esta conclusión: «Así vivo; así moriré. ¡Ojalá todos lo hicieren tan bien como yo!» y recuerda que eres el rey de tu dominio interior.

Clemencia

La cualidad de la clemencia no se ha de forzar;
cae como la suave lluvia del cielo,
sobre el lugar que tiene debajo.
Es una doble bendición:
bendice a quien la otorga y a quien la recibe;
más poderosa que lo más poderoso,
favorece al monarca más que su corona:
su cetro simboliza la fuerza del poder temporal,
el atributo de respeto y majestad,
donde se asienta el temor a los reyes;
pero por encima del poder del cetro se encuentra la clemencia,
entronizada en el corazón de los reyes está,
es un atributo del propio Dios;
y cuando la clemencia sazona la justicia
el poder terrenal al de Dios se parece.

William SHAKESPEARE (1564-1616)
El mercader de Venecia

William Shakespeare, poeta y dramaturgo inglés del período isabelino y del jacobeo temprano, es el autor más conocido de la literatura inglesa.

¿Por qué he elegido un fragmento del hombre al que muchos consideran el mejor dramaturgo y escritor de sonetos de todos los tiempos? Leer a Shakespeare es perderse en su rico e imaginativo uso del idioma inglés. Mi primera selección fue el magistral soliloquio de *Hamlet* en el que se hace la pregunta que persigue a todo aquel que busca la verdad y un estado de conciencia superior.

«Ser o no ser», es verdaderamente la auténtica cuestión. Sin embargo, creo que en varias partes de este libro he hablado del dilema entre elegir resignarse a padecer las adversidades de la atroz fortuna o levantar las armas contra un mar de calamidades, y por ende, enfrentarse a ellas y exterminarlas.

Al final decidí presentar este fragmento de *El mercader de Venecia*, porque creo que son las quince líneas más profundas y prácticas que se han escrito jamás sobre esta cualidad humana.

Vivir con un espíritu de clemencia y ponerlo en práctica todos los días es la forma de domar nuestros instintos más básicos y primitivos, a la vez que fomentamos el amor y la compasión. Cuando nos sentimos heridos, generalmente nuestro primer impulso es vengarnos. Es venganza, en lugar de clemencia, lo que más ansía nuestro lado más primitivo. Sin embargo, acerca de esta cualidad de la clemencia, a la que él denomina atributo de Dios, Shakespeare dice que «cae como la suave lluvia del cielo, sobre el lugar que tiene debajo: es una doble bendición». La primera bendición de la clemencia o compasión recae sobre ti, el que da. Este mensaje resume gran parte de la sabiduría que nos ofrecen los tratados sobre psicología. Es decir, sé compasivo contigo mismo, no te juzgues con dureza cuando cometas un error o no puedas estar a la altura de algo. Aléjate de la conducta errónea o del fracaso y sé amable y cariñoso contigo mismo. Perdónate por ser tan humano como para haber permitido aflorar tu lado más oscuro y haber salido avergonzado o decepcionado por tu conducta. Concédete clemencia a ti mismo, cualidad que, según Shakespeare, «favorece al monarca más que su corona» y también te favorece a ti. Cuando aceptas la bendición de la clemencia y te la aplicas a ti mismo, te abres a la posibilidad de ofrecerla al «que la recibe».

Si eres incapaz de ser compasivo contigo mismo, jamás podrás serlo con otros, del mismo modo que no puedes amar a otros si antes no te amas a ti mismo o dar dinero a los pobres si tú no tienes. Puedes conseguir desarrollar la compasión hacia ti mismo siguiendo el astuto y sabio consejo de mi maestro Sri Nisargadatta Maharaj. Él decía: «El pecador y el santo no hacen más que intercambiar sus papeles. El santo ha pecado, el pecador será santificado». Todos nosotros hemos pecado, incluso aquellos a quienes denominamos santos. Si haces tuyas estas palabras, te será más fácil ser compasivo contigo mismo y lo serás con los demás. Esto es lo que quería decir Shakespeare con la doble bendición de la clemencia.

Aunque todos tememos la fuerza del poder temporal, simbolizada poéticamente por el cetro del rey, la clemencia, como nos recuerda el poeta, está por encima del «dominio del cetro». Se requiere una cualidad divina para tratar de comprender a los que se han comportado mal con nosotros o nos han perjudicado de alguna manera y eliminar nuestra tendencia a blandir la espada. Cuando mostramos compasión hacia quienes nos han ofendido, llegamos al punto en que «el poder terrenal al de Dios se parece».

Como padres o adultos en puestos de responsabilidad, con frecuencia tenemos la oportunidad de desplegar nuestros símbolos de autoridad. Es muy tentador repartir castigos y exigir venganza cuando nos desobedecen. La compasión suele ser la última cosa que pasa por nuestra mente. En tales momentos, he aprendido a recordarme lo paciente y clemente que siempre ha sido Dios conmigo en mis momentos más oscuros. Nunca me he sentido abandonado por Dios, incluso cuando la conducta de los demás hacia mí por los errores que había cometido era cualquier cosa menos compasiva. Esta cualidad divina es de máxima utilidad cuando la clemencia sazona la justicia, en vez de reemplazarla.

Cuando mis hijos no han cumplido una regla, o sencillamente han hecho algo mal, recuerdo el consejo de Shakespeare de sazonar la justicia con clemencia. Les digo que les quiero mucho y que sé lo que supone haber hecho algo mal, y sazono las consecuencias con clemencia y compasión, de modo que se sigan sintiendo queridos cuando todo haya terminado.

Este concepto de la compasión lo podemos aplicar en todas nuestras relaciones, en cualquier ámbito de nuestra vida. Ofrecer compasión a quienes nos han perjudicado o decepcionado no implica ser su víctima. Es una forma de decir: «Lo comprendo, me preocupa, te perdono, pero aun así no me gusta y no toleraré ser tratado de este modo ni dejaré que pienses que puedes hacerlo impunemente». La diferencia está en no necesitar una venganza o en probar tu superioridad. Si hay clemencia en tu corazón, descubrirás que las malas conductas ajenas que ves todos los días o lees en la prensa no te distraen tanto, ni te decepcionan de la misma manera. Podrás enviar amor a los ofensores y no te obsesionarás con la ira, el odio y, en último término, el deseo de venganza.

La cualidad de albergar clemencia en tu corazón te mantiene centrado en aquello que apoyas, no en aquello a lo que te enfrentas. Por ejemplo, en lugar de quedarte paralizado por tu ira en contra de algo, como podría ser el hambre en el mundo, pones el énfasis en aquello que defiendes, que es educar a las personas y proporcionarles alimentos. De este modo, la compasión te conduce a una solución llena de amor, en lugar de llevarte a una reacción de odio. Del mismo modo, la clemencia que sientes en tu corazón hacia tus seres queridos te mantendrá centrado en la compasión en vez de en las represalias, en rectificar la ofensa en lugar de exigir una compensación.

Tal como dice Shakespeare en este inspirador fragmento, la clemencia es «más poderosa que lo más poderoso». Es decir, cuanto más poderoso seas como persona, más poder tendrás para desplegar tu clemencia y menos necesitarás mostrar tus símbolos de autoridad.

Incluye en tu vida las ideas de este fragmento de uno de los mayores poetas del mundo y practica lo que viene a continuación:

• Cuando te encuentres ante una situación en la que tienes que impartir justicia, ten presentes los dos aspectos de tu propia personalidad. Uno es el rey que posee el poder de retribución, el otro es el comerciante clemente, que ante todo despliega amor y compasión. Busca siempre la justicia, pero sazónala con clemencia.

• Concédete la compasión que mereces por todas tus acciones pasadas. Deja de juzgarte con dureza. Todos esos errores y acciones equivocadas eran necesarios para que avanzaras en tu vida. Sé amable contigo mismo y elimina cualquier sentimiento negativo que puedas albergar por tu conducta.

• Una vez hayas manifestado cómo te sientes y se haya hecho justicia, olvídalo. Con esto quiero decir, ¡en ese mismo momento! No almacenes los reproches y los recuerdes constantemente para hacer sentir culpables a los demás y sentirte tú también alterado. Olvídalo.

• Pon en manos de Dios tus mayores preocupaciones. Sencillamente di: «Querido Dios, me resulta tremendamente difícil ser clemente en esta situación y la dejo en tus manos por completo. Sé que me ayudarás a actuar de la mejor forma posible». Esta acción te liberará de la inmovilidad y la ira, y te ayudará a ver al santo en el pecador, que no han hecho más que intercambiar los papeles.

Unidad

Ningún hombre es una isla, ni está completo en sí mismo; todo hombre es un trozo del continente, una parte de la totalidad; si un pedazo de tierra fuera barrido por el mar, daría igual que pasara en Europa, o en un promontorio, o en la mansión de tus amigos o en la tuya propia; la muerte de cualquier hombre me empequeñece, porque estoy integrado en la humanidad; por eso no envíes a nadie a preguntar por quién doblan las campanas, porque doblan por ti.

John Donne (1572-1631), *Devotions upon Emergent Occasions*

John Donne fue un poeta inglés, considerado como el primer poeta metafísico y uno de los mejores poetas de la historia. La paradójica unión del espíritu y la materia era su tema principal.

Quizá la cualidad primordial que define al misticismo sea la idea de unidad que John Donne expresa de forma tan conmovedora en este pasaje escrito en los primeros años del siglo xvii. Esta idea de la conciencia de unidad y de unión con la humanidad es omnipresente en toda la literatura sacra y se remonta hasta textos tan lejanos como los Upanishads. La antigua sabiduría nos enseña que en el jardín de la mística las distinciones como yo, tú, él y ella no existen. John Donne está expresando esencialmente el mismo pensamiento en la primera línea de este famoso texto: «Ningún hombre es una isla». Para alcanzar un estado de conciencia y beatitud más elevado en nuestra vida, hemos de comprender la verdad de esta

103

primera frase. Eso sólo puede suceder cuando nuestra mente egotista capta el mensaje.

Ésta insiste en que estamos separados de los demás y que nuestro yo termina donde acaban las fronteras de nuestro cuerpo y empiezan las de los demás. Asimismo, también nos dice que estamos separados de nuestro entorno y que podemos utilizarlo a nuestro antojo. Sin embargo, los maestros y los poetas místicos nunca han dejado de recordarnos nuestra conexión y unidad con todas las cosas y todas las personas. Hemos de mirar por debajo de la superficie, más allá de las apariencias, para captar la unidad de conciencia a la que hacemos referencia.

Cuando contemplamos nuestro cuerpo, parece un organismo separado, pero cuando lo miramos de cerca nos descubre una multitud de órganos y ríos de fluidos que contienen millones de formas de vida, con incluso aún más millones de bacterias invisibles, todos trabajando unidos para que el organismo entero funcione correctamente. Modificando la frase de John Donne: «Ninguna célula es una isla, ni está completa en sí misma: cada célula es una parte del cuerpo, una parte de la totalidad; si una forma de vida se contamina, la totalidad también. Cualquier célula enferma o muerta disminuye mi capacidad, porque estoy integrado en todo el cuerpo».

Aunque las células del hígado nunca entran en contacto con las de la boca, están interconectadas y son vitales para todo el organismo. De ahí que cualquier célula que desaparece afecte a la totalidad. Lo mismo sucede con la humanidad. Todos somos células en este cuerpo denominado humanidad: en el grado en que nos consideremos seres separados y, por ende, en oposición entre nosotros, reducimos su universalidad. Los indios estadounidenses expresaron esta idea de unidad diciendo: «Ningún árbol tiene ramas tan estúpidas como para luchar entre sí». Es evidente que cualquier célula que se enfrenta a sus células vecinas en el mismo cuerpo se destruirá a sí misma y a las demás en el proceso. Esto es lo que hace que una célula sea cancerosa. Al no cooperar con las células adyacentes, las destruye, y al final, a menos que se pueda controlar, destruye al cuerpo y a sí misma. Realmente es un organismo muy estúpido.

En *Devotions upon Emergent Occasions*, John Donne nos habla a cada uno de nosotros. Nos advierte de que todos formamos parte de un mismo cuerpo y no podemos sobrevivir por separado. Casi toda nuestra existencia depende de que las otras células de este cuerpo trabajen con nosotros y para nosotros. Una existencia solitaria sería como un corazón latiendo fuera del cuerpo, separado de las arterias, venas y órganos que han de trabajar en armonía con él para mantener al cuerpo con vida.

Imagina una ola o una gota de agua que se considerara independiente del océano. Es débil cuando está separada de él, pero cuando regresa a su fuente es tan poderosa como el propio océano. Las poéticas palabras de John Donne nos recuerdan esta verdad. Cuando somos como islas, completos en nosotros mismos, perdemos el poder que nos suminista nuestra fuerza común y mermamos a la humanidad entera. No obstante, en el jardín de la mística, donde el «nosotros» y el «nos» sustituye al «yo» y el «tú», la guerra es imposible porque en un planeta redondo no es posible elegir lados opuestos. En nuestra vida individual, vernos como islas que no forman parte del todo es la causa de nuestra incapacidad para descubrir la experiencia más elevada, más plena y rica.

Cuando sientes que estás conectado con todas las personas, inmediatamente dejas de juzgar a los demás y ves que también ellos están interconectados por unos hilos invisibles, al igual que tus tobillos y tus codos comparten la misma fuerza vital invisible y silenciosa. Por consiguiente, la compasión hacia todo el mundo se convierte en una reacción automática. Ves a toda la humanidad como una familia única e indivisible. Cuando veas a los demás como miembros de una misma familia, en lugar de considerarlos adversarios o traidores, extenderás la mano con amor, en vez de empuñar un arma para defenderte o destruir.

Esta perspectiva de unidad supone un cambio radical de la noción de separación que aprendemos de nuestro entorno. En vez de identificarnos por aquello que nos diferencia, nos definimos por aquello que tenemos en común. Ya no nos fijamos en las apariencias, sino en lo importantes que somos los unos para los otros. De este modo, el odio es sustituido por el deseo de resolver las posibles divisiones, al igual que un oncólogo trabaja para que todo el organismo erradique la célula cancerosa que provoca el cáncer, para que no pueda suponer una fuente de falta de armonía en el cuerpo.

He descubierto que estoy mucho menos preocupado y tengo menos estrés cuando recuerdo las cinco primeras palabras de este pasaje cargado de sensibilidad. Hubo una época en que, cuando veía a los pordioseros con pancartas pidiendo dinero, sentía desprecio y a menudo decía: «¿Por qué no salen a buscar trabajo y se ganan el pan como todo el mundo?». Ahora procuro recordar que, de alguna forma misteriosa y, por qué no, también mística, estoy conectado con esas personas. Su pobreza, suciedad y enfermedad nos afecta a todos, incluso a mí. Les envío una bendición silenciosa y trato de hacer algo para poner fin a esa situación sobre el planeta y, lo más importante, siento más compasión y amor en mi corazón. Recuerdo hasta qué punto nos necesitamos mutuamente y que nuestras conexiones son mucho más profundas que los meros vínculos tribales de nuestras familias genéticas cercanas.

Cuando oigas doblar las campanas indicando que alguien ha sido víctima de la violencia, escucha atentamente y recuerda lo que John Donne escribió hace cuatrocientos años. Esa campana dobla por todos, ¡incluso por ti!

Para aplicar estas ideas de conciencia de unidad en tu vida empieza por:

• Dejar de verte a ti mismo como algo distante y separado, basándote en la geografía o en tu aislamiento de quienes están luchando en otra parte. Cuando sepas que alguien está sufriendo en otro lugar, repite una oración en silencio por esa persona y observa si en tu corazón te puedes sentir unido a ella.

• Intenta ver a Dios en todas las personas y en todas las cosas y actúa cada día de acuerdo con esa perspectiva. Intenta no juzgar a aquellos que son menos ambiciosos, menos pacíficos y menos amables, y trata de comprender que odiar y emitir juicios es el verdadero problema. Cuando juzgas a los que odian y odias a los que juzgan, formas parte del cáncer en lugar de pertenecer al tratamiento.

• No utilices tantas etiquetas para diferenciar entre «tú» y «ellos». No eres norteamericano, californiano, italiano, persona de mediana edad, robusto, mujer, atlético o cualquier otra etiqueta. Eres un ciudadano del mundo, y cuando dejes de etiquetar empezarás a ver a Dios en cualquier jardín, bosque, hogar, criatura y persona, y la paz interior será tu recompensa.

Tiempo

SOBRE EL TIEMPO

Vuela tiempo envidioso, hasta que agotes tu carrera,
ve a visitar a las perezosas, cansinas horas,
cuya velocidad es como el andar de una pesada plomada;
hínchate con lo que tu vientre devore,
que no es más que lo falso y vano,
pura escoria efímera;
así de insignificante es nuestra pérdida,
así de insignificante tu ganancia.
Puesto que al final,
después de todo lo malo que hayas sepultado,
y que haya consumido tu codicioso ser,
la larga eternidad acogerá nuestra beatitud
besándonos individualmente;
y el júbilo se apoderará de nosotros,
como si de una inundación se tratara,
cuando todo aquello que sea realmente bueno
y perfectamente divino
resplandezca eternamente en la verdad, la paz y el amor
alrededor del trono supremo,
de Aquel cuya sola visión anega de gozo.
Cuando ascienda nuestra alma celestialmente guiada,
toda esta vulgaridad mundana desaparecerá;
ataviados con estrellas, sentados por siempre
triunfantes sobre la muerte, el azar y sobre ti,
¡oh tiempo!

John Milton
(1608-1674)

La poesía y la prosa de John Milton han hecho de él una de las figuras más conocidas y respetadas de la literatura inglesa.

Al recopilar el material para escribir este libro tuve la oportunidad de leer miles de poemas escritos por cientos de grandes pensadores de la historia. El tema del «tiempo como enemigo» es bastante popular entre aquellos que contemplan la comedia humana, especialmente los poetas. John Milton es considerado uno de esos grandes poetas y son muchos los que declaran haberse sentido poderosamente influidos por este genio literario del siglo XVII y autor de *El paraíso perdido*.

Comprensiblemente, el dilema humano respecto al tiempo es siempre un tema de actualidad, porque con el paso del tiempo todos vemos de forma irremisible cómo nuestros cuerpos se debilitan y se consumen. La verdad básica de nuestra realidad humana se puede resumir en una frase: al final todos envejecemos y morimos. Y esto se aplica tanto a un poeta ciego del siglo XVII o a una actriz moderna, como a una persona con mucho poder o un ama de casa ateniense. Nos guste o no, ésta es nuestra realidad. John Milton reconoció esta verdad fundamental al escribir su poema sobre el tiempo.

Sin embargo, también hizo un esfuerzo por trascender la aparente superioridad del tiempo, al escribir sobre la única cosa que puede vencerle: entrar en la eternidad, donde el alma, la eterna amiga del poeta y también nuestra llave de la felicidad, la gracia y la salvación, tendrá una cálida acogida. Milton describe el tiempo como algo que sólo se preocupa de hincharse con lo que su vientre devora, pero explica poéticamente que todo lo que consigue es falso, vano, pura escoria efímera. «Así de insignificante es nuestra pérdida» (la de nosotros los humanos). «Así de insignificante tu ganancia» (la del tiempo).

Describe la eternidad acogiéndonos con un beso y júbilo de escapar a las garras del tiempo. La eternidad toma las riendas y nos abre las puertas a la verdad, la paz y el amor eternos. Milton lo expresa con gran belleza en su conclusión: «Ataviados con estrellas, sentados por siempre triunfantes sobre la muerte, el azar y sobre ti, ¡oh tiempo!».

Me encanta el modo tan conciso y exacto en que el poeta expresa la idea. Sabe que eso es todo lo que necesitamos para liberarnos de nuestro temor al inevitable proceso del envejecimiento y a la muerte.

Milton perdió la vista al poco de cumplir los cuarenta años y tenía que dictar sus poemas, en un tiempo en el que eso suponía una dificultad mucho mayor que en la actualidad. Sentía los mordiscos que el «tiempo» hacía en su vida. Imagino a John Milton, sentado quizá en una gélida habitación de piedra, ciego, dictando, escuchando cómo su ayudante anotaba sus observaciones y sintiendo una profunda satisfacción al saber que estaba describiendo el único medio de triunfar sobre este destino terrenal. Lee sus palabras cuidadosamente. Podrás oír el tímido susurro del tiempo diciendo: «Al final, envejecerás y morirás».

No obstante, a pesar de que todo cuanto existe en nuestro mundo físico está sometido al cambio continuo y todo lo que experimentamos con nuestros sentidos se encuentra bajo el férreo control del tiempo y es «consumido» por su «codicioso ser», creo que es posible conocer la dicha ahora y conseguir que desaparezca «toda esta vulgaridad mundana» sin tener que esperar ese beso individual de la eternidad en el momento de la muerte. Creo que podemos tomar la decisión de empezar a vivir cada día en la verdad, la paz y el amor, y sonreír al paso del tiempo en vez de estremecernos. Si lo hacemos, podremos burlarnos de él. No nos hemos de identificar con el tiempo, sino con el amor, la verdad y la paz. Tu yo eterno no envejece y no teme a la muerte.

Para mí es un alivio saber que puedo afrontar el paso del tiempo con la verdad, la paz y el amor de mi yo eterno, y no siento que tenga que esperar a la muerte para disfrutar de la eternidad. Cada día que pasa celebro mi triunfo, desde la perspectiva de la verdad, la paz y el amor, y de este modo hago mío el júbilo del que habla Milton. No en algún momento del futuro, sino ahora mismo.

Contempla tu yo físico y todas sus posesiones y ríete tranquilamente de ellos. El tiempo sólo te los ha prestado. Si lees la poesía de los grandes que te han precedido, verás que éste es un tema recurrente. Con frecuencia se percibe la batalla como una lucha entre la vida y la muerte, la casualidad y la capacidad de elección y, cómo no, entre el tiempo y la eternidad. Sin embargo, ahora estás aquí y puedes dejar de percibirlo como un campo de batalla. Haz las paces con el tiempo. Sonríe a su labor, consciente de que tu risa no te convierte en una víctima. Observa desde la perspectiva eterna y verás que el observador es inmune al tiempo.

Siente lo que Milton nos está transmitiendo desde el pasado, a través de su cuerpo anciano y ciego. Una sensación de triunfo, de saber que en el alma reside la dicha. «Ataviados con estrellas, sentados por siempre.» ¡Por siempre incluye el ahora!

Para trascender la dualidad tiempo-eternidad, practica todos los días la trilogía que Milton nos ofrece en su poema:

- *Verdad.* Vive la verdad que vibra dentro de ti, independientemente de tus condicionamientos o de las opiniones de los demás.

- *Paz.* Decídete siempre por aquello que os aporte a ti y a todos paz interior y exterior.

- *Amor.* Sé una fuerza del amor siempre que puedas y controla los pensamientos de odio, crítica e ira cada vez que los sientas aflorar.

La atemporalidad de la verdad, la paz y el amor te ofrecen las herramientas para mirar al tiempo a la cara y decir con convicción: «No te tengo miedo, porque soy eterno y no me puedes alcanzar».

Humildad

SOLEDAD

Feliz es el hombre cuyo deseo y preocupación
están ligados a unas pocas fanegas paternas,
contento de respirar su aire nativo
en su propia tierra.

Cuyas manadas leche dan, cuyos campos de pan le abastecen,
cuyos rebaños de atavío le proveen,
cuyos árboles en verano sombra le dan
y en invierno fuego le proporcionan.

Bendito aquel que sin inmutarse
puede ver pasar tranquilamente
las horas, los días y los años,
con salud física y paz mental;

tranquilo de día,
profundamente dormido de noche, mezclados,
estudio y descanso, dulce recreo e inocencia que,
junto a la meditación, es lo que más complace.

Déjame vivir así, sin ser visto ni conocido;
déjame morir así, sin lamentos.
Arrebatado del mundo y sin tan siquiera una piedra
que diga dónde yazgo.

                              Alexander POPE
                              (1688-1744)

Alexander Pope, poeta inglés y escritor satírico, fue la mayor autoridad literaria de su época y se le consideró el prototipo del neoclasicismo inglés.

Al leer por primera vez este famosísimo poema de Alexander Pope, da la impresión de que sólo trata de la importancia de hallar paz y silencio como requisito previo para lograr la felicidad. De hecho, este tema no es exclusivo de este poema, sino de gran parte de la obra de este poeta de principios del siglo XVIII que vivió en las afueras de Londres, en Windsor Forest. Debido a una malformación en la columna, su estatura era de tan sólo 1,37 m. Además, padeció tuberculosis y terribles migrañas durante toda su vida. La deformidad y la enfermedad le hicieron especialmente sensible al dolor físico y mental y, por consiguiente, la soledad de la naturaleza y la capacidad de ser autosuficiente alejado del ruido y de las agresiones de las masas se convirtió en el tema principal de su poesía.

Ahora, trescientos años después de que escribiera el poema, el mundo natural se ha transformado considerablemente, y a la luz de nuestra nueva realidad las palabras de Pope cobran una especial significación. «Contento de respirar su aire nativo en su propia tierra», en nuestro mundo moderno, con frecuencia significa tener los ojos escocidos por la contaminación, inhalar humos nocivos y contaminantes. Pocos somos los que nos sentimos autosuficientes ordeñando nuestro ganado, esquilando a nuestras ovejas y calentando nuestro cuerpo con la madera de los árboles de nuestra propiedad, cuando no nos dan sombra. Además, como reza la tercera estrofa, este poderoso y reducido grupo está bendito: «Bendito aquel que sin inmutarse puede ver pasar tranquilamente las horas, los días y los años, con salud física y paz mental».

Por el contrario, experimentamos un mayor deterioro físico debido a la degeneración del medio ambiente, a los niveles cada vez más altos de estrés y de ruido en un mundo lleno de toda clase de motores eléctricos, máquinas, trépanos, camiones y sirenas que bombardean nuestros sentidos. El poético consejo de Pope, trescientos años atrás, es sin duda apropiado para nuestros días.

Los tres primeros versos de este poema hacen referencia a la necesidad de respirar aire puro, ser autosuficientes en la naturaleza y disfrutar de la soledad y el silencio durante el día. Os animo a todos a hacer todo lo posible para introducir estos elementos en vuestra vida, dondequiera que viváis. Dedicad un tiempo para salir de la ciudad y estar en contacto con la naturaleza, donde podréis disfrutar de momentos de inmenso placer y de paz.

En la cuarta estrofa, Pope describe poéticamente cómo disfrutar del sueño profundo mezclando el recreo con la inocencia y la meditación. En otro capítulo de este libro ya he hablado sobre la importancia de la meditación, por eso no voy a volver otra vez sobre el tema. No obstante, algunos de los restantes ingredientes que enumera para llevar una vida feliz —estudio y descanso, recreo e inocencia— son actividades útiles en cualquier época. Cuando me concedo la libertad de estudiar temas que me interesan, y consigo tiempo para relajarme, jugar al tenis, nadar o correr durante el día, conozco la inocencia infantil que «más complace», especialmente si se combina con la meditación.

Estas cuatro estrofas de «Soledad», el poema más famoso de los comienzos de Alexander Pope, antes de «El rizo robado», proporcionan una extensa variedad de ingredientes para la felicidad. Representan una llamada a estar en comunión con un entorno lo más natural y libre de estrés posible. Te animo a que pongas en práctica este poético consejo, por más urbana, atareada y ruidosa que sea tu vida cotidiana. Personalmente, siento una especial atracción por el comienzo de la quinta estrofa del poema: «Déjame vivir así, sin ser visto ni conocido».

He tenido el privilegio de poder estar en la presencia de algunos seres divinos y avatares. Lo que más me ha impresionado de estas personas altamente evolucionadas es ver que han sometido a sus egos y que viven como sabios silenciosos, negándose a hacer alarde de su propia divinidad. Han escogido desaparecer como seres carnales. No buscan reconocimiento por sus grandes dones; de hecho, los atribuyen todos a Dios. Cuando a san Francisco de Asís, el gran sanador del siglo XIII, le preguntaban por qué no sanaba su cuerpo enfermo, respondía que quería que todos supieran que no era él quien sanaba.

Para mí, la grandeza y la felicidad se miden por la capacidad de subyugar al ego hasta el extremo de no necesitar reconocimiento por los logros, gratitud o aplausos, de no depender de la buena opinión de los demás y seguir con las tareas que te has propuesto, sencillamente porque consideras que es lo que debes hacer. El espíritu de lo que realmente significa ser intachable o magnífico, aprender a dar en el anonimato y a resistirse a la tentación de ser alabado, ha sido maravillosamente expresado en la película *Obsesión*. Cuando ya no necesitamos gloria, experimentamos una nueva forma de libertad. Como dice el poeta: «Déjame morir así, sin lamentos. Arrebatado del mundo y sin tan siquiera una piedra que diga dónde yazgo».

Yo mismo he podido sentirlo en presencia de la verdadera grandeza. Es un tipo de humildad que supongo que emanaba de las personas de Jesús de Nazaret, Buda y Laozi. Cuando estaba sentado delante de Madre Mira, una maestra espiritual de la India que vive en Alemania, y miré sus divinos ojos, vi que estaba tan exenta de ego que llegó hasta lo más profundo de mi ser sin palabras, y supe con total certeza que ella no necesitaba reconocimiento, ni ahora ni nunca, por su increíble espiritualidad. Cuando Carlos Castaneda escribió sobre su relación con los naguaels, los grandes maestros espirituales, manifestó su interés por su anonimato y humildad. Eran seres aparentemente corrientes, que poseían un estado de conciencia extraordinario, vivían con gran profundidad pero con humildad, siempre presentes pero casi invisibles. Éstas son las paradójicas cualidades que interpreto en la última estrofa del poema de Alexander Pope. Aprende a vivir sin ser visto ni conocido, ajeno a la necesidad de reconocimiento. Haz lo que deseas hacer porque sientes que hay algo que te guía y luego retírate con dignidad y en paz.

Mi primer contacto personal con el maestro Guruji estuvo rodeado de un profundo silencio que duró casi una hora. Las palabras no eran necesarias. Me transmitió una meditación para la manifestación a fin de que la enseñara; sin embargo, nunca ha mencionado desear reconocimiento alguno por ello. Los grandes maestros son conscientes de la necesidad de mantener el anonimato y la humildad.

Nadie resumió mejor esta idea que el antiguo maestro chino Laozi, a quien he dedicado un capítulo de este libro. Él nos recuerda que: «Todos los ríos fluyen hacia el océano porque éste está por debajo de ellos. La humildad le otorga su poder».

Para aplicar la sabiduría del poema «Soledad» de Alexander Pope, te sugiero que tengas en cuenta estas ideas:

• Dedica un tiempo cada día a estar solo, sin hacer otra cosa que permanecer en silencio. Amortigua los estridentes ruidos de tu vida poniendo música clásica de fondo en tu casa o en el trabajo, si puedes. El «efecto Mozart» crea un sentido de equilibrio y paz que literalmente aumenta la productividad y reduce el estrés.

• Dedica un tiempo a estar en contacto con la naturaleza escuchando el sonido de los animales y los pájaros, del viento y de las olas, y a respirar lenta y profundamente aire no contaminado. Estar en contacto con la naturaleza es una magnífica terapia rejuvenecedora.

• Practica yoga o utiliza algún vídeo que te enseñe las posturas básicas para armonizar tu cuerpo. Haz que el yoga forme parte de tu vida cotidiana.

• Ponte como meta dar anónimamente a quien lo necesite, sin buscar halagos. Haz de esto una sana obsesión. Te recomiendo que veas *Obsesión* y *Hermano Sol, hermana Luna*: esta última narra la vida de san Francisco de Asís y su transformación en un dadivoso y humilde espíritu del siglo XIII.

• Recuerda que la descripción metafísica de Henry David Thoreau resume el mensaje esencial de «Soledad»: «La humildad, al igual que la oscuridad, revela las luces celestiales».

Verdad/belleza

ODA SOBRE UNA URNA GRIEGA

¡Oh, ática figura! Noble actitud,
con hombres y doncellas de mármol como adorno esculpidos;
con ramas de los bosques y maleza pisoteada;
tú, forma silenciosa que a la razón desafías,
como la eternidad. ¡Pastoral gélida!
Cuando la edad a nuestra generación consuma,
pervivirás en medio de angustias distintas de las nuestras;
amiga de los hombres, a quienes siempre dices:
«La belleza es verdad, y la verdad belleza»,
no hace falta saber más que esto en el mundo.

John KEATS
(1795-1821)

John Keats, probablemente el poeta con más talento de los románti-
cos ingleses, abandonó la medicina para escribir poesía.

Hay algo en el universo que sobrevive a nuestra existencia mortal.
Sea lo que fuere, nos deja perplejos; eso es lo que escribió el joven
John Keats en su famosa «Oda sobre una urna griega». Mientras
el poeta contemplaba las figuras de los amantes en la urna griega,
él mismo estaba alcanzando la inmortalidad. Su hermano acababa
de morir a los veinte y pocos años y él luchaba contra su mala salud, que se cobró su vida un año después, a la edad de veintiséis.
El poema que he escogido para el tema de la verdad y la belleza es
la quinta estrofa de «Oda sobre una urna griega», y termina con

119

dos líneas que definen una manera de ver la vida que da mayor trascendencia a nuestra existencia y habla a la verdadera fuente de la felicidad, la que todos llevamos dentro.

Cada día pienso en el mensaje del poema de Keats, cuando miro por la ventana de mi despacho. Hace dos meses mi hijo y yo limpiamos una zona de bosque que está delante de la casa unifamiliar donde trabajo. Podamos los arbustos, talamos los árboles muertos y le hicimos un buen «corte de pelo» al camino de entrada de la casa. Justo delante de mi ventana, dejamos lo que parecía el tronco endeble y moribundo de un árbol de cerca de un metro de altura. Decidimos que lo sacaríamos al día siguiente porque no teníamos una pala a mano. Luego, vino una cosa detrás de otra y nos olvidamos del tronco muerto. Cuando regresé de un viaje me di cuenta de que estaban brotando algunas hojas verdes de esa seca prominencia y decidí no arrancarlo.

Ahora, cuando miro por mi ventana, veo miles de capullos, ramas verdes y hojas que cubren el «palo muerto clavado en el suelo». Es una hermosa visión. La fuerza vital, invisible para mi ojo físico, es la eternidad a la que se refiere Keats cuando escribe: «Cuando la vejez haya consumido a esta generación, tú permanecerás en medio de angustias distintas a las nuestras...». Sí, este «tú» es un amigo para todos nosotros que nos dice: «"La belleza es verdad, y la verdad belleza", no hace falta saber más que esto en el mundo».

La fuerza vital que hizo volver a la vida a ese palo seco es lo que podemos denominar verdad. Ahora bien, cada uno puede ver esa verdad y todas las verdades que la eternidad despliega ante nosotros de una forma distinta. Lo que sugiere John Keats es que optemos por identificar la belleza con la verdad y la verdad con la belleza...¡y punto! La belleza se encuentra en esa forma silenciosa que es eterna y que es nuestra verdad. Reconocer ese «tú» como un regalo de la belleza es hacer las paces con nuestra existencia.

A lo largo de la historia, poetas, filósofos y científicos han comparado la belleza con la paz de una vida de realización. En su estudio sobre las personas con un alto rendimiento, Abraham Maslow descubrió que uno de sus rasgos más característicos era la capacidad para apreciar la belleza. Maslow fue el pionero en estudiar el potencial de grandeza del ser humano. Identificó rasgos específicos que eran exclusivos de esas personas con un alto rendimiento, a las que él denominó autorrealizadoras.

Maslow denominó a este tranquilo estado de conciencia «autorrealización». Aunque, en realidad, tal vez lo que estaba describiendo no sea sino una íntima conexión con la verdad. Emerson describió la belleza como: «La escritura de Dios, un sacramento al margen del camino» y nos instó a todos a «no perder nunca la oportunidad de contemplar algo hermoso». Keats parece llevar un poco más allá la mera apreciación de la belleza y habla de equipararla con la verdad.

Entonces, ¿cuál es tu verdad? Ante todo, tu verdad es lo que es real para ti, y lo que es real es lo que experimentas con la emoción o el sentimiento. Por tanto, si lo sientes, lo sabes y lo experimentas, es más que cierto, es la manifestación de la belleza. Tus sentimientos de realización son verdaderos y hermosos. Tu aprecio por un ser querido es verdadero y hermoso. Tus inspiraciones son verdaderas, y por ende, hermosas. Esta invisible chispa eterna de la vida de la que Keats dice que es una amiga para el hombre es la que te proporciona la verdad y, por consiguiente, también la belleza, si decides verla de este modo.

Cada vez que contemplo por la ventana de mi despacho lo que pensé que era un palo muerto y veo esa fuerza vital manifestándose en los hermosos brotes verdes, las ramas y las hojas, pienso que esa misma fuerza fluye a través de mí. Es mi verdad. Comparto la fuerza vital eterna con ese palo clavado en el suelo y, cuando mi generación haya desaparecido, esa fuerza vital permanecerá en aquellos que ocupen mi lugar. Es un misterio divino, sin embargo es nuestra verdad y por consiguiente escojo llamarlo belleza.

En el fondo de mi corazón sé que, si asfaltáramos toda la superficie del planeta, ese «tú» al que Keats se refiere haría que una hoja de hierba brotara del asfalto. El «tú» eterno volvería a brotar en todo su esplendor y belleza. No se puede detener. Ésta es la verdad. También es tu verdad. Parafraseando a Keats, lo que hay sobre la tierra es todo cuanto necesitas saber.

Cuando un corazón se abre a la experiencia de la verdad en la belleza, se resuelve uno de los enigmas más inquietantes de la humanidad, la muerte. Aquí está John Keats, mermado por la tuberculosis a los veinte años, enfrentándose al hecho de que su cuerpo pronto se rendiría, y abriéndose, sin embargo, a la belleza de la verdad de la vida. Aprende a ver la belleza en todas las cosas en las que sientas que está la verdad. Esa belleza/verdad te envolverá. Cónocete a ti mismo, vive tu verdad y tendrás belleza.

Me da la impresión de que en estas perdurables líneas de poesía John Keats nos estaba diciendo a todos que buscáramos nuestra verdad, que siguiéramos los dictados de nuestro corazón y que así veríamos la belleza en todas partes. Hacerlo de otro modo es perder nuestra habilidad para apreciar y experimentar el éxtasis de la vida, el mismo éxtasis invisible que de algún modo se las arregla para inyectar la vida en una semilla, una raíz, un capullo o incluso en ti mismo.

Haz que esta poética observación florezca en tu vida practicando las siguientes sugerencias:

• Considera qué es para ti lo más auténtico. ¿Dónde se encuentra tu verdad personal? ¿Cuándo te sientes más inspirado y pleno? ¿Qué te proporciona una mayor satisfacción? Tus respuestas son tu «tú», que es el espacio eterno de la vida que mora en tu interior y la belleza que engendra es tu verdadero yo.

• Abandona la costumbre de clasificar las metas e intereses de los demás como ridículos, poco interesantes o falsos. Quédate con tu verdad y libera a los demás de tus ásperas críticas.

• Intenta ver la belleza que hay en la mayoría de las cosas. La naturaleza proporciona una extensa gama de milagros. Busca la belleza que hay en ella. Busca al divino «tú» invisible, que sabes que es eterno, brotando de todas partes. Captúralo en tu corazón. Si es verdad, es belleza. Ten presente este pensamiento y rechaza utilizar tu energía mental para verlo de otro modo.

Pasión

I

Las fuentes con el río se fusionan
y los ríos con el océano.
Los vientos del cielo eternamente se mezclan
con una dulce emoción.
Nada aislado en este mundo está;
todas las cosas, por ley divina,
en un espíritu se funden.
¿Por qué no el mío con el tuyo?

II

Mira cómo besan el cielo las montañas
y cómo las olas entre sí se abrazan.
Ninguna flor-hermana será perdonada
si a su hermano rechaza.
Los rayos del sol a la tierra abrazan
y los rayos de luna al mar besan:
¿de qué sirve toda esta dulce obra
si tú no me besas a mí?

Percy Bysshe SHELLEY
(1792-1822)

Percy Bysshe Shelley, poeta filosófico inglés, rechazó todas las convenciones que creía que reprimían el amor y la libertad humana y se rebeló contra las restricciones de la política y la religión inglesas.

123

El legado que nos dejó a todos la poesía de Percy Bysshe Shelley fue la importancia de vivir apasionadamente nuestra vida cotidiana. En una obra tan prestigiosa como la *Enciclopedia Británica* se dice sobre este poeta romántico: «Su apasionada búsqueda de amor personal y justicia social se canalizó tanto en sus apariciones públicas como en sus poemas, que se encuentran entre los mejores del idioma inglés». Vivir la vida apasionadamente tiene sus propias grandes recompensas, que se intensifican cuando se es consciente de que la muerte, con sus arbitrarios designios, puede llegar de improviso, como le sucedió a Shelley.

Reflexiona sobre ello. Vivió a principios del siglo XIX en Inglaterra y arriesgó su vida distribuyendo panfletos que abogaban por los derechos políticos y la autonomía de los católicos de Irlanda. Era de familia rica y se fugó de su casa a los diecinueve años con la hija de un tabernero londinense, traicionando los planes que su padre y su abuelo tenían para él. A los veinticuatro años, al cabo de casi dos años de haber abandonado a su esposa por otra mujer, aquélla se suicidó, y dos de sus hijos murieron cuando él tenía poco más de veinticinco años. Tras la muerte de su esposa, se casó con su amante, Mary Wollstonecraft, viendo así realizado su deseo de tener una compañera que «pueda sentir la poesía y comprender la filosofía». Shelley viajó por toda Europa, viviendo de su trabajo como escritor y publicando sus poesías. Se reunió con lord Byron en distintas ciudades europeas para realizar obras poéticas juntos y proclamó que los poetas son los legisladores no reconocidos del mundo, porque crean los valores humanos y las formas que moldean el orden social.

Este hombre era un ferviente idealista que escribió sobre su amor por el amor y su pasión por la pasión. Murió a los veintinueve años en un accidente marítimo provocado por una tormenta, dejando un enorme legado de poesía y prosa. Su poesía, pero también su vida, nos hablan de su gran pasión. Defendió causas, arriesgó su fama y su persona y vivió intensamente cada momento de su existencia. El poema que he citado aquí, «La filosofía del amor», transmite un pequeño destello de la pasión que Shelley sentía en su corazón idealista y, al igual que el resto de su poesía romántica, lo que siento que me está diciendo es: vive el amor hacia aquellos a quienes amas y exprésalo con fervor si no quieres vivir tu vida con frustración.

El amor, en su aspecto pasional, es esa sensación interior de anhelo que impregna cada pensamiento y cada momento de vigilia. Es un estado de dicha que generalmente equiparamos con un sentimiento romántico o sexual que compartimos extáticamente con nuestro amante. Toda esa fusión, los abrazos y besos entre los ríos, los vientos, las montañas, las flores y los rayos de luna, son metáforas que describen ese compartido estado de dicha. ¿Por qué, insinúa Shelley, has de elegir la frustración de no expresar estos sentimientos? Yo mismo puedo recordar el dolor que he sentido en algunos momentos de mi vida al no poder compartir mi amor con una determinada persona. Cuando por fin podía manifestar abiertamente mis sentimientos, era como estar en el paraíso.

No obstante, también hay pasión en otras circunstancias, como en el éxtasis de la creación. Cuando consideramos el tema de la pasión en nuestras vidas, es importante prestar atención a las cosas que nos apasionan. Personalmente, conozco el éxtasis de la creación a través de mi trabajo como escritor y orador, y son muchas las situaciones en las que me siento lleno de felicidad, que es el mismo tipo de unión que Shelley describe en su poesía.

He sentido el éxtasis de estar en unión con mi cuerpo cuando estaba corriendo una maratón y cuando competía en un reñido partido de tenis. Experimento éxtasis cuando estoy meditando profundamente, cuando doy largos paseos con mi esposa o cuando contemplo a mis hijos. Shelley habla de un amor y un corazón alegre que es capaz de apreciar la belleza de nuestro mundo y de todos aquellos a quienes nos sentimos vinculados. No se trata sólo de una pasión que nos esclaviza sexualmente. Lo que el poeta pretende decirnos es que no vivamos como si fuera el primer día de nuestra vida, sino como si fuera el único —que, por supuesto, lo es—, y que compartamos nuestra pasión, porque un júbilo compartido es doble júbilo.

Muchas veces nos quedamos estancados en una perspectiva demasiado seria de la vida, y utilizamos nuestra mente para mantenernos en un estado de angustia o, aún peor, de indiferencia. El júbilo y el éxtasis provienen de dentro; no se pueden comprar a ningún precio. Todos los buscamos, pero cuando llegan, a menudo sentimos que no es un estado mental adecuado. La clave para conocer este estado es poner pasión en nuestra vida. En nuestra vida amorosa y sexual, por descontado, pero también en nuestro tiempo de ocio, en nuestra vocación y en todas aquellas situaciones en las que sintamos que estamos interactuando con este glorioso universo. Hay muchas cosas por las que sentir pasión.

He observado que las personas que sienten pasión por algo o que tienen una gran voluntad para alcanzar sus metas y no permiten que los demás difamen o ensucien la imagen de aquello que desean expresar siempre parecen conseguir lo que desean en sus vidas. Shelley vivió un apasionado idealismo en cada momento de su existencia. Esa pasión se refleja en su magnífica poesía. Vuelve a leer «La filosofía del amor» y pregúntate: «¿Por qué no?».

Para aportar pasión a tu vida:

• Date cuenta de que eres una parte de este gozoso universo. Permite que tus emociones románticas, de éxtasis y beatitud afloren con más frecuencia en tu vida. Cuando sientas júbilo, experiméntalo y exprésalo. Tal como dice el Nuevo Testamento: «El júbilo es el fruto del espíritu». No te niegues ese fruto.

• Escribe tu propia poesía. Dedica un tiempo a observar tus sentimientos de pasión. Tanto si tu pasión es la cerámica, los muebles antiguos, las matemáticas o la música, exprésala con tus propias palabras.

• Permítete ser apasionado. Sé apasionado con cualquier cosa o persona que desees y no permitas que los prejuicios te coarten. Cuando esos prejuicios intenten hacerte sentir estúpido, diles con suavidad pero con firmeza que esperen en el vestíbulo e invítales a pasar más tarde, cuando a ti te apetezca.

• Di a los que amas lo que sientes hacia ellos siempre que puedas. Esto te permitirá compartir tu júbilo y, así, conseguirás duplicarlo.

• Lee siempre que puedas la poesía de personas apasionadas como Shelley. Intenta sincronizar el latido de vuestros corazones. Imagínate viendo y sintiendo lo que ellos vieron antes de que tú llegaras a este planeta.

Comunicación

UN ÁRBOL VENENOSO

Enojado estaba con mi amigo,
a mi ira se lo dije y mi ira pereció.
Enojado estaba con mi enemigo,
esta vez no se lo dije y mi irá aumentó.

Con temores la ahogué,
noche y día con mis lágrimas.
Con sonrisas y tiernas astucias engañosas,
de sol la bañé.

De noche y de día creció,
hasta que una manzana salió;
mi enemigo la contemplaba brillar,
sabiendo que era mía.

Y en el jardín la robó,
cuando la noche el polo había cubierto:
por la mañana contento estuve al ver
a mi enemigo bajo el árbol yaciendo.

William Blake
(1757-1827)

William Blake fue un poeta, grabador, pintor y místico inglés. Su poesía es conocida por su misticismo y su complejo simbolismo.

William Blake es uno de mis héroes. Durante su vida fue un poeta consumado, pintor, artista y místico visionario, que durante mucho tiempo fue repudiado por sus contemporáneos y catalogado de loco. Toda su vida la pasó en el umbral de la pobreza y murió en el olvido. Sin embargo, en la actualidad este hombre es considerado como una de las más grandes y originales figuras de la historia de la literatura y sus peculiares grabados son piezas únicas que están valoradas en millones de dólares.

He devorado sus poemas épicos, los he citado muchas veces a lo largo de mi vida y decidir cuál incluir en este libro ha supuesto un reto considerable. Sus palabras más famosas son las que utiliza para abrir *Cantos de la inocencia*, escrito en 1789: «Ver el mundo en un grano de arena y al cielo en una flor silvestre; sostener el infinito en la palma de la mano y la eternidad en una hora». Estas líneas demuestran la preocupación de Blake por el poder de la mente para percibir a Dios o al infinito, el valor de nuestra imaginación y la unidad con el universo. En este libro he escrito ya sobre estos temas, y he elegido «Un árbol venenoso» como otro gran ejemplo de lo que este «genio loco», que escribía a poco más de cien kilómetros de donde se estaba fraguando la Revolución francesa, puede ofrecernos hoy en día.

«Un árbol venenoso» es básicamente un mensaje para mantener relaciones de amistad a través de la comunicación. La idea principal del poema es ésa: comunicacion. «Enojado estaba con mi amigo, a mi ira se lo dije y mi ira pereció.» Una forma increíblemente simple de expresar una verdad profunda. Cuando sientes algo y tienes el sentido común o el valor para expresar ese sentimiento a tus seres queridos, la rabia y la furia desaparecen, casi como por arte de magia. ·

Tiempo atrás tenía la tendencia a permanecer en silencio cuando estaba furioso. Admito que me gustaba regodearme, darle vueltas al asunto una y otra vez en mi mente, donde tenía largos diálogos con la persona con la que estaba enfadado. Siempre que he adoptado esta postura de excluir a mis seres queridos o amigos, la ira ha persistido. Sin embargo, cuando al final acaba saliendo y podemos comunicarnos, expresando nuestros auténticos sentimientos, por muy absurdos que le puedan parecer a la otra persona, de forma mágica y casi instantánea la furia desaparece. «Enojado estaba con mi enemigo, esta vez no se lo dije y mi irá aumentó.» Ésta fue precisamente la lección que tuve que aprender, y reconozco que todavía tengo que trabajarla a diario.

En mis relaciones pasadas me hice enemigos entre las personas que más quería. En el momento en que pasaron a esa categoría, mi ira se quedó dentro y en mi cabeza comencé a escenificar complicados desenlaces a los cuales sólo yo tenía acceso. De ahí que mi tendencia a guardar mi ira dentro, a no manifestarla, me permitiera crear lo que Blake denomina un árbol venenoso. Podía regarlo con mis lágrimas y bañarlo de sol con sonrisas engañosas. ¿Y cuál fue el resultado? Que siguió creciendo hasta dar fruto. Sin lugar a dudas el fruto es un veneno tan potente que acabará destruyendo a quienes han sido catalogados como enemigos. Ellos estaban «bajo el árbol yaciendo».

El mensaje de este poema es profundo. No alude sólo a las relaciones personales, sino a todas las personas con las que has de tratar en tu vida. Cada vez que notas que la chispa prende en tu interior y que tu ira empieza a crecer, te estás metiendo en un laberinto. La única salida posible es frenar ese sentimiento y hacer que esa persona sea tu amiga en vez de tu enemiga. Dile a esa persona: «¡Creo que en estos momentos estás intentando manipularme y preferiría que dejaras de hacerlo!». Este tipo de afirmación sincera y sensata aplacará tu ira e inhibirá el crecimiento de un árbol venenoso, que al final acabará destruyéndote a ti o a quienquiera que se convierta en tu enemigo.

Del mismo modo en las relaciones familiares, cuando sientes algo que se parezca a la ira, ármate de valor para decir lo que sientes sin insultar ni gritar. He observado que, con mis hijos, cuando guardo silencio la ira no desaparece. De hecho, empeora porque nos hemos convertido en enemigos y ambos estamos cultivando nuestro propio árbol venenoso en nuestro interior. Cuando nos sentamos y les explico cómo me siento y por qué estoy decepcionado, esto generalmente conduce a una discusión abierta en la que ambas partes podemos expresarnos y que termina con un abrazo y un «yo también te quiero, papá». Curiosamente, «a mi ira se lo dije y mi ira pereció». Puede que desees recordar estas palabras cuando busques la manera de que tus relaciones se muevan en el ámbito de la dicha.

En cualquier relación entre dos personas es inevitable que surjan conflictos. Con frecuencia manifiesto mi creencia de que en una relación en la que las dos personas están de acuerdo en todo, una de ellas es innecesaria. Tu alma gemela suele ser la persona que se parece menos a ti, la que puede hacer saltar los resortes que te sacan de tus casillas. Esa persona es tu alma gemela, precisamente porque tiene ese poder. Cuando te pones hecho una furia, la persona a la que percibes como la culpable de esa reacción se convierte en tu gran maestra. Esa persona te está enseñando que todavía no eres dueño de ti mismo, que todavía no sabes decantarte por la paz, cuando te tocan ese resorte.

El camino para encontrar esa paz está en decirle a tu amigo, amante, hijo, padre o suegra cómo te sientes. Hazlo desde una postura de distanciamiento y honestidad y observa cómo desaparece tu ira. Habrás eliminado por completo la posibilidad de nutrir y crear un árbol venenoso.

Para poner en práctica las ideas del famoso poema de William Blake, empieza por seguir las siguientes sugerencias:

• Cuando te encuentres en medio de un silencio excluyente, autoimpuesto o no, rómpelo con una sencilla frase. Puedes decir algo como: «¿Qué te parece si ambos hablamos de cómo nos sentimos sin emitir ningún juicio?».

• Utiliza tu frase inicial para manifestar cómo te sientes, empezando tus afirmaciones con «siento que...». Enfatiza que en ese momento lo que más necesitas es una respuesta cariñosa. Acepta tus sentimientos y haz un esfuerzo por comprenderlos, como harías con un amigo al que le confiaras tus sentimientos. Aquí no estamos tratando el problema en sí, sino el hecho de comunicar nuestros sentimientos. Escucha con afecto lo que siente la otra persona, sin ponerte a la defensiva. Deja que hablen los sentimientos.

• Ponte un tiempo límite para permitirte estar en una fase de silencio. Si decides que dure, por ejemplo, una hora, entonces, por más violento que te resulte o por más enfadado que te puedas sentir, abre las vías de comunicación una vez cumplido el plazo. Comprobarás que la comunicación, en vez de oprimirte, hará que tu irá se aplaque casi inmediatamente.

• No te vayas nunca a la cama sintiendo ira. Esto literalmente tendrá una repercusión en el campo de energía que ambos compartís e intensificará el crecimiento del árbol venenoso. Antes de ir a la cama, expresa tus sentimientos y haz un esfuerzo por mostrar algún signo de afecto, incluso aunque eso signifique tener que ceder y someter a tu ego.

Cuanto mayor sea tu capacidad para crear una atmósfera de sinceridad, especialmente en los temas de desacuerdo, menos probable es que éstos se vuelvan desagradables. En los momentos en que éstos resultan. enojosos, crece el brote que acaba convirtiéndose en un árbol venenoso.

Audacia/acción

PIERDE EL TIEMPO HOY

Pierde el tiempo hoy,
y mañana será igual y pasado aún peor.
Cada indecisión conlleva sus propios retrasos
y los días se pierden lamentando el tiempo perdido.
¿Estás decidido? Pues no dejes escapar el presente,
la audacia es genialidad, poder y magia en sí misma.
Basta con que te comprometas y la mente se enardecerá,
¡empieza ya y se realizará el trabajo!

Johann Wolfgang von Goethe (1749-1832)
Fausto

Johann Wolfgang von Goethe, poeta alemán, dramaturgo y novelista, expresó su interés por el desarrollo orgánico natural de las cosas y por la necesidad del ser humano de creer en sí mismo y de evitar una caracterización idealista.

Johann Wolfgang von Goethe es universalmente reconocido como uno de los grandes gigantes de la creatividad en un sorprendente número de campos. Fue la materialización de lo que consideramos una personalidad humanista. No sólo tuvo una posición reconocida como dramaturgo, novelista, poeta, periodista, pintor, político, educador y filósofo naturalista. Los éxitos que consiguió en sus ochenta y dos años de vida pueden catalogarse de olímpicos y entre ellos se incluyen ciento treinta y tres grandes volúmenes, de los cuales trece son científicos. Escribió prodigiosamente sobre temas variados en sus cuentos de hadas, novelas y obras históricas, y culminó el trabajo de su vida con *Fausto*, una de las piezas maestras de la literatura moderna.

El mensaje que Goethe nos transmite en nuestros días no se encuentra en su voluminosa obra, sino en el modo en que vivió. Dedicado a multiplicidad de metas y dispuesto a gozar al máximo de todas sus actividades, demostró su voluntad de vivir una vida plena y resplandeciente. Goethe, hombre con una enorme energía creativa, estaba gloriosamente vivo. Mucho podemos aprender si dejamos que su grandeza nos guíe en nuestro mundo de hoy.

Este fragmento de *Fausto* es uno de los pasajes más citados de la literatura de autoayuda. Probablemente habrás oído o leído la sexta línea: «La audacia es genialidad, poder y magia en sí misma». Se ha citado en muchos libros, incluyendo uno que yo mismo escribí hace más de veinte años. En esta recopilación, en la que analizo lo que nos han transmitido a través de sus escritos sesenta de las mentes más sabias y creativas de todos los tiempos, he querido incluir este sexto verso sobre la genialidad en el contexto de todo el poema.

Mientras trabajaba en este libro, a medida que iba avanzando diariamente leía a mi editora el material por teléfono. Cada día me decía algo como: «¡Wayne, eres sorprendente! No sé cómo puedes crear un material tan bueno todos los días. No sólo creas o escribes. Primero lees e investigas y luego describes creativamente lo que has asimilado de estos filósofos y poetas. ¡Consigues inspirarme!». Yo sonreía interiormente por el cumplido y le respondía que no había ningún secreto. Para lograr una creatividad coherente, la solución se encuentra en la última línea de «Pierde el tiempo hoy»: «Empieza ya y se realizará el trabajo».

Si elijo malgastar el día presente, lo perderé y mañana será igual, y al final acabaré lamentándome por todos los días perdidos. Cuando Goethe pregunta: «¿Estás decidido?», yo respondo: «Sí, lo estoy» y «No dejo escapar el presente». Pongo en práctica este valioso consejo de un hombre que llenó sus ochenta y dos años con grandes éxitos en diversos campos.

No te pases el día pensando que tienes que acabar un proyecto o en lo desbordante que pueda parecer una tarea. Empieza y hazlo. Tanto si se trata de escribir una carta o de hacer una llamada telefónica, deja ahora mismo este libro y aprovecha el momento. Haz algo más que empezar. Pon una marca en este punto del libro y, cuando hayas iniciado un proyecto, vuelve a la lectura. Lo que descubrirás es el significado de: «La audacia es genialidad, poder y magia en sí misma».

La famosa observación de Thomas Edison: «La genialidad es un uno por ciento de inspiración y un noventa y nueve por ciento de sudor», habla de aprender a aprovechar el momento. Ese uno por ciento es el reconocimiento de tus pensamientos y sentimientos. Para concretar el genio que hay en ti, has de empezar a poner en práctica tu inspiración. A mi editora le digo que mi «secreto» para escribir este libro y hacer todo el trabajo que conlleva en las fechas acordadas es que todos los días sin excepción, a una hora concreta, independientemente de cuántas interrupciones pueda tener o de las razones para hacer otra cosa, empiezo el siguiente ensayo. No me propongo terminarlo, sólo empezarlo. Y ¡quién lo iba a decir!, esa audacia realmente tiene genialidad, poder y magia, porque una vez he empezado a leer, a investigar y a escribir la primera frase, descubro que el trabajo se las arregla para completarse solo. Así me ha sucedido siempre.

Te sugiero que pongas copias de «Pierde el tiempo hoy» en los lugares que frecuentes cuando tratas de evitar una tarea. Te recordará los aspectos creativos de tu vida en los que no das ese atrevido paso de empezar. El rechazo a comprometerte es lo que te bloquea y no deja que tu mente se estimule. La tendencia a posponer, a dejar las cosas para después, hace que pierdas el momento presente, el ahora. Esta valiosa técnica de empezar me ayuda a finalizar estos escritos que tanto adoro, a aprovechar el momento y a empezar a activar otras facetas de mi vida que me proporcionan el mismo placer, la misma sensación de plenitud y de equilibrio.

En lugar de hablar con mi esposa de un hipotético futuro en el que podremos salir y disfrutar de nuestra mutua compañía, recuerdo siempre el poder de la audacia, y que comprometerse estimula la mente y el cuerpo. Entonces digo: «Ya hemos hablado bastante, vamos a hacer la reserva ahora mismo. Lo apunto en el calendario y vamos a hacer que suceda». Siempre es así cuando actuamos en contra de esa tendencia a perder el tiempo. Así mismo, hemos creado muchas actividades familiares, porque ambos hemos dejado de perder el tiempo y hemos hecho que las cosas ocurran. ¡Ahora!

Este valor para actuar con audacia nos lo transmite un hombre extraordinariamente audaz y altamente realizado. Lee cuidadosamente las animosas palabras de Goethe y aplícalas en tu vida para hacer que lo que tienes en tu mente pase del reino de tus pensamientos al mundo material de tu realidad inmediata. Empieza y observa la magia en acción.

Para practicar la audacia, tal como expone Goethe en este fragmento de *Fausto*, prueba estas sugerencias:

• Piensa en cinco cosas que hayas tenido en mente durante algún tiempo, pero que por alguna razón no has podido llevar a cabo. El mero hecho de plasmarlas por escrito es un comienzo.

• Ahora, independientemente de la resistencia que puedas sentir, limítate a empezar a actuar en el primer tema. Haz lo mismo con los otros asuntos durante los cuatro días siguientes. No te propongas terminar el proyecto, sencillamente comprométete a empezarlo. Verás lo que quería decir Goethe cuando dijo que comprometerse estimulaba.

• Deja de poner excusas para explicar por qué no consigues hacer cosas realmente importantes en tu vida. Si no has llevado a cabo lo que dices que te gusta es sobre todo porque te niegas a aprender a aprovechar el momento. Todas las excusas no son más que eso, excusas. En el fondo de tu corazón sabes que es así.

• Rodéate de hacedores. Relaciónate con gente que manifieste su audacia y, a la inversa, apártate de quienes te exhortan a recrearte en tus excusas y explicaciones. Mantén tu campo de energía más próximo libre de contaminación.

Imaginación

¿Y qué si dormías?
¿Y qué si en tu sueño soñaste?
¿Y qué si en tu sueño fuiste al cielo
y allí cogiste una extraña y hermosa flor?
¿Y qué si al despertar la flor estaba en tu mano?

Samuel Taylor COLERIDGE
(1772-1834)

Samuel Taylor Coleridge, poeta y ensayista inglés, fue el crítico más receptivo de su tiempo y el portavoz intelectual del movimiento romántico de su país.

Tengo tanto aprecio por este poema de uno de los más renombrados poetas, críticos literarios, teólogos y filósofos del mundo que lo utilicé como cita de presentación de un libro que escribí sobre cómo hacer milagros, titulado *Tus zonas mágicas*. La vida activa de Coleridge estuvo dedicada a expresar un principio creativo fundamental, aplicable a todos los seres humanos y al universo en su totalidad. El primer paso en la creación, este principio unificador, es la imaginación.

Este poema conmovedoramente simple te invita a indagar en tu imaginación y a reconsiderar tu posición frente a la realidad. Lo que conocemos como real tiene sus limitaciones, pero la imaginación en el estado de sueño es ilimitada. Nuestro apego por la realidad invalida la idea de que seamos capaces de llevar un objeto del mundo de los sueños al mundo del estado de vigilia. No obstante, Samuel Taylor Coleridge sugiere que lo reconsideres. ¿Y qué si pudieras hacer tal cosa? ¡Ah!, ¿y entonces qué?

Reflexiona sobre lo que eres capaz de hacer cuando sueñas. Dormir durante ocho horas al día significa que, si vives hasta los noventa, habrás pasado treinta años de tu vida soñando. Eso supone que un tercio de tu vida transcurre en un estado de conciencia en el que tu posición frente a la realidad se altera y que, simplemente gracias al poder del pensamiento, manifiestas todo lo que necesitas para que el sueño se produzca. No tienes conciencia del tiempo; de hecho, puedes ir adelante y atrás a tu antojo. Puedes avanzar y ver la muerte, volar si lo deseas, caminar entre árboles y edificios, cambiar tu forma instantáneamente, convertirte en un animal si lo prefieres, respirar bajo el agua y estar en más de un sitio a la vez.

Lo más sorprendente de toda esta actividad de los sueños es que mientras duran estás totalmente convencido de que es real. Tu ilimitada imaginación es tan convincente que, durante un tercio de tu vida, te olvidas de tu compromiso con la realidad.

Cuando despiertas, te dices a ti mismo: «Esto es real, lo que he soñado es irreal». Samuel Taylor Coleridge pasó su vida examinando el poder que tiene la imaginación para alterar las percepciones de los otros dos tercios de nuestra vida, aquellos que denominamos estado de vigilia. Es decir: «¿Y qué si al despertar la flor estaba en tu mano?». Tendrás que aprender a desdoblarte, lo que significa que puedas estar en más de un sitio al mismo tiempo.

El desdoblamiento es una cualidad que denota un nivel de conciencia excepcionalmente elevado que nos concede la capacidad de estar en más de un sitio a la vez. ¿Cómo se puede lograr tal hazaña? Vuelve al estado de sueño. Cada personaje que aparece en tus sueños eres tú mismo asumiendo esos papeles en tu mente. De este modo, cuando en sueños hablas con otra persona, eres a la vez tú mismo. Te estás desdoblando. De igual modo, la flor de tu sueño no es una flor tal como la experimentas cuando estás despierto. De hecho, tú eres la flor del sueño y, puesto que tu imaginación se cierra casi por completo cuando pasas al estado de vigilia, pierdes la creatividad ilimitada tan pronto como te despiertas.

No es absurdo pensar que es posible traer una flor desde el imaginario mundo de los sueños hasta el nivel que todos asociamos con la realidad. Todo lo que eres capaz de conseguir, experimentar y conocer en el tercio de vida que pasas en la pura imaginación, puedes conseguirlo, experimentarlo y conocerlo en los otros dos tercios restantes. La clave es eliminar las dudas y concederte el privilegio de volar directamente hacia ese estado extático mientras estás despierto.

La poética expresión del sueño y de la flor, que he leído y recitado miles de veces, siempre me recuerda que he de soñar despierto más a menudo, permitirme el mismo tipo de privilegios, libertades y, sí, por qué no, de poderes, que doy por hechos en el estado de sueño. Recuerdo lo que dijo William Blake, otro de mis poetas favoritos, respecto a este fascinante mundo de la imaginación: «La imaginación es el mundo real y eterno del cual este universo vegetativo no es más que la sombra... el cuerpo eterno del hombre es la imaginación: que es Dios mismo, el cuerpo divino...».

Me parece absurdo pensar que estar despierto y estar dormido son dos experiencias distintas de la realidad. Sé que mis sueños no son predicciones de lo que me va a pasar en estado de vigilia, ni los símbolos que me proporcionarán las claves para encontrar a mi verdadero yo. Para mí, el sueño es como una invitación abierta para el místico mundo de la imaginación. Es mi oportunidad para explorar lo ilimitado, para conocerlo por mí mismo y sumergirme de lleno en él. Luego, cuando estoy despierto, puedo seguir utilizando la imaginación para trascender el estado ordinario de vigilia. Entonces, este mundo se convierte en un lienzo para mi imaginación.

Cuando reconsideres tu posición en relación con la realidad, puedes utilizar tu experiencia de ese tercio de tu vida y apoyarte con firmeza en tu imaginación para lograr todos tus deseos, sin necesidad de hacerlo en sueños. Imagina que eres capaz de manifestar en el mundo material todo aquello que puedes concebir en tu mente y abandona cualquier duda que te hayas permitido albergar.

Cuando era niño iba a una concurrida escuela pública de Detroit. Recuerdo que tenía problemas por mi sinceridad al exponer esta dicotomía entre el sueño y la vigilia. Estaba muy lejos, soñando despierto, con una profunda dicha por la excursión mental en la que me había embarcado, cuando un profesor me miró fijamente y me dijo «¿Podría reunirse con nosotros, señor Dyer?». Mi respuesta inmediata fue: «¡Realmente, no!», tras lo cual, una vez más, fui enviado al despacho del director como castigo por dejar volar mi imaginación mientras estaba en clase.

¿Crees que es posible sostener en la mano una flor que has arrancado del jardín de tus sueños? Yo sé que sí, como también lo sabía Samuel Taylor Coleridge, el poeta de la imaginación.

Para aplicar hoy mismo el poder de la imaginación creativa en tu vida, empieza con estas pautas:

• Ten siempre presente que tú eres lo que piensas; ten mucho cuidado con cualquier pensamiento que albergue dudas.

• Anota tus sueños para recordar esas experiencias «irreales» de cuya realidad estabas absolutamente convencido mientras sucedían. Luego, intenta eliminar tus ideas preconcebidas respecto a su imposibilidad. Erradica la palabra «imposible» de tu conciencia. Si puedes concebirlo, verdaderamente podrás crearlo.

• Reconsidera y anota tu postura con relación a la realidad de modo que diga: «Cualquier cosa que puedo crear en un tercio de mi vida, puedo ponerla en práctica en los otros dos, si así lo deseo».

• Vive más en tu imaginación. Concédete libertad para vagar por el desconocido territorio de tu mente y explora nuevas posibilidades en tus fantasías, sin excluir nada. Estas divagaciones imaginativas acabarán convirtiéndose en catalizadores para disfrutar de una vida ilimitada.

Tu imaginación, al igual que tu cuerpo, se desarrolla con el ejercicio. Despierta y sostén esa flor en tu mano.

Naturaleza

¡RUISEÑOR! SEGURO QUE ERES

A una paloma salvaje su entrañable historia
hoy mismo oí cantar.
Su voz enterrada estaba entre los árboles,
pero aun así, la brisa le llegaba:
no cesaba, sino que arrullaba y arrullaba,
y algo meditabunda cortejaba,
de amor cantaba, en callada armonía;
despacio empezaba y nunca acababa,
con fe firme y regocijo interno.
Así era su canto, ¡su canto por mí!

William WORDSWORTH
(1770-1850)

*William Wordsworth fue un poeta inglés que expresó su amor por
la naturaleza y su respeto hacia la humanidad sin distinción de clases u otros conceptos.*

Cuando preparaba esta colección de ensayos para aplicar la sabiduría de todos los tiempos, leí miles de poemas de grandes pensadores y poetas, tanto contemporáneos como de épocas remotas.
Un tema que siempre está presente es la fascinación por la naturaleza. Estos conmovedores escritores parecen sumergirse en la naturaleza y crear poemas que emanan de su estado de admiración y
de éxtasis.

Entre los miles de poemas que he estudiado, he elegido éste
para representar el tema de la naturaleza. Pertenece a William

Wordsworth, poeta excepcional y prolífico, que escribió mientras en Europa estallaba la revolución a finales del siglo XVIII. «¡Ruiseñor! seguro que eres» es un ejemplo de la habilidad de Wordsworth para escenificar cómo la imaginación crea valores espirituales del recuerdo de lo que ha visto y oído en la naturaleza. La lección que nos está transmitiendo es que los lugares salvajes son una terapia. Imagina al poeta simplemente escuchando los sonidos de un pájaro, tan absorto que llegó a escribir sobre esta experiencia humana tan básica y universal a la vez (¿quién no ha oído cantar a un pájaro?): «De amor cantaba, en callada armonía, despacio empezaba y nunca acababa, con fe firme y regocijo interno. Así era su canto, ¡su canto por mí!». Deja que la poética observación de Wordsworth te empuje a salir de la ciudad para entrar en contacto con la naturaleza, aunque sólo sea a tu propio jardín o a un parque público, si eso es todo lo que te puedes permitir, y escucha, como uno de los muchos poetas que te han precedido. Memoriza los sonidos y lo que ves en la naturaleza. Sumérgete en el momento presente y, apartando todas las distracciones de tu mente, escucha «A una paloma salvaje su entrañable historia hoy mismo oí cantar» y ese canto será sólo para ti. En realidad, la naturaleza, con todos sus sonidos y visiones, es algo más que una terapia: es una conexión, un vínculo con tu alma y con la eterna energía creativa de Dios.

Ésta es la energía que la naturaleza emplea cada primavera para escribir un nuevo capítulo del Génesis. Emerson observó en el oeste del Atlántico lo que Wordsworth vio al este del mismo, casi en la misma época: «Todo lo que hay en la naturaleza contiene todos sus poderes. Todo está hecho de la misma materia oculta». Esto abarca el mundo natural, incluido tú. Sí, tú también perteneces a ese mundo. Tu deseo de soledad, de libertad, de ser tu yo natural, de seguir tu propia intuición, de cantar sin ser criticado, de fluir como los ríos, son instintos naturales que se suelen pasar por alto.

Pregúntate cuáles son tus recuerdos más agradables en la vida. Es muy probable que sean tus encuentros extáticos personales con la naturaleza. El sonido del agua rompiendo en la orilla del mar o el del viento. La sensación de frío intenso en tu cara o el sol impregnando tu cuerpo en la playa. El sonido y el color de las hojas cuando caminas en otoño por el bosque. Un viaje en el que hayas acampado y escucharas los misteriosos sonidos de la oscuridad. ¿Cómo perdiste tus ojos y tus oídos? ¿Cómo has llegado a olvidar el éxtasis de la naturaleza? Vuelve al lugar que Wordsworth describe: árboles y brisa, arrullo y cortejo. Éstos son algo más que esquemas de rima poética. Son billetes hacia una beatitud perdida.

Hace varias décadas fui catedrático de la Universidad de St. John, en la ciudad de Nueva York. Las primeras horas de la tarde, justo antes del comienzo de las clases, eran las más ajetreadas del día. Mi despacho era un hervidero de alumnos licenciados que venían a consultarme algo. Mi secretaria me interrumpía constantemente con llamadas telefónicas, un decano reclamaba mi atención para algún asunto administrativo y yo me iba cargando de angustia con toda esta presión, pensando que tenía que dar una clase en un par de horas.

En medio de todo este caos, solía excusarme y le decía a mi secretaria que volvía en un momento, porque tenía una urgencia. Iba a retirarme a un parque público que estaba a una manzana de mi despacho. Allí encontraba mi banco favorito, rodeado de árboles y de los sonidos de la naturaleza, me sentaba y me limitaba a escuchar durante quince minutos. Este tranquilo entorno era mi terapia, mi escapada hacia la cordura. Nadie de mi departamento supo nunca adónde iba durante mis frecuentes salidas o cuál era la razón de las mismas, pero cuando regresaba, la mayor parte de los problemas se habían resuelto y los que requerían mi atención eran atendidos por un catedrático sin estrés. Al mirar atrás, me doy cuenta de que estaba aplicando en mi situación la sabiduría de la poesía de Wordsworth, dejando que la naturaleza me hablara con sus símbolos y signos.

No es casual que tantos de nuestros más respetados poetas y escritores hayan encontrado en la naturaleza la fuente de inspiración para su arte. En la naturaleza olvidamos todos nuestros prejuicios y falsas pretensiones, porque la naturaleza no juzga. John Muir, famoso naturalista, dijo una vez: «El gran espectáculo es eterno. Siempre está amaneciendo en algún lugar; el rocío nunca se seca del todo; está lloviendo eternamente; el vapor siempre está ascendiendo...». Cuando te permites estar con la naturaleza entras en comunión con el espectáculo eterno. Tu alma tiene la oportunidad de armonizarse contigo mismo y con tu mundo.

El poema de Wordsworth es más que la observación de un pájaro en la naturaleza. Es una súplica a todos nosotros para que abandonemos nuestra obsesión por las pequeñas mezquindades que nos obsesionan, para que busquemos la armonía que se halla en la naturaleza y vivamos en ella. De hecho, la armonía de la naturaleza está ahí para ti.

Para indagar en lo que William Wordsworth te ofrece, intenta lo siguiente:

• Destina un poco de tiempo cada semana, o cada día si puedes, a caminar descalzo sobre la hierba o a quedarte absorto en la naturaleza y escuchar. Sin obligaciones ni deberes, sencillamente escucha y observa la perfección del mundo natural. Recuerda que la naturaleza es una terapia.

• Describe los sentimientos que la naturaleza despierta en ti en forma de poesía o ensayo. Olvídate de la rima o de la gramática. Un amigo mío, cuando tiene la oportunidad de estar en un entorno natural, describe su experiencia diciendo que es como pasar del «cabreo a la dicha». Permítete ser un poeta y anota tu intuición divina mientras estás en comunión con la naturaleza, al igual que hizo Wordsworth hace dos siglos.

• Planifica pasar más tiempo en la naturaleza en tus próximas vacaciones. Piensa en hacer alguna excursión por la montaña, *rafting*, esquí o acampada. Estas delicias te aportarán la dicha que estás buscando y te traerán recuerdos de tu propia vida.

• Sal al exterior una noche, aunque sólo sea instalando una tienda en tu jardín. Hazlo con tu familia, especialmente con tus hijos, y observa el entusiasmo que sienten por estar en contacto con la naturaleza. Esta exaltación es precisamente lo que puedes volver a manifestar en todas las áreas de tu vida, cuando permitas que tu propia naturaleza juegue un papel más relevante y pueda mostrar su regocijo.

Amor romántico

¿Cómo te amo? Voy a contar las formas.
Te amo con la profundidad, la extensión y la altura
que mi alma puede alcanzar cuando no estés al alcance de mi vista,
en el final de los tiempos y de la gracia ideal.

Te amo hasta el nivel de la más modesta
necesidad cotidiana, a la luz del sol y de las velas.
Te amo libremente, como los hombres luchan por la justicia.
Te amo con pureza, como los que vuelven de alabar a Dios.

Te amo con la pasión que ponía
en mi antiguo pesar y con mi fe infantil.
Te amo con un amor que me parecía haber perdido con mis santos olvidados.

¡Te amo con la respiración, las sonrisas y las lágrimas de toda mi vida!
Y si Dios me lo permite,
te amaré aún más después de la muerte.

Elizabeth Barrett BROWNING (1806-1861),
Sonetos del portugués

Elizabeth Barrett Browning fue una poetisa inglesa, esposa del poeta Robert Browning. Sus temas abarcaban profundos intereses humanitarios, unas poco ortodoxas creencias religiosas, su afecto por Italia, su país adoptivo, y su amor por su esposo.

Este soneto de Elizabeth Barrett Browning quizá sea el más famoso de todos los poemas de amor romántico que se han escrito. Rara sería la persona que al oír «¿Cómo te amo?» no pensara automáticamente en «contar las formas». En realidad, es una gran idea contar las formas en que amas a una persona, especialmente si es un amor romántico.

La historia de Elizabeth Barrett y Robert Browning (famoso poeta, también incluido en este libro) es una de las grandes historias de amor de todos los tiempos. Estos dos sensibles poetas se unieron en el amor a través de la poesía, incluso antes de conocerse. Elizabeth había publicado en 1844 su segundo volumen de poesía amorosa, que tuvo buena acogida en los círculos literarios londinenses. En enero de 1845, recibió una carta del muy reputado poeta Robert Browning, que decía: «Adoro tus versos con todo mi corazón, querida señorita Barrett. Como he dicho, amo estos libros con todo mi corazón y también te amo a ti». Se conocieron a finales de ese verano y se casaron al año siguiente. Elizabeth había tenido muchos problemas de salud cuando era más joven y vivía con su padre, que ignoraba su relación epistolar con Robert Browning. De hecho, se casaron en secreto y se trasladaron a Italia, por razones de salud, sin el consentimiento del padre de Elizabeth. Éste murió en 1856 sin haber perdonado a su hija.

Elizabeth y Robert Browning vivieron gozando de una dicha romántica en Italia, donde ella dio a luz en 1849 a su único hijo. Escribió gran número de apasionados poemas en contra de la esclavitud en los Estados Unidos. En 1861, cuando tenía cincuenta y seis años, su enfermedad rebrotó y murió en los brazos de su esposo, mientras él le confesaba su amor eterno hacia ella.

La historia de Elizabeth Barrett Browning queda plasmada en este conocido soneto de su colección *Sonetos del portugués*. La última línea habla de su gran amor hacia su esposo, quien ya la amaba antes de haberla visto, sencillamente por la gracia de su alma, que ella expresaba en sus poemas de amor: «Y si Dios me lo permite, te amaré aún más después de la muerte».

En este soneto, una mujer expresa su profundo sentimiento por el hombre al que ama y nos dice que estar enamorada no significa tener un flechazo que te deje sin habla y luego ser consumido por la propia energía del amor. No es la pura atracción física lo que te hace sentir enamorado. No, es una multitud de pequeñas cosas que constituyen ese sentimiento de amor romántico. Tal como reza el soneto: «Te amo hasta el nivel de la más modesta necesidad cotidiana...». Si sientes ese delicioso sentimiento, habitúate a «contar las formas» en tu relación personal.

Mi esposa, Marcelene, es una bella mujer, y cada vez que la miro pienso en la suerte que he tenido al enamorarme y ser correspondido por un ser de aspecto tan angelical. Sin embargo, no es su físico lo que incita mi amor, al igual que para Elizabeth Barrett Browning, que omite mencionar en su soneto el atractivo físico de su esposo entre las razones por las que lo ama. Las formas en que lo ama parecen insignificantes cuando se contemplan por separado, pero en conjunto son la fuente que inspira su amor romántico.

Contemplo a mi esposa cuando duerme y sus manos están unidas como si rezara. Yace estirada toda la noche sin moverse, con aspecto de ángel. Ésta es otra de las formas en que la amo.

La veo con nuestros hijos y observo su sonrisa de satisfacción por sus alegrías y logros, aunque sean pequeños y muchas veces no me los cuenten. Ésta es una de las formas.

Está presente al amanecer, cuando me levanto antes que nadie para ir a correr, enciendo la luz de la cocina y ¡ya lo ha vuelto a hacer! Me ha preparado un vaso y la batidora para que me prepare el batido de la mañana. Nada extraordinario, pero no me pasa inadvertido. Y ésta es otra de las formas.

La observo cuando viene de hacer ejercicio, sudando, brillando e imponente cuando entra en la ducha. Nada mágico, pero la observo. Ésta es otra de las formas.

Observo el alma dentro del cuerpo, la voz que silenciosamente dice: «Estoy aquí para servir. Me preocupo de todos los que conozco. Doy a los demás y rara vez pido reconocimiento alguno. Tengo un gran corazón con todos los que son más desafortunados que yo. Siento un inmenso respeto hacia Dios. Me apena profundamente la violencia. Me siento ligada a ti, siempre estaré contigo, siempre. La muerte no podrá separarnos». Observo esa alma silenciosa, pero que me habla a mí. Ésa es otra de las formas.

Podría seguir contando las formas en que la amo y escribiría mil páginas más, pero creo que el mensaje ya está claro. Nuestro amor más profundo se revela en una multitud de detalles cotidianos. Es un sentimiento que llega a lo más hondo de nuestra existencia, y, sin embargo, no solemos expresarlo.

En este soneto, la poetisa dice que ama en cuerpo y alma; no obstante, lo expresa de esta forma: «¡Te amo con la respiración, las sonrisas y las lágrimas de toda mi vida!». Yo también conozco este sentimiento. Mi respiración es mi propia vida y te amo, Marcelene, con la misma energía que me permite seguir respirando. Tu respiración y yo mismo somos uno y así es como te amo. Las sonrisas de nuestras vidas son los buenos momentos, la dicha de una cena romántica, cogerte la mano en un cine a oscuras, hacer el amor en una playa desierta tras haber comido al aire libre, el nacimiento de cada uno de nuestros hijos. Las sonrisas son muchas y te amo por todas ellas.

Las lágrimas también son una parte importante del conjunto que denominamos amor. Las decepciones, las discusiones, los primeros tiempos, cuando temíamos que nuestra relación acabara rompiéndose. Todas las lágrimas de nuestras vidas son modos de contar las formas cuando respondo a la pregunta: «¿Cómo te amo?».

Sí, es la capacidad para amar con libertad y pureza, para amar por todas las cosas pequeñas, lo que hace que la pasión siga viva y perdure. Este soneto está dirigido a todos nosotros, unos ciento cincuenta años después de haber sido escrito, y también lo está a todos aquellos que sientan el fuego del amor puro y libre en sus corazones y almas en los milenios venideros. El mensaje es bastante claro. Dedica un tiempo a observar las formas de tu amor y luego, lo que es aún más importante, dedica más tiempo a comunicárselas a tu amada o amado; así sentirás lo que la autora sentía hacia su amado y el amor que yo también siento hoy en día. «Te amo con la profundidad, la extensión y la altura que mi alma puede alcanzar.» ¡No puede haber nada que supere esto!

A fin de poner en práctica el mensaje esencial de este soneto universal, empieza por:

• Decirle a tu amado o amada las pequeñas cosas que observas que te parecen atrayentes. Al expresarlas en voz alta, das voz al amor que compartes y creas una atmósfera de aprecio.

• Sé consciente de quién es la persona que está dentro del cuerpo, en lugar de poner una atención excesiva en su aspecto. Aprecia su amabilidad, el amor que siente hacia los demás, el respeto que muestra por el espíritu que existe en toda forma de vida.

• Escribe tu propio poema o nota de amor a tu amado o amada. Olvida la calidad de la escritura y centráte en transmitir tus sentimientos tal y como los sientes. Un poema personal que salga del corazón será el más codiciado regalo para tu amado. De hecho, lo enmarcará y lo pondrá a la vista porque significará mucho para él o para ella.

Inconformismo

Si un hombre no lleva el paso con sus compañeros, acaso se deba a que oye un tambor diferente. Que marche al son de la música que oiga, por lenta y alejada que resulte.

Henry David THOREAU (1817-1862),
Walden

Henry David Thoreau estudió en Harvard, pero eligió la impopular carrera de escritor y poeta para satisfacer el impulso de su alma. Miembro de los trascendentalistas de Nueva Inglaterra junto con Emerson, amaba la naturaleza, la libertad y la individualidad.

El comentario que más me gusta escuchar de las personas que han leído mis libros o escuchado mis cintas es el siguiente: «Tus palabras me han confirmado que no estoy loco. Me he pasado la vida oyendo cómo la gente me decía que mi forma de pensar no es normal. Tus palabras han hecho que me dé cuenta de que no es así». Creo que leyendo a Thoreau tuve exactamente el mismo tipo de revelación.

A menudo me imagino en la piel de Thoreau, viviendo con sencillez en los bosques, siendo autosuficiente y escribiendo lo que siento en el fondo de mi alma. No obstante, más que escribir, la idea de vivir estas ideas, sin importar cómo me miraran o reaccionaran los demás, fue lo que me pareció más noble.

En el interior de cada uno de nosotros hay una voz que susurra: «Acepta el riesgo, persigue tus sueños, vive la vida al máximo, siempre que no hieras a nadie. ¿Por qué no?». En cambio, fuera hay voces que exclaman: «No seas estúpido, vas a fracasar, sé como los demás, si haces lo que quieres eres egoísta y haces daño a tu prójimo».

El bombardeo continuo de frases como éstas en boca de nuestros congéneres nos fuerza a seguir el mismo camino que ellos, bajo la amenaza de quedar excluidos si no lo hacemos.

He observado que en general la sociedad siempre parece venerar a sus conformistas vivos y a sus agitadores muertos. Todos aquellos que han destacado alguna vez en alguna profesión han seguido su intuición y han procedido haciendo caso omiso de las opiniones ajenas. Esto ha hecho que se los etiquete de rebeldes, incorregibles e incluso inadaptados. No obstante, una vez muertos, son muy respetados. Esto mismo se puede aplicar a Henry David Thoreau, que fue difamado por su postura en su ensayo *Sobre la necesidad de la desobediencia civil* y encarcelado por negarse a obedecer lo que él consideraba reglas absurdas. Sin embargo, en la actualidad, en todas las universidades e institutos estadounidenses se exige la lectura de sus obras.

El son que escuchas en tu interior es tu conexión con el fin último de tu alma. Y continuarás escuchándolo aunque trates de evitarlo o reprimirlo para acomodarte a la sociedad. Los que te suplican que desfiles al son de la música que ellos siguen suelen ser personas bienintencionadas y que te quieren. Te dirán: «Sólo pienso en tu bien» y «Te habla la voz de la experiencia; te arrepentirás si no sigues mi consejo». Escuchas e intentas por todos los medios ser como todos quieren que seas, pero ese inoportuno tambor que nadie más parece oír resuena levemente en el fondo de tu conciencia. Si sigues desoyéndolo, tu vida se llenará de frustración. Seguramente aprenderás a «sufrir con comodidad», pero eso será lo máximo a lo que podrás aspirar.

Thoreau nos está hablando de nuestra propia autosuficiencia y felicidad. Cualquier cosa que te sientas impulsado a ser o a hacer, la voz de tu alma es la que te está implorando que tengas el valor de escuchar a tu intuición, siempre que no interfiera con el derecho que tienen los demás a realizar su sueño. También las personas que tienes a tu alrededor se sienten impulsadas a seguir

156

un determinado camino, y hemos de permitir que lo hagan libremente, por mucho que a nosotros no nos parezca el más apropiado.

Si todos hubiéramos marchado al mismo son y nunca hubiera habido inconformistas, todavía estaríamos viviendo en cuevas y preparando la misma antigua receta: «Coge el búfalo, desóllalo, quémalo y cómetelo». El progreso se ha producido gracias a las personas que han escuchado a su corazón y han actuado en consecuencia, a pesar de las protestas de los otros.

Tengo ocho maravillosos hijos. ¿No sería estupendo que todos asistieran a mis conferencias, se interesaran por lo mismo que yo y tomaran el relevo cuando yo abandone este mundo? Pero mi mujer y yo somos conscientes de que algunos de ellos no sienten el menor interés por lo que hago y otros nunca parecen tener bastante. Unos sólo quieren montar a caballo, otros sólo desean cantar y actuar. Uno de mis hijos adora la economía y las cuentas (¡uf!), y otro, la publicidad y el esquí. Cada uno escucha su propia música, que en algunos casos realmente está muy lejos de la que yo oigo. He de respetar sus instintos y sus decisiones y limitarme a apartarlos del mal camino hasta que tengan la edad suficiente para hacerlo por sí solos. Yo siempre he seguido mi propio ritmo. Y normalmente no sólo me oponía a mi familia, sino también a mi cultura.

He escrito libros que desafiaban la práctica de la psicología convencional. He dicho en mis libros lo que me dictaba mi sentido común, incluso si era algo diametralmente opuesto a lo que defendía la ortodoxia. Jamás hubiera podido decir a mis oyentes que hicieran las cosas a mi manera, cuando yo siempre he desoído a quienes intentaban sermonearme.

Imagínate caminando por los bosques con Thoreau, en 1840, antes de la Guerra de Secesión. Sus observaciones no se basaban en una filosofía que hubiera leído u oído, sino en su experiencia directa de lo absurdo del conformismo y del horror de ver el trato que el hombre blanco daba a los indios nativos americanos. Sabía que la popular práctica de expulsar a los indios de sus tierras era nuestro propio holocausto, por eso se marchó de la ciudad para vivir en la naturaleza y experimentar la autosuficiencia lejos de las presiones del gran grupo. No siguió el mismo paso que sus coetáneos y fue criticado por eso en su momento.

Sin embargo, el tiempo le ha revelado como uno de esos rebeldes a los que veneramos. Camina con Thoreau en tu propia mente. Sigue a la voz que escuchas en tu interior; presta atención al sonido del tambor y venéralo, a la vez que honras a aquellos que amas. Es el último acto de amor incondicional. Aunque no consigas ninguna medalla mientras vivas, te reconfortará saber que has realizado tu divina misión y que has exhortado a los demás a hacer lo mismo.

Para poner en práctica el consejo de Thoreau:

• No te juzgues como cuerdo o loco basándote en las expectativas de los que te rodean. Si sientes algo y no haces daño a nadie, entonces es auténtico y muy saludable.

• Recuerda que tendrás que enfrentarte a los malentendidos y quizás incluso a la ira de las personas que te rodean por la temeridad de seguir tu propio ritmo. No te lo tomes como algo personal. No es más que una estrategia para que te resignes, pero cuando no reacciones como esperan, la ira desaparecerá.

• Deja que todos aquellos que se encuentran en tu círculo inmediato —familia y amigos— disfruten de la dicha de poder marchar a su propio ritmo, sin tener que dar explicaciones o defender sus opciones. Así, sustituirás la ira y el resentimiento por paz y amor, y cada uno disfrutará siguiendo su propia música.

Respeto por la naturaleza

No hay lugar tranquilo en [vuestras] ciudades para escuchar las hojas de la primavera o el zumbido de las alas de los insectos... Los indios prefieren el suave sonido del viento precipitándose sobre la superficie del estanque, el olor del viento limpio por la lluvia del mediodía o perfumado por el pino piñonero. El aire es muy valioso para el piel roja, puesto que todas las cosas comparten el mismo aire: los animales, los árboles, el hombre. Al igual que un hombre que lleva varios días agonizando, en vuestra ciudad un hombre es insensible al hedor.

JEFE SEATTLE
(1790-1866)

El jefe Seattle, miembro de las tribus suquamish-duwamish, que trabaron amistad con los pobladores blancos de la zona de Puget Sound, participó en el tratado de Port Elliott en 1855, en el que se cedía la tierra india y se establecían las reservas.

La siguiente sección está dedicada a la sabiduría de los indios norteamericanos, cuyas palabras reflejan su respeto por todo lo que es sagrado en nuestro mundo natural. Citaré a algunos de ellos cuyas palabras de sabiduría y paz nos han sido legadas para que las leamos y las compartamos. Esta sección está dedicada a su recuerdo y a la propia supervivencia de la nación norteamericana. El suyo es un legado de profundo amor y respeto hacia nuestro entorno.

Jefe Seattle

El jefe Seattle es conocido fundamentalmente por la famosa carta que escribió al presidente de los Estados Unidos, pidiéndole que tuviera en consideración la opinión de los indios. Cada parte de esta tierra es sagrada para su gente, escribió, y todos formamos parte de esta preciosa tierra, al igual que somos hermanos en espíritu. En el pasaje citado, el jefe Seattle nos pide que aprendamos a percibir los sonidos suaves y los dulces aromas de la vida. Al hacerlo, trataremos a nuestro entorno con mayor respeto, no sólo por su belleza natural, sino porque reconocemos que formamos parte de esta red interconectada de la vida. Todos compartimos el mismo aliento: los animales, los árboles y todos nosotros.

Oren Lyons

En el siguiente pasaje, Oren Lyons, conocido como el conservador de la fe de los onondaga, nos dice que su gente piensa en las siete generaciones siguientes a la hora de tomar sus decisiones:

> En nuestra forma de vida, en nuestro gobierno, en cada decisión que tomamos, siempre pensamos en la séptima generación que ha de venir. Nuestro trabajo consiste en hacer que los que han de venir, las generaciones que todavía no han nacido, tengan un mundo que no sea peor que el nuestro y, a ser posible, mejor. Cuando caminamos sobre la Madre Tierra, siempre posamos nuestros pies con cuidado porque sabemos que el rostro de las generaciones futuras nos está contemplando desde debajo de la tierra. Nunca les olvidamos.

Ojalá pensáramos nosotros en esas generaciones que aún han de nacer mientras devastamos los bosques y contaminamos el aire en nombre del progreso y del poder que ostentamos.

Canto del Lobo

Ojalá recordáramos también que todo es un círculo y que toda criatura viviente forma parte del círculo sagrado de la vida, tal como expone Canto del Lobo, de la tribu de los abenaki:

Honrar y respetar significa pensar en la tierra, en el agua, en las plantas y en los animales que viven aquí como seres que tienen el mismo derecho que nosotros a estar donde están. Nosotros no somos los seres supremos y omniscientes, que viven en la cima del pináculo de la evolución, sino que formamos parte del círculo sagrado de la vida, junto con los árboles y las rocas, los coyotes y las águilas, los peces y los sapos, cada uno con su función. Todos realizan la tarea que les ha sido encomendada en el círculo divino y nosotros también tenemos la nuestra.

En nuestras ciudades hemos perdido gran parte de nuestra armonía y naturalidad en nombre de la civilización. Hemos creado lugares ruidosos, sucios y abarrotados para reunirnos y vivir, y en este proceso hemos dejado de lado nuestra espiritualidad. Para mí no existe nada más rejuvenecedor que estar en la naturaleza y experimentar por mí mismo este círculo sagrado.

Búfalo Caminante

Aunque nuestros libros y lugares de estudio nos proporcionan un entorno tonificante, creo que Búfalo Caminante (Tatanga Mani; indio Stoney) nos ofrece un medio alternativo para beneficiarnos de la tierra, del paisaje y de nuestro entorno más próximo. Dice así:

> Oh, sí, fui a las escuelas del hombre blanco. Aprendí a leer sus libros de texto, los periódicos y la Biblia. Pero, con el tiempo, me di cuenta de que esto no era suficiente. La gente civilizada depende demasiado de las páginas impresas hechas por el hombre. Yo recurro al libro del Gran Espíritu, que es la creación entera. Puedes leer una gran parte de ese libro si estudias la naturaleza. Si coges todos tus libros, los dejas bajo el sol y dejas que la nieve, la lluvia y los insectos trabajen sobre ellos durante un tiempo, no quedará nada. Pero el Gran Espíritu nos ha dado a ti y a mí la oportunidad de estudiar en la universidad de la naturaleza, los bosques, las montañas y los animales entre los que nos encontramos nosotros.

Se nos está pidiendo que reflexionemos sobre toda la creación y que abracemos a todas las criaturas vivas y a toda la naturaleza como algo que está tan íntimamente ligado a nosotros como nuestros pies, nuestras manos o nuestro corazón. Este tipo de pensamiento requiere que trascendamos nuestro sentimiento básico de separación del resto del universo y nuestro sentido de limitación en el tiempo y el espacio. Los nativos norteamericanos creían que «todo es el centro del mundo, todo es sagrado».

Luther Oso en Pie

Los indios que vivieron aquí antes de que nosotros trajéramos el «refinamiento» y la «cultura» en la forma de esfuerzos civilizadores, nos envían un mensaje a los que buscamos exaltar nuestra espiritualidad y recobrar nuestra conexión con Dios. Para el indio norteamericano, Dios recibía el nombre de Wakan Tanka, y toda forma de vida contenía su esencia. El viento y las nubes errantes eran Wakan Tanka en acción, los palos y las piedras corrientes eran venerados como manifestaciones del misterioso poder omnipresente que impregna el universo. Luther Oso en Pie, un jefe sioux oglala, lo expresó poéticamente:

> Al indio le encantaba adorar.
> Desde el nacimiento hasta la muerte veneraba su entorno.
> Consideraba que había nacido en la suntuosa
> falda de la Madre Tierra y ningún lugar
> era humilde para él.
> No había nada entre él y el Gran Sagrado.
> El contacto era inmediato y personal
> y las bendiciones de Wakan Tanka caían
> sobre los indios como la lluvia del cielo.

Imagina lo pacífica y dichosa que sería tu vida si te hubieran educado para tener este respeto hacia todo tu entorno. Me encanta la idea de estar en contacto directo con el «Gran Sagrado».

Esto es algo que cada uno de nosotros anhela restablecer en su vida, y la observación de Luther Oso en Pie quizá sea una forma de lograrlo. Mira a tu alrededor y mantén una actitud de respeto, a la vez que animas a los demás a hacer lo mismo.

Búfalo Caminante

Vuelvo a la sabiduría de Búfalo Caminante. Sería absurdo sugerir que dejaras tu estilo de vida urbano para vivir en contacto con la naturaleza. La vida moderna tiene mucho que ofrecer y nuestras ciudades no van a desaparecer. Sin embargo, el modo de vida urbano tal vez nos ha desconectado de las leyes naturales de la armonía espiritual.

Búfalo Caminante murió en 1967, a la edad de noventa y seis años. Había conocido mucho de los dos mundos y nos dejó este mensaje:

> Las colinas siempre serán más bellas que los edificios de piedra. La vida en una ciudad es artificial. Muchas personas rara vez llegan a sentir la verdadera tierra bajo sus pies, a ver las plantas crecer fuera de sus macetas o a alejarse lo bastante de las luces de la ciudad como para captar el encanto de un cielo nocturno plagado de estrellas. Cuando las personas viven lejos de las escenas que crea el Gran Espíritu, es fácil que olviden sus leyes.

No nos está pidiendo que nos marchemos de las ciudades, sino que recordemos. Recordar el aspecto sacro de la vida y ser siempre conscientes de que las leyes naturales están siempre en funcionamiento en este círculo sagrado. Dondequiera que vivas, sea cual sea el aspecto de tu entorno inmediato, estas leyes naturales están funcionando. El aire, el agua, los árboles, los minerales, las nubes, los animales, los pájaros y los insectos mantienen la vida. Presta atención a los antepasados que vivieron sobre estas tierras durante miles de años, profesando un enorme respeto por las leyes naturales. Esto es lo que hoy en día denominamos conciencia ecológica.

Los indios norteamericanos pensaban en siete generaciones futuras para que perdurara el tesoro de la vida. La poesía de estos indios norteamericanos nos pide que reavivemos esta llama. Reflexiona y empieza a aplicar algo de esta sabiduría en tu vida cotidiana.

Cierro esta ofrenda de los indios con una oración ojibway que todos podemos leer y poner en práctica cada día:

> Abuelo,
> observa nuestra devastación.
> Sabemos que de toda la creación
> sólo la familia humana
> se ha desviado de la senda sagrada.
> Sabemos que somos los que están divididos
> y los que se han de volver a reunir
> para andar por la senda sagrada.
> Abuelo,
> Ser Sagrado,
> enséñanos el amor, la compasión y el honor
> para que podamos sanar a la tierra
> y sanarnos mutuamente.

Para poner en práctica en tu vida el mensaje esencial de los indios americanos, empieza hoy por:

• Respetar tu entorno manteniendo una constante actitud de gratitud por tantas y tantas cosas que damos por sentadas. Bendice a los animales, a la luz del sol, a la lluvia, al aire, a los árboles y a la tierra en un silencioso ritual diario.

• Promover la conciencia ecológica en tu vida colaborando con organizaciones que trabajen en favor del medio ambiente. Haz un esfuerzo consciente para reducir la contaminación, eliminar basura y reciclar. Tus acciones individuales pueden contribuir a fomentar el respeto y la reverencia por la Tierra y el universo, nuestra red sagrada de la vida.

• Pasa más tiempo en soledad en la naturaleza escuchando los sonidos naturales y caminando descalzo por la tierra para volverte a conectar con todo lo que alienta y sostiene la vida.

• Vive dando ejemplo. En vez de criticar que la gente tire basura, recoge sus latas de aluminio y tíralas en un lugar adecuado, aunque sea otra persona quien las haya tirado. Deja que los jóvenes te vean actuar de este modo.

• Repite la plegaria ojibway. Ayuda a sanar a la Tierra y a todos los seres humanos con este recordatorio de vivir con amor, compasión y dignidad en nuestra vida diaria.

Juicio

FÁBULA

La montaña y la ardilla discutieron.
La primera llamó a la segunda «pequeña presuntuosa».
Ésta respondió:
«Sin duda eres muy grande,
pero todas las cosas y el tiempo
se han de ver en conjunto
para formar un año
y una esfera.

»Y creo que no es una desgracia
estar en mi lugar.
Si yo no soy tan grande como tú,
tú tampoco eres tan pequeña como yo,
ni la mitad de ágil.
No niego que para una diminuta ardilla
seas un buen lugar.
Los talentos son distintos:
todo está bien y sabiamente dispuesto.
Si yo no puedo llevar bosques sobre mis espaldas,
tú tampoco puedes romper una nuez.

Ralph Waldo Emerson
(1803-1882)

Emerson, poeta, ensayista y filósofo estadounidense, era el eterno optimista que creía que la naturaleza era una manifestación del espíritu.

Mi admiración hacia Ralph Waldo Emerson es tan profunda que es la única persona que he elegido citar dos veces en esta colección; una vez a través de su poesía y la segunda con uno de sus innovadores ensayos. Emerson fue el fundador de la tradición trascendentalista norteamericana. Su filosofía hacía hincapié en el omnipresente espíritu del universo, percibiendo la existencia de Dios en todas partes. En «Fábula», Emerson presenta esta filosofía creando una discusión poética entre una ardilla y una montaña.

Para comprender la grandeza de Ralph Waldo Emerson es importante recordar que, durante este período de la historia, la orientación espiritual pertenecía al dominio exclusivo de las religiones establecidas. Emerson estaba desafiando el dogma y la retórica de la religión tradicional. Como veía la divinidad en todas partes, Emerson habló de una nueva conciencia en la que Dios no es ni mayor ni menor por el aspecto que adopta en su forma material.

La ardilla, un pequeño roedor, posee la fuerza invisible de Dios, al igual que la montaña, que puede llevar un bosque a su espalda, pero no puede romper una nuez. En este poema, Emerson está diciendo que cada uno de nosotros, al margen de nuestra forma, tamaño o movilidad, es una creación divina con oportunidades únicas para cumplir nuestro destino, sin tener en cuenta cómo lo hagan los demás. Esto incluye a todas las formas de vida, en sus distintas manifestaciones.

Recuerdo una historia similar de uno de mis grandes maestros, Nisargadatta Maharaj, que vivió en la India y que ha sido considerado un santo místico. Una devota se preguntaba cómo Nisargadatta podía decir: «En mi mundo, nada va mal». Nisargadatta respondió con esta historia de un mono que conversa con un árbol.

El mono dijo al árbol: «¿Me estás diciendo que permaneces en el mismo sitio durante toda la vida y no te mueves para nada? ¡No lo entiendo!».

El árbol dijo al mono: «¿Me estás diciendo que vas de un lado a otro utilizando todo el día tu energía para desplazarte? ¡No lo entiendo!».

La historia de Nisargadatta pretendía ayudar a su discípula a reconocer que su identificación con el cuerpo estaba entorpeciendo la comprensión de su perspectiva espiritual. Al dejarnos arrastrar a los juicios sobre los demás reproducimos la misma situación del mono intentando comprender al árbol o viceversa. Al igual que en el poema de Emerson, la realidad superior es que ambas formas de vida contienen la misma inteligencia organizativa universal y, sin embargo, no se compreden. Esta fábula de Emerson y la teoría de Nisargadatta son especialmente importantes en mi vida.

Precisamente he escrito un libro con mi esposa, Marcelene, que se titula *A Promise Is a Promise*. Es la historia real de una madre que ha cuidado de su hija en coma durante veintiocho años, alimentándola todos los días cada dos horas, dándole la vuelta, inyectándole insulina cada cuatro horas, buscando la forma de conseguir dinero para pagar todos los gastos y durmiendo cada noche en una silla junto a ella. Veintiocho años atrás, cuando Edwarda tenía dieciséis, mientras dormía en su coma diabético le dijo a su madre: «Mamá, ¿no me dejarás verdad?». Kaye, su madre, respondió: «Nunca te dejaré querida, te lo prometo. Y una promesa es una promesa».

En los veintiocho años siguientes, Edwarda O'Bara ha pasado del estado de coma uno, en el que estaba catatónica y tenía los ojos cerrados, al estado nueve, donde parece reconocer voces, sonreír y llorar. Cierra los ojos voluntariamente y a veces parece reaccionar a los estímulos que se producen en la habitación. Pero lo más sorprendente de la historia es el efecto que ha tenido Edwarda sobre los que la han visitado. Algunos dicen haber experimentado curaciones milagrosas y todo el mundo siente el amor incondicional que Edwarda irradia desde su inmóvil cuerpo.

Yo mismo, junto con mi esposa, he experimentado profunda compasión y amor gracias a nuestra relación con Edwarda y Kaye. Siento que ha sido una gran bendición tener la oportunidad de utilizar mi don para la escritura y la oratoria para contar esta increíble historia de amor y compasión y aportar mi pequeña contribución para reducir sus enormes deudas. Gracias a Edwarda y Kaye he podido destronar la autosuficiencia de mi ego y he aprendido a servir desde un plano más espiritual.

Aunque Edwarda no se mueve y ha sido catalogada de minusválida por el resto del mundo, aunque nunca habla y necesita continuos cuidados, sé que está haciendo su trabajo. ¡Quién sabe! Quizá esté llegando a más gente a través de mí, de mis escritos y mis charlas de lo que jamás hubiera podido llegar si hubiera estado despierta. A lo mejor es capaz de provocar milagros en los demás, porque ha dejado su cuerpo y sus limitaciones. ¿Quién puede saberlo?

Yo sólo sé una cosa. La vida de Edwarda O'Bara es tan valiosa como la de cualquier otra persona de este planeta. La vida no significa necesariamente moverse de un lado a otro y hablar. La fuerza vital que existe dentro de su cuerpo en coma es la misma fuerza que hay en cada cuerpo y en cada montaña, en cada ardilla y cada nuez que ésta parte. La vida de Edwarda tiene una misión y la está cumpliendo día a día en la forma en que le ha sido encomendada. Nos está enseñando a ser compasivos, a reconocer el amor incondicional. Personalmente, me ha dado la oportunidad de ver que toda vida posee un valor infinito. No pretendo comprender por qué esta joven ha permanecido en este estado durante más de un cuarto de siglo. Hay algunas cosas que nunca comprenderé y me gusta que así sea.

Lo que he aprendido en mi relación con Edwarda O'Bara y Kaye, su madre, al escribir *A Promise Is a Promise* es que yo soy como el mono que hablaba con el árbol o la ardilla que hablaba con la montaña. Árbol y montaña se mueven y hablan de forma silenciosa e inmóvil, y su inmovilidad y su silencio sepulcral son una manifestación diferente de la misma fuerza vital.

La «Fábula» de Emerson nos ofrece una visón poética profunda de esta fuerza vital que está en todas partes. Ser capaces de reconocerla, sin considerarnos en modo alguno superiores por nuestros distintos rasgos físicos, es una gran lección en la senda del crecimiento espiritual.

Para poner en práctica esta importante lección:

• No emitas juicios sobre la importancia o el valor de los demás basándote en lo que tú consideras normal. Intenta ver la manifestación de Dios en todas las personas y en toda forma de vida. Nadie es superior en el invisible reino del espíritu y nuestro aspecto exterior puede tener muchas formas, tamaños y condiciones.

• Busca la genialidad en todas las personas que conoces. Al igual que la montaña no puede partir una nuez, aunque puede llevar un bosque a su espalda, lo mismo sucede con toda criatura viva que posee su propia perfección en sí misma. Esfuérzate por buscar esa perfección, en vez de dejarte llevar por las apariencias.

• Empieza a practicar este sencillo acto de sabiduría: «Hay muchas cosas que no comprendo y me gusta que así sea».

• Destierra los juicios sobre los demás en base a lo que se considera normal. Aunque la mayoría de las personas puedan ver, eso no significa que el ciego sea insignificante. Aunque la mayoría de las personas puedan caminar y hablar, eso no implica en modo alguno que los que guardan silencio sean menos valiosos.

Confianza en uno mismo

Éstas son las voces que escuchamos en la soledad, pero se desvanecen y dejamos de oírlas cuando entramos en el mundo. En todas partes la sociedad conspira contra la naturaleza de cada uno de sus miembros. Es una sociedad comercial, cuyos miembros, para asegurarse mejor el pan, acuerdan sacrificar la libertad y la cultura del consumidor. La virtud más apreciada es el conformismo. La confianza en uno mismo es lo que más aborrece. *No aprecia las realidades ni a los creadores, sino los títulos y las costumbres.* [La cursiva es nuestra.]

El que quiera ser hombre ha de ser inconformista. Aquel que aspire a cosechar victorias inmortales no ha de detenerse ante la palabra «Bien», *sino que ha de indagar si realmente hay bondad.* Al final, nada es tan sagrado como la integridad de tu propia mente. [La cursiva es nuestra.]

Ralph Waldo EMERSON, *Confía en ti*
(1803-1882)

Emerson, poeta, ensayista y filósofo estadounidense conocido por desafiar al pensamiento tradicional, desarrolló una filosofía que defiende la intuición como medio para comprender la realidad.

Las ideas de este ensayo sobre la confianza en uno mismo han influido en mis escritos y considero a Emerson como uno de mis grandes maestros, aunque viviera hace más de un siglo. Ralph Waldo Emerson fue tan conocido por sus ensayos como por su poesía. En *Confía en ti*, su ensayo más conocido y más citado, este provocador autor norteamericano, conocido como el padre del movimiento trascendentalista, examinó con detenimiento los principios básicos de lo que significa ser uno mismo. Todavía puedo recordar el impacto que los ensayos *Confía en ti* y *Sobre la necesidad de la desobediencia civil*, este último del contemporáneo de Emerson Henry David Thoreau, tuvieron sobre mí cuando tenía diecisiete años y todavía iba al instituto.

En este breve extracto, Emerson habla de la necesidad de ser inconformista y resistirse a la endoculturación para estar verdaderamente vivo. Según Emerson, la sociedad exige conformidad a costa de la libertad individual: o encajas o eres un paria. Emerson insiste en la integridad de la mente individual y sostiene que es esencialmente sagrada. Recordemos que Emerson también fue clérigo y aun así nos dice que lo único sagrado es la mente: no las reglas, las leyes y las costumbres morales, sino la mente. Además, en *Confía en ti*, Emerson declara: «Ninguna ley puede ser sagrada para mí, salvo la de mi propia naturaleza». Esta valiente afirmación proviene de un hombre que sabía que la divinidad y lo sagrado no son instituciones de la Iglesia, sino de las mentes individuales. Nuestra conducta nos convierte en criaturas divinas, no nuestra afiliación. El modo en que utilizamos nuestra mente como librepensadores nos sacraliza, no nuestra habilidad para encubrir nuestros actos de malicia y vanidad mediante las leyes.

Si reflexionas sobre la mayoría de los males que se han perpetrado contra la humanidad, verás que casi todos se han realizado con el beneplácito de las leyes. Sócrates fue ajusticiado porque la ley decía que era el trato adecuado para los disidentes intelectuales. Santa Juana de Arco fue quemada en la hoguera porque así lo dictaba la ley. Herodes ordenó el asesinato de todos los bebés varones del país, porque ése fue su mandato. Cuando nació mi madre, la mitad de la población —es decir, el cien por cien de las mujeres— no podían votar en Estados Unidos porque así lo decían las leyes. Cuando nací yo, millones de personas eran llevadas en masa a campos de concentración y se confiscaban todas sus posesiones a causa de leyes inhumanas. Las leyes dictaban que las personas de color se sentaran en la parte posterior de los autobuses, bebieran en fuentes separadas, tuvieran vidas aparte y menos oportunidades. Así que, por favor, no menciones las leyes y las normas de la sociedad para justificar tus acciones.

Las personas que verdaderamente entienden lo que significa la confianza en uno mismo saben que han de vivir según la ética, no según las normas. Siempre podemos encontrar alguna oscura ley, norma o tradición social para justificar prácticamente todas las cosas. Los que no dan prioridad a la integridad de su propia mente citarán leyes para explicar sus acciones. Aspirar a convertirnos en seres más sagrados significa eliminar nuestra confianza en la conformidad.

Emerson continuó con este provocativo ensayo diciendo: «Me avergüenza pensar en la facilidad con la que capitulamos ante condecoraciones y títulos, ante las grandes sociedades e instituciones de la muerte». Estaba hablando abiertamente de la larga e inmortal institución de la esclavitud, que estaba protegida por la ley. «He de ser recto y vital y hablar de la cruda realidad de todas las formas posibles. Si la malicia y la vanidad llevan el abrigo de la filantropía, ¿por eso se ha de permitir?» Recordemos que Emerson hablaba y escribía de este modo mientras la esclavitud era legal y estaba protegida por la sociedad.

¿Qué nos transmite hoy este ensayo sobre la confianza en uno mismo? Nos exhorta a cultivar la ética, en vez de que sean de las normas o las leyes las que ejerzan de guías en nuestra vida. Si sabemos que algo es correcto, estará en armonía con nuestros principios espirituales, muchos de los cuales se citan en este libro.

La clemencia, por ejemplo. La ley no tiene clemencia cuando ejecuta legalmente a los prisioneros. Cuando los legisladores, los jurados o la prensa dicen que un acusado no mostró clemencia y que en tal caso la ley tampoco ha de hacerlo, debes buscar tu sentido de lo correcto para formular tu opinión. Si la clemencia es un aspecto esencial de tu práctica espiritual, entonces difícilmente podrás utilizar la falta de clemencia de otra persona como argumento para desoír tu propia verdad interior. Eso es confianza en uno mismo, no pensar como la manada o citar las normas para justificar tu propia verdad interior. Emerson no te pide que desobedezcas deliberadamente ninguna ley, sino que utilices tu sentido de la ética para conducir tu vida. Él deja bien claro que: «El que quiera ser hombre [o mujer], ha de ser inconformista».

Sugiero que la mejor forma de practicar esta profunda verdad de Emerson es aprender a ser silenciosamente eficaces en nuestra vida. Es decir, erradicar la necesidad de anunciar públicamente nuestro rechazo al conformismo y por contra disfrutar de la certeza de nuestra fortaleza interior, procediendo en silencio como personas que saben confiar en sí mismas.

He practicado la filosofía de Emerson desde que descubrí este ensayo a los diecisiete años. En 1959, cuando tenía diecinueve años, estaba en la marina, a bordo de un portaaviones de los Estados Unidos, el *Ranger*. El presidente Eisenhower tenía que sobrevolar nuestro barco en dirección a San Francisco, a donde se dirigía para asistir a una reunión, y nos exigieron a todos los marineros que lleváramos el uniforme de gala y saludáramos al presidente desde la cubierta de aterrizaje dibujando con una formación humana la frase: «¡Hola Ike!». Cuando me enteré de que yo también tenía que participar, me indigné por este insulto; sin embargo, mi reacción resultó una excepción. Según parece, a la mayoría de la tripulación no le importaba resignarse a realizar una «formación en grupo» para crear este saludo con letras humanas. En lugar de protestar, recordé las palabras de Emerson: «El que quiera ser hombre, ha de ser inconformista», pero tenía que hacerlo en silencio. Dejé que los conformistas se fueran a cumplir su tarea y yo desaparecí en las entrañas del barco hasta que el insulto a mi dignidad como persona hubo finalizado. Sin estallidos de cólera, sin lucha inútil, me limité a hacer lo que debía en silencio.

Las normas no justifican el modo en que uno elija vivir su vida. Hemos de consultar a la integridad de nuestra mente en primer lugar si alguna vez queremos experimentar esta cualidad. Esta lección la podemos aplicar a todas las áreas de nuestra vida, desde tomar decisiones por nosotros mismos sobre cómo emplear nuestro tiempo libre o cómo vestirnos, hasta nuestra forma de comer y de educar a nuestros hijos. No dejes que las voces que hay en tu interior se desvanezcan y se vuelvan inaudibles a causa de la «conspiración» social. Sé tú mismo y rige tu vida según lo que consideres correcto y que esté en armonía con tu esencia espiritual. Es decir, por la integridad de tu mente.

A continuación tienes varias ideas para practicar este mensaje de Ralph Waldo Emerson:

• Lee el ensayo *Confía en ti** y enumera los temas que trata Emerson en este texto clásico.

• Cuando estés a punto de mencionar una norma para justificar una de tus reacciones, detente y céntrate en tu integridad personal. Haz lo que debas hacer porque sea correcto y esté de acuerdo con tus verdades espirituales. Si sabes que el perdón es divino, entonces no cites una ley para justificar tu falta de voluntad para perdonar.

• Pregúntate si te vistes o te comportas como a ti te gusta o te sienta bien: «¿Llevo esto o hago esto porque me gusta o porque para mí es muy importante ser aceptado?». Luego deja que elija la confianza en ti mismo y observa lo bien que te sientes.

• Declara tu independencia de la sociedad. Hace dos mil quinientos años, Sócrates dijo: «No soy ateniense, soy un ciudadano del mundo». Tú también eres una creación de Dios y no estás restringido por ninguna etiqueta social.

• No hagas algo simplemente porque todo el mundo lo hace. Si encaja en tu definición de la ética y de la justicia, entonces hazlo, independientemente de lo que digan o hagan quienes te rodean.

Resumiendo, sé tu mismo. Respétate a ti mismo y crea una armoniosa relación entre la integridad de tu propia mente y tu conducta diaria.

* Trad. cast., Ed. 29, Barcelona, 1987.

Entusiasmo

EL SALMO DE LA VIDA

No me digas lamentándote,
¡la vida no es más que un sueño vano!
Puesto que muerta está el alma que dormita
y las cosas no son lo que parecen.

¡La vida es real! ¡La vida es grave!
Y la tumba no es su meta.
Polvo eres y en polvo te convertirás,
no se refería al alma.

Ni el goce, ni el pesar
son a la postre nuestro destino;
es actuar para que cada amanecer
nos lleve más lejos que hoy.

El tiempo es breve y el arte es largo
y nuestros corazones, aunque bravos y valerosos,
todavía, al igual que tambores sordos,
tocan marchas fúnebres hacia la sepultura.

En el extenso campo de batalla de este mundo,
en el campamento de la vida,
¡no seas como buey mudo aguijado!
¡sino héroe en el conflicto!

¡Desconfía del futuro por agradable que sea!
Deja que el pasado muerto entierre a sus muertos.
¡Actúa, actúa en el vivo presente
el corazón firme y Dios guiándote!
Las vidas de los grandes hombres nos recuerdan
que podemos sublimar las nuestras,

y al partir tras de sí dejan
sus huellas en las arenas del tiempo.

Huellas por las que quizás otro que navegue
por el solemne océano de la vida,
un hermano náufrago desolado,
al verlas, vuelva a recobrar la esperanza.

En pie y manos a la obra,
con ánimo para afrontar cualquier destino.
Logrando y persistiendo,
aprendiendo así a trabajar y a esperar.

Henry Wadsworth LONGFELLOW
(1807-1882)

*Henry Wadsworth Longfellow, poeta, traductor y catedrático esta-
dounidense, es considerado como un poeta popular y profundo al
mismo tiempo.*

Longfellow es uno de los pocos autores de los que he incluido en
este libro que en vida gozó de gran popularidad. «El salmo de la
vida», publicado en 1839 dentro de una colección de poesía denominada *Las voces de la noche*, se hizo tremendamente popular
en Estados Unidos y Europa, al igual que sus últimos trabajos aún
más famosos «The Wreck of Hesperus» y su clásico «La canción
de Hiawatha». Este poema es un tributo a una palabra y esa palabra es «entusiasmo». El significado griego original de esta palabra
es «un Dios interior». «El salmo de la vida» de Longfellow nos
anima a considerar el breve período de tiempo que se nos ha con-
cedido, la vida, y a que sintamos entusiasmo y agradecimiento por
todo aquello que somos y experimentamos.

En 1861, Longfellow cayó en una crisis de melancolía cuando
su segunda esposa murió accidentalmente al incendiársele el vestido. Tras perder a dos esposas por muerte accidental, Longfellow
anhelaba consuelo espiritual, y gran parte de su poesía en sus últimos veinte años refleja esta búsqueda de conexión con lo divino.

«El salmo de la vida» permanece como un monumento al espíritu de este gran poeta del pueblo.

En este poema, Longfellow nos dice que el alma es nuestra verdadera esencia «y las cosas no son lo que parecen». Nuestros cuerpos y el entorno material no son más que un mito y una forma de pensar que nos conduce a una vida monótona y vacía. Nos recuerda que la tumba no es nuestra meta; cuando hablamos de la edad sólo hemos de referirnos al cuerpo, puesto que el alma, la fuente de nuestro «Dios interior», no está hecha de polvo. Nos pide que nos olvidemos de nuestras penas y placeres, que dirijamos nuestra atención a nuestro crecimiento espiritual y que hagamos el voto de avanzar cada día un poco más. Nuestro cuerpo participa de una marcha fúnebre hacia la tumba, pero el Dios interior nunca sabrá lo que es un entierro.

Me encantan las palabras que Longfellow utiliza para sacarnos del estancamiento de una vida en la que con frecuencia actuamos como si fuéramos un dócil y mudo rebaño de ovejitas que hace todo lo que le dicta su mentalidad de manada. Nos dice que seamos héroes, que a mi entender es como decir: siente tu cuerpo vibrar de entusiasmo. Demuestra tus ganas de vivir en todo lo que haces, hasta que contagie a todos los que te rodean. Esto es heroísmo. No es necesario que entres en un edificio en llamas para salvar a un niño, basta con que estés en contacto con tu Dios interior.

El entusiasmo no es algo que se les conceda a unos y a otros no. Todos tenemos un Dios dentro de nosotros. Unos elegimos estar en contacto con él y manifestarlo, mientras que otros lo enmascaran y le permiten dormitar. Dejamos que nuestro Dios interior sea polvo aunque el poeta nos recuerde: «Polvo eres y en polvo te convertirás, no se refería al alma». El entusiasmo es la cualidad que nutre al éxito. Cuando las personas me preguntan cuál es el secreto para dar una buena conferencia, respondo que es sentir verdadero entusiasmo. Siéntelo y te adorarán; y te perdonarán cualquier error.

Tal como dijo una vez el gran dramaturgo griego Esquilo: «Cuando un hombre tiene voluntad y entusiasmo, Dios se une a él...». El entusiasmo se contagia a los demás. Tiene a la fe de su parte, puesto que todos los temores desaparecen cuando él está presente. Es aceptación porque toda duda ha desaparecido y no hay incertidumbre. El entusiasmo es algo por lo que puedes decidirte ahora mismo.

Un contemporáneo de Longfellow, Ralph Waldo Emerson, escribió: «Cualquier movimiento grande e importante en los anales del mundo es un triunfo del entusiasmo...». Haz de tu vida un movimiento grande e importante, practicando lo que «El salmo de la vida» te ofrece. Vamos entonces a ponernos «en pie y manos a la obra, con ánimo para afrontar cualquier destino».

Observa a esas personas que poseen este «corazón para cualquier destino» y siguen adelante sean cuales fueren las circunstancias. Les encanta reírse. Les entusiasma hasta la cosa más insignificante. No parecen saber lo que es el aburrimiento. Hazles un regalo y te abrazarán en señal de agradecimiento y empezarán a usarlo al instante. Dales una entrada para ir a un concierto y se les caerá la baba ante esta maravillosa oportunidad. Ve a comprar con ellas y tendrán los ojos abiertos como platos observando todo lo que ven, sin quejarse jamás. ¿No te parece maravilloso estar cerca de este tipo de personas? Esto es entusiasmo. Es el Dios que todos llevamos dentro y que quiere que sepamos a qué se refería Longfellow cuando dijo: «¡La vida es real! ¡La vida es seria!».

Verdaderamente, tal como él lo expone: «Muerta está el alma que dormita». Deja que tu alma cobre vida y experimente la vida a través de tu existencia física. Puedes empezar leyendo este popular poema cada día y permitir que la grandeza de su autor inspire tu entusiasmo. Luego prueba algunas de estas sugerencias prácticas:

• Cada vez que inicies una actividad, como caminar por la playa o ir a un partido de fútbol, hazlo como si fuera la primera y la última vez que vas a tener esta experiencia. Esto te dará una perspectiva renovada y te proporcionará entusiasmo en todo lo que estás haciendo. Tengo ocho hijos y me sería imposible enumerar la cantidad de espectáculos, conciertos, audiciones, recitales, partidos de fútbol, de baloncesto, de béisbol, entrenamientos y desempates a los que he asistido. Practico esta sugerencia cada vez que voy. Imagino que es la primera vez que lo hago, o bien la última, y eso hace que mi entusiasmo se reavive considerablemente.

• Cambia tu actitud respecto al modo de definirte como persona. En vez de decir: «Soy una persona poco expresiva», piensa: «Voy a dejar que se manifieste mi entusiasmo por la vida». Siempre puedes elegir entre dejar que tu alma dormite o que disfrute en este cuerpo a través de ti.

• Corrige tu inclinación a no ser participativo en la vida. Permanecer al margen mientras los demás participan de la acción está bien, pero cuando dejes que tu entusiasmo por la vida triunfe, sabrás lo que Longfellow quería decir cuando te recordaba que te pusieras en pie y actuaras.

• Otro de los grandes poemas de Longfellow habla del paseo de Paul Revere y empieza con las famosas líneas: «Escuchad, hijos míos, y oiréis...». Léelo entero y siente la emoción de ese momento épico y cómo el autor se entusiasma al explicar la historia. Aún apesadumbrado por la muerte de su esposa, este hombre pudo ponerse en pie y actuar «con ánimo para afrontar cualquier destino».

Inmortalidad

Este polvo silencioso, caballeros y damas,
jóvenes y doncellas,
fue risas, talentos y suspiros,
vestidos y rizos.
Este pasivo lugar fue una alegre mansión estival,
donde flores y abejas
recorrieron su circuito oriental,
y un día como ellos cesaron.

Emily DICKINSON (1830-1886),
The Single Hound: Poems of a Lifetime

La poetisa norteamericana Emily Dickinson pasó su vida en Amherst, Massachusetts. Escribió dos mil poemas durante una vida de reclusión dominada por un estricto padre calvinista. Al igual que Walt Whitman, Robert Frost y Ralph Waldo Emerson, escribió sobre el espíritu que mora en el interior de la naturaleza y del ser humano.

Este poema siempre me ha intrigado y con frecuencia lo cito en mis charlas. Siento como si estuviera transmitiendo personalmente un mensaje de uno de mis poetas favoritos del siglo XIX. Cuando observas tu cuerpo y tu mundo a través de este poema, has de reconocer que todo aquello que percibes a través de tus sentidos algún día se convertirá en «polvo silencioso». Sin embargo, la parte de ti que se está dando cuenta de todo esto nunca será «polvo silencioso».

Cuando mueras, un instante después de haber abandonado tu cuerpo, éste pesará exactamente lo mismo que cuando estabas vivo. ¡Imagina! Tu cuerpo pesa lo mismo vivo que muerto. He llegado a la conclusión de que si el cuerpo pesa lo mismo cuando la vida lo deja, entonces la vida no tiene peso. No puedes pesar, medir, dividir, identificar o poner barreras a la vida. Emily Dickinson describe poéticamente esa parte de nosotros mismos, la que desafía a este mundo material.

Los científicos dicen que nuestro planeta posee un suministro limitado de minerales. Con esto quieren decir que no disponemos de más minerales que los que se encuentran en la Tierra, que no existe fuente externa alguna. Si pudiéramos determinar cuánto hierro tenemos, por ejemplo, obtendríamos un recuento total que se podría considerar como la reserva de hierro de la Tierra. Es una cantidad finita, y cuando la hayamos gastado no podremos ir a otro universo para abastecernos.

Dentro de nuestro cuerpo poseemos una fracción específica de nuestro suministro total de hierro. Cuando nos hacen un análisis de sangre, podemos averiguar si nuestro nivel de hierro está alto o bajo. Ahora viene la pregunta del millón. ¿Dónde estaba el hierro que ahora fluye a través de nuestro cuerpo antes de que tú vinieras a este mundo? ¿Adónde irá cuando mueras? Esto forma parte del misterio al que Emily Dickinson hace referencia en su poética observación.

Coge un puñado de polvo y pregúntate qué era ayer y el año pasado. ¿Era la trompa de un elefante? ¿Una criatura jurásica? ¿El globo ocular de Miguel Ángel? Toda partícula de materia está sometida a un cambio constante. Los científicos más gráficos nos recuerdan que todos somos la comida del mañana. Todas las cosas de nuestro universo físico acabarán convirtiéndose en polvo silencioso.

En cierto sentido, en este poema Emily Dickinson nos dice poéticamente lo mismo que Aristóteles cuando escribió: «Vivamos como si fuéramos inmortales». Ambos nos están diciendo que todas las cosas y todas las personas seguimos un ciclo, y que cuando éste se completa cesa en su forma actual y pasa a otra. La parte material de nuestro cuerpo es reciclada, mientras que nuestra verdadera esencia permanece. En otro de sus breves poemas la autora escribe:

> *Puesto que no me pude detener por la muerte,*
> *ésta gentilmente se detuvo por mí.*
> *En el carruaje sólo íbamos nosotros*
> *y la inmortalidad.*

Ser consciente de esto es una gran fuente de liberación, es nuestro billete a la eternidad. Nos permite dejar de tener miedo a la muerte. La muerte de nuestro cuerpo nos sirve para aprender muchas cosas, en lugar de ser algo que debamos temer.

Recuerdo que uno de los maestros de mi vida me pidió que me sentara a meditar. Durante este ejercicio silencioso se me dijo que me imaginara abandonando mi cuerpo y observándolo desde arriba; luego tenía que alejarme más y salir de la ciudad, del país, del hemisferio y por último del planeta. Mientras observaba la Tierra desde un lugar imaginario en el espacio, se me dijo que visualizara el planeta sin mí como si yo habitara sobre él. Fue un buen ejercicio para aplacar a mi ego. Al principio esta visión parecía demasiado extraña, porque mi ego seguía diciendo: «¿Cuál es la finalidad de esto? ¿Qué tiene de bueno este planeta sin mí?». Luego empecé a identificarme más con esa parte de mí que estaba observando que con la que estaba siendo observada.

Lo que observamos es el polvo silencioso, un polvo exactamente con la misma composición química de la que estaban hechos nuestros antepasados. No obstante, el observador no necesita sustancias químicas, ni polvo. Cuando te conviertas en el «observador» a tiempo completo, perderás el miedo a la muerte. Tu esencia nunca nació y nunca morirá. La eternidad no es algo en lo que entras; ya estás en ella. Es decir, la eternidad empieza ahora.

Tu mente no ha sido entrenada para creer en la inmortalidad, por consiguiente no sabe que eres inmortal. Le han enseñado a identificarse únicamente con lo que ve. En el cerebro hay un centro de mando donde parece que se originan todas nuestras decisiones, emociones y experiencias humanas. Dentro de ese centro de mando hay un director invisible y sin forma que no puede morir. Si despiertas esa naturaleza divina serás consciente de que eres inmortal. El director de tu centro de operaciones da las órdenes, y sin embargo nunca le has visto. Para conocer a tu director interior, has de cerrar los ojos y experimentar directamente tu naturaleza divina e inmortal.

La experiencia del yo inmortal no se consigue con la educación, los condicionamientos o la ciencia. Esta idea surge de las profundidades de tu ser. Sabes que está ahí, sencillamente. Tu naturaleza invisible es real, y sin embargo sabemos que nunca podremos medirla ni describirla. Y esto es así porque gracias a una silenciosa y divina meditación podemos ver más allá del polvo de nuestros cuerpos y experimentar la inmortalidad por nosotros mismos.

En su hermosa y sencilla poesía, Emily Dickinson nos pide que seamos conscientes de que los cuerpos que habitamos, los coches que conducimos, las ropas que llevamos y todas las cosas formadas de sustancias químicas y de polvo están destinadas a cumplir sus ciclos y luego dejar de existir. La «muerte» es lo que denominamos el proceso de cese. No obstante, aquello que trasciende las sustancias químicas siempre puede montar en el carruaje contigo; sí, tú y la inmortalidad sois los únicos pasajeros.

Puedes tener una experiencia más directa de lo que escribió Emily Dickinson si pones en práctica las siguientes sugerencias:

• Utiliza tu propia muerte como maestra, como una compañera que siempre está junto a ti. Imagina que estás hablando con tu cuerpo moribundo desde una perspectiva de aceptación y amor, en lugar de hacerlo con miedo. Recuerda que la muerte sólo se experimenta una vez, pero si la temes, morirás en cada minuto de tu vida. Usa la muerte como recordatorio para vivir cada día más plenamente.

• Haz el ejercicio de meditación de visualizar la Tierra sin estar tú en ella que he descrito en este ensayo. Esto te ayudará a cambiar tu lealtad y a dejar de identificarte con lo que observas para dedicar tu atención al observador inmortal que está siempre contigo.

• Recuerda que todo el tiempo que ha transcurrido antes de que tú llegaras a este planeta no te ha causado temor ni ansiedad; por lo tanto, tampoco debes temer lo que suceda cuando hayas abandonado el cuerpo.

• Recuerda las últimas palabras de Robert Louis Stevenson: «Si esto es la muerte, es más sencilla que la vida...». También las palabras de Thomas Edison: «Aquello es muy hermoso». De hecho, no es más que polvo volviendo al polvo, mientras lo eterno permanece. Ser consciente de esto significará tu pasaje hacia la eternidad.

Perfección

El año en primavera
y el día al alba.
La aurora a las siete.
La ladera salpicada de rocío.
La alondra volando.
El caracol en el espino.
Dios en el cielo.
Todo es perfecto en el mundo.

Robert BROWNING
(1812-1889)

Robert Browning, el poeta inglés cuyo romance y matrimonio con Elizabeth Barrett se relataba en la obra The Barretts of Wimpole Street, *de Rudolf Besier, gozó de un gran éxito con la publicación de* El anillo y el libro *tras cuarenta años de escribir poesía cargada de sensibilidad.*

Robert Browning y su igualmente famosa esposa, Elizabeth Barrett Browning, fueron poetas victorianos criticados por el optimismo espiritual y metafísico que expresaban en su poesía y en sus obras dramáticas. Algo más de un siglo después de la muerte del autor, esta obra maestra de ocho versos sigue reflejando el optimismo metafísico por el que fue castigado en vida. Browning habla de la enorme admiración por la majestuosa perfección del universo, es como si nos estuviera diciendo: «Mira a tu alrededor. Todo es como ha de ser».

Si sintonizas con Browning, estarás de acuerdo en que la primavera y la mañana son milagros dignos de observar. Representan el nacimiento de una nueva vida, que sigue siendo un misterio. Un corazón empieza a latir en el vientre de una madre a las pocas semanas de la concepción y todos nuestros grandes científicos y observadores pesimistas quedan totalmente desconcertados. ¿Dónde estaba antes esa vida? ¿Adónde irá después? ¿Por qué se ha iniciado? ¿Qué es lo que la detiene? ¿Por qué? Estas preguntas confunden a los críticos y son la fuente de inspiración de la gran poesía.

El secreto para vivir la vida con «admiración» en lugar de hacerlo con «temor» es ver la sencilla verdad espiritual de la poética observación de Browning. El rocío todavía cubre la ladera, aunque el poeta esté enterrado bajo ella, y la alondra sobrevuela las tumbas. Dios está en el cielo y todo es perfecto en el mundo. Cualquier cosa que te parezca incoherente en la lírica descripción de Robert Browning no es culpa de Dios.

En lugar de sentirnos conectados con este mundo, la mayoría de las veces forzamos las cosas para adaptarlas a nuestro gusto. En lugar de aceptarlo, lo retorcemos hasta que se adapta a nuestro ego, causando estragos, desequilibrio y lo que luego denominamos imperfección. Y lo más irónico es que culpamos a Dios por el desequilibrio que nosotros hemos creado a partir de la perfección que él nos ha otorgado. El poeta nos dice que estemos en paz, que no juzguemos al mundo, que lo observemos. No trates de enderezarlo, acepta la perfección de sus meandros y vive en armonía con él. No fabriques los problemas. Asómbrate de la perfección de lo que te rodea.

En otro pasaje, Robert Browning observa: «Toda la maravilla y la riqueza de la mina, en el corazón de una gema: en el cultivo de una perla toda la sombra y el sol del mar... Verdad, que brilla más que la gema, confianza, más pura que la perla». Nos está pidiendo que contemplemos el mundo con nuevos ojos. Ojos de asombro ante el milagro que se encuentra en cada centímetro cúbico de espacio. Ojos humedecidos por el reconocimiento de la verdad y la confianza que trascienden a sus equivalentes materiales denominadas gemas y perlas. Una perspectiva desprovista de crítica y centrada en el deslumbrante paisaje puede mejorar cualquier día en que la depresión, la ansiedad y el estrés hayan hecho presa en ti.

Dar a entender que el mundo es perfecto suscita la ira de muchos comentaristas sociales que prefieren reparar en sus múltiples imperfecciones. Se fijan en todo lo que está mal en el mundo y nos exhortan a hacer lo mismo y a formar parte del gran número de personas que se desesperan con la imperfección reinante. Aquellos que, como Robert Browning, dicen: «Todo es perfecto en el mundo», se encontrarán con un regimiento de escépticos que les recordarán lo absurda que es su forma de pensar, al igual que en la época victoriana los críticos señalaban la esclavitud, los desastres económicos y la guerra como respuesta a las palabras de Browning. No obstante, Browning optó por trascender el mundo creado por el hombre; eso mismo es lo que yo te animo a hacer.

Contempla la perfección de este universo del que formas parte. Observa cómo la Tierra sigue su órbita a través del espacio, indiferente a las opiniones de nadie. Observa cómo cada día la aurora es «a las siete» y pasa por encima de todos los «ismos» que han intentado cambiar las cosas una y otra vez, y aun así la aurora sigue siendo a las siete y la ladera sigue estando salpicada de rocío. En realidad sólo se trata de dejar de fijarse en lo que está «mal» y ver, en cambio, la perfección de nuestro mundo.

Por ejemplo, pensemos en la necesidad que había hace siglos de que hubiera incendios forestales provocados por rayos para mantener el equilibrio ecológico. Tenemos la tendencia a decir que Dios jamás quemaría un bosque, ni provocaría terremotos o huracanes. Creemos que estas cosas no han de ocurrir, pero también forman parte de la perfección, y cuando las vemos desde una perspectiva más amplia empezamos a reconocer la perfección del caos.

La senda hacia una vida tranquila es ser consciente de la perfección del mundo creado por Dios y de nosotros mismos y fomentar esa perspectiva. La esposa de Robert Browning, Elizabeth Barrett Browning, escribió dos líneas en «Mi Kate» que resumen bellamente lo expuesto: «Lo débil y lo dócil, lo obsceno y lo grosero, ella tomó a medida que los encontró, y a todos ellos bien hizo». Cuando observes con grandes ojos de asombro y aprecies todo lo que ves como un regalo divino, incluyendo tu propia vida desarrollándose en armonía con la naturaleza, sabrás lo que quería decir el poeta al escribir: «Dios en el cielo. Todo es perfecto en el mundo».

Para adoptar este optimismo metafísico empieza por:

• Concederte el regalo de cinco minutos de contemplación respetuosa de todo lo que ves a tu alrededor. Sal fuera y dedica tu atención a los múltiples milagros que hay a tu alrededor. Este régimen de cinco minutos diarios de reconocimiento y gratitud te ayudará a ver tu vida con admiración.

• Deja que la palabra «perfección» forme parte de tu vocabulario. Dice el Príncipe de la paz (Mateo 5,48): «Sed, pues, vosotros perfectos, como vuestro Padre que está en los cielos es perfecto». No siempre has de verte a ti mismo y al mundo buscando los posibles errores. Disfrutar de la perfección es una forma de aplicar la sabiduría eterna.

• Recuerda que eres parte de ese milagro, como lo es el rocío, la alondra y el caracol. Tú, de hecho, eres obra de Dios. Confía en tu propia divinidad y valora tu conexión con la naturaleza. Ver la obra de Dios en todas partes será tu recompensa.

El centro del alma

Al igual que este tormentoso océano rodea la tierra verde, en el alma del hombre reside un Tahití aislado, lleno de paz y júbilo, pero rodeado de todos los horrores de una vida a medio vivir.

Herman MELVILLE (1819-1891),
Moby Dick

Herman Melville, novelista, poeta y escritor estadounidense de relatos breves, es famoso por su historia de un viaje real y heroico, Moby Dick.

Cuando leo este fragmento, me viene a la memoria la imagen de mi visita a la agradable y pequeña capilla de Asís, en Italia, donde san Francisco vivió y realizó sus milagros en el siglo XIII. La capilla, al igual que la mayor parte de Asís, ha sido cuidadosamente conservada para que los visitantes puedan experimentar este lugar sagrado tal como lo vio san Francisco. Es fácil tener la impresión de haber retrocedido a la Edad Media. Millones de personas han llegado a este lugar desde todas las partes del mundo para orar en esta pequeña pero bien conservada iglesia.

La capilla original está emplazada en el centro de un edificio mucho mayor y más ornamentado, que se construyó cientos de años después de la muerte de san Francisco. Este edificio que rodea la capilla tiene majestuosas columnas, enormes techos catedralicios y un despliegue de homenajes eclesiásticos a san Francisco, que fue un hombre sencillo, gentil y extraordinariamente apasionado. Al entrar en las cámaras exteriores sentí como si estuviera en un museo dedicado a un hombre altamente espiritual.

Cuando mi esposa y yo accedimos a la capilla original, que se encuentra en el centro del edificio, ambos sentimos el júbilo y la paz que transmite este lugar. Y vuelvo a revivirlo cada vez que leo «...en el alma del hombre reside un Tahití aislado...». Nos estremecimos de felicidad, derramamos lágrimas de júbilo y sentimos la energía del amor incondicional de san Francisco. Tras meditar durante unos treinta minutos, partimos con la sensación de habernos comunicado con algo divino. Desde entonces, son muchas las veces que hemos comentado lo significativo que fue ese momento en nuestras vidas. Nuestro matrimonio pasó a ser una asociación en la que nuestra función es ayudarnos mutuamente en nuestro crecimiento espiritual.

Las palabras de Herman Melville me llevan de nuevo a esa experiencia cumbre en Asís. La capilla original en el centro representa el alma, un lugar de verdad y beatitud divina. El edificio que la rodea es nuestro cuerpo físico. Siempre está un paso más allá de la belleza y la verdad que residen en el centro. Una vida medio vivida, como dice Melville, es aquella en la que no podemos acceder a ese lugar interior de paz y dicha, ese «Tahití aislado».

La vida a medio vivir transcurre exclusivamente entre los adornos y estructuras del mundo exterior. Éstos son los horrores que Melville nos cuenta que rodean al alma, como si fuéramos incapaces de hallar el centro donde reside la beatitud. Sientes que hay una experiencia más profunda y rica de la vida y, sin embargo, continúas agitándote en el océano exterior, vislumbrando ese verde Tahití, esa pacífica capilla desde lejos.

Quizás lo más devastador sea hacer frente a la muerte sabiendo que, debido a algún temor imaginario, siempre has elegido vivir a medias, evitando hacer las cosas que tu corazón te dictaba. Te animo a que cambies tu actitud frente a la vida y tengas el valor de poner pie a tierra y experimentar tu aislado Tahití.

Te animo a que leas con frecuencia las conmovedoras palabras que Herman Melville escribió en el siglo XIX y las apliques en tu mundo de hoy. Ese espacio en el centro que él denomina tu alma no tiene fronteras, ni forma, ni dimensiones, ni medida. Sin embargo, es el centro de tu existencia. Cuando seas capaz de sentir ese espacio, conocerás la paz y la dicha que resulta de una vida vivida y apreciada plenamente. Ese espacio interior que Melville denomina tu alma es silencioso e indivisible.

Puedes llegar allí meditando y escuchando a tu corazón en vez de a tu cabeza. Tu corazón habla un lenguaje silencioso lleno de sentido, mientras tu cabeza intenta disuadirte con razonamientos intelectuales para que no te dejes llevar por el júbilo. Los grandes músicos dicen: «El silencio entre las notas es lo que crea la música». Sin ese silencio sin forma ni dimensión, no puede haber música.

Puedes acceder a tu verde Tahití, a tu pacífica capilla, abriéndote paso a través de ese tormentoso océano y de esas estructuras arquitectónicas, atravesar el caparazón de tu cuerpo compuesto de huesos y tendones, y alcanzar ese indivisible y apacible remanso interior. Una vez allí escucha, sé consciente de que una vida vivida a medias no es para ti. Escribe tus verdades, habla de tus sentimientos más profundos, despréndete de lo que te han dicho que debes o no debes hacer. Has de sentirte realizado en tu trabajo, con tu familia y con toda tu vida.

¿Qué es lo que te pide tu corazón? ¿Qué verde isla dentro del océano de tu cuerpo te hace señas para que vayas a visitarla? Puede que sea una fiebre viajera que te incite a explorar las Galápagos o el Himalaya. Quizá sea un profundo sentimiento que te incita a abrir una galería de arte o a trabajar con los esquimales. Puede que sea un irresistible impulso de escribir poemas o tu propia sinfonía.

¿Cuál es el secreto que encierras en tu interior? Robert Frost escribió: «Estamos bailando en círculo y suponemos, / pero el secreto está en el centro y sabe». Sin duda Frost sabía de qué hablaba Melville en *Moby Dick*. Cualquier cosa que sientas en tu interior, pero que has estado evitando por una serie de razones que has creado en tu mente, date la oportunidad de explorarla con nuevos ojos y oídos. Mientras practicas para acceder a ese espacio silencioso, ten cuidado cuando utilices tu intelecto. Si te dices que una cosa es explorar tu capilla interior, pero que otra bastante distinta es vivir en ella, tú mismo te estarás poniendo trabas para no pasar de las cámaras exteriores. Actuarás según lo que piensas. Si piensas «Es imposible, impracticable y está fuera de mi alcance», entonces actuarás justamente de ese modo para que así sea y volverás al tormentoso océano.

Melville escribió para ti y para mí. Dejó este planeta antes de que nosotros llegáramos y sin embargo sus palabras nunca han parecido más acertadas. La misma fuerza vital que fluía a través de este gran novelista fluye a través de nosotros. Él sintió que el horror de una vida vivida a medias era el resultado de no hacer caso de la callada chispa interna de la vida que nos da paz y júbilo.

A continuación vienen mis sugerencias para practicar esta sabiduría en nuestros tiempos:

• Practica diariamente la meditación para acceder a ese espacio de silencio interior. Este remanso interior te dará una paz que no es posible conocer cuando estás inmerso en el torbellino del océano tormentoso.

• Escucha a tu corazón, no a tu mente. Tus sentimientos son un buen barómetro de lo que te gusta hacer. Imagínate visitando tu propia y frondosa Tahití. Experimenta en tu alma y luego en tu mente todos los detalles de hacer lo que te gusta y amar lo que haces.

• Asume los riesgos que conlleva escuchar a tu alma, pero ten mucho cuidado de no proyectar tus pensamientos de miedo al fracaso en tus decisiones. Recuérdate cada día lo que Herman Melville escribió para ti, y que cuando el ángel de la muerte venga a llamarte —y esa llamada es inevitable— no tengas que decir «Estoy aterrado, espera, sólo he vivido la mitad». En lugar de sentir eso, conocerás el júbilo de escuchar a tu alma y le dirás: «Estoy en paz. No tengo miedo. He estado en Tahití».

Arrepentimiento

¡Ay de la doncella! ¡Ay del juez!
¡El rico que se lamenta y la campesina que trabaja!
¡Que Dios tenga misericordia de ellos!
Y de todos nosotros,
que los sueños de juventud en vano recordamos.
Porque, de todas las palabras tristes dichas o escritas,
las más lo son: «¡Podía haber pasado así!».
¡En fin! Para todos nosotros aún queda
alguna dulce esperanza profundamente enterrada
más allá del alcance de los ojos humanos
y en la otra vida,
¡quizá los ángeles quiten la lápida de esa tumba!

> John Greenleaf WHITTIER, «Maud Muller»
> (1807-1892)

John Greenleaf Whittier, popular poeta de Nueva Inglaterra, fue un cuáquero entregado a las causas sociales y a la reforma. Tras la Guerra de Secesión su poesía se centró en la religión, la naturaleza y la vida en Nueva Inglaterra.

El pasaje citado es la última estrofa de un poema de quince titulado «Maud Muller», escrito por el prolífico y sensible poeta estadounidense del siglo XIX John Greenleaf Whittier. Lee detenidamente el poema entero, varias veces a ser posible, porque la historia que explica tiene un profundo mensaje para todo aquel que tiene el valor de aceptar sus sabios consejos.

El poema empieza con Maud Muller, una hermosa y joven doncella, que está rastrillando heno en una pradera y al alzar la vista ve a un atractivo juez que cabalga hacia ella. Su corazón late con fuerza mientras habla con él y le ofrece un poco de agua en una taza de metal. Su mente se deja llevar por la fantasía de cómo sería vivir con el amable y sensible hombre que le habla de «la hierba, las flores y los árboles. Del canto de los pájaros y del zumbido de las abejas». La doncella se olvidó de sus andrajosos vestidos y de su descuidado aspecto, permitiéndose fantasear con sus sueños: «Un deseo que apenas se atrevía a confesar, puesto que era algo mejor que lo que ella había conocido».

Cuando el juez se alejaba, la muchacha pensó sinceramente: «¡Ay de mí! ¡Que sea yo la esposa del juez!». Pero no había de ser. Se casó con un hombre que le trajo tristeza y dolor. Tal como escribe Whittier: «Una figura masculina a su lado vio, el júbilo era su deber y el amor su obligación». Luego retomó la carga de su vida, diciendo: «¡Podía haber sucedido así!».

El poeta describe al joven y atractivo juez cabalgando ese día con un profundo anhelo en su corazón que no estaba dispuesto a satisfacer. Por temor a poner en peligro su posición, no fue capaz de actuar de acuerdo con sus sentimientos por la joven doncella y la vida que llevaba. «Fuera ella mía, y yo hoy, como ella, un recolector de heno; sin tener que estar en un dudoso equilibrio entre el bien y el mal, ni soportar fastidiosos abogados con incansables lenguas.» Y así abandonó sus profundos anhelos y siguió la vida que otros habían escogido para él. «Pero pensó en sus hermanas, orgullosas y frías, y en su madre, vanidosa por su rango y riqueza; cerrando así su corazón, el juez cabalgó y Maud quedó sola en la pradera.»

Whittier cuenta que el juez se casó con una mujer de su clase y posición y que soñaba despierto con aquel momento en la pradera en que su alma y la de la joven se tocaron: «A menudo, cuando el vino de su copa era rojo, anhelaba el agua del pozo del camino».

> Y el orgulloso hombre suspiró con un secreto dolor:
> «¡Ay, si volviera a estar allí!

Libre como aquel día
en que la doncella descalza rastrillaba el heno».

A medida que la historia de Maud y el juez va tocando a su fin, la emoción se va intensificando para culminar en el verso final. Cuando, hace muchos años, yo trabajaba como asesor estudiantil, en mi tablón de anuncios tenía escritas en grandes letras las dos líneas por las que más se recuerda a Whittier. Son palabras que hoy recuerdo a mis hijos para que reflexionen cuando temen cometer un error o cuando permanecen en silencio para no asumir un riesgo. Son palabras para vivirlas, escritas por un brillante poeta de hace un siglo: «Porque, de todas las palabras tristes dichas o escritas, las más lo son: "¡Podía haber pasado así!"». De hecho, «podía haber pasado así» es el típico lamento de los soñadores frustrados que evocan el pasado, arrepentidos por lo que no han podido decir o hacer por miedo a las consecuencias.

En mi vida he cometido muchos errores, pero puedo decir sinceramente que hoy en día no me arrepiento de nada de lo que he hecho. De nada en absoluto. Sí, he dicho cosas que ahora no diría. Sí, he perjudicado a algunas personas a lo largo de mi vida, pero he aprendido de mis errores. Sí, he realizado algunas malas inversiones, he escrito algunas palabras horribles, he consumido algunas sustancias tóxicas, he perdido concursos e incluso, en el pasado, me he dejado llevar por mi propio engreimiento. No obstante, tal como he dicho, no me arrepiento de nada de lo que he hecho. He hecho lo posible por no volver a caer en las mismas equivocaciones y sé que no puedo deshacer el pasado. Aun así, sí que hay algo de lo que me arrepiento. Me arrepiento de lo que no hice.

En una reunión de antiguos alumnos del instituto, me volví a encontrar con una mujer a la que yo adoraba cuando tenía diecisiete años. Al final, ¡dos décadas más tarde!, tuve el valor de decirle lo que había sentido por ella. Ella respondió: «Siempre me has gustado y habría dado cualquier cosa porque me llamaras y me invitases a salir». Me quedé desolado. A los diecisiete años temblaba de miedo al pensar que pudiera rechazarme o parecerle estúpido. Imaginaba que ella era demasiado «moderna» y deslumbrante para salir conmigo y, por consiguiente, dejé pasar la oportunidad.

Si, cuando sientes algo en tu corazón y crees que debes intentarlo, te retraes por miedo, estás plantando la semilla del arrepentimiento. No te equivoques, el arrepentimiento supone un tremendo derroche de energía. No puedes construir nada con él, ni crecer gracias a él, tan sólo hundirte en la frustración.

Si sientes algo con fuerza, pero que no te atreves a hacerlo, acabarás arrepintiéndote. Las palabras que no dijiste por temor al ridículo, la acción que no emprendiste por miedo al fracaso, el viaje que no realizaste por no querer hacerlo solo, son los peldaños que paso a paso te conducen al ático de la desesperación en los últimos años de tu vida. Tal como Whittier expone sucintamente: «¡Que Dios tenga misericordia de ambos! Y de todos nosotros, que los sueños de juventud en vano recordamos».

No cabe duda de que te encontrarás con algunos reproches. Los resultados que obtengas no siempre serán de tu agrado. Te sentirás ridículo. Pero si hablas o actúas no experimentarás el fracaso. Al hacer lo que sientes, sabrás que estás siguiendo tu destino espiritual. Tal como dijo Jesús: «Ninguno que después de poner su mano en el arado vuelve la vista atrás es digno de entrar en el reino de los Cielos».

Para practicar este consejo de no lamentarse que muestra el poema de Whittier sobre Maud Muller y el juez, ten en cuenta lo siguiente:

• Visualízate como un anciano que recuerda su pasado. ¿Cómo desearías sentirte? ¿Arrepentido o satisfecho por haber hecho lo que te dictaba el corazón?

• En lugar de preguntarte cuál será la opinión de los demás y cómo será recibida tu acción, pregúntate: «¿Cómo deseo vivir mi vida?». Luego asume un pequeño riesgo encaminado a realizar esa nueva acción.

- Piensa con antelación cómo vas a sentirte. Imagínate primero tomando el camino de la inacción, que potencialmente puede conducirte al arrepentimiento. Luego imagina el mejor resultado posible si asumes el riesgo. Al visualizar ambas posibilidades con anterioridad, puedes evitar arrepentirte por lo que podía haber sucedido.

Miedo a asumir riesgos

Envidia no tengo en ningún estado de ánimo:
ni al cautivo desprovisto de noble furia,
ni al pardillo que nació enjaulado
y jamás conoció los bosques de verano.

Envidia no tengo de la bestia
que se toma libertades en el campo del tiempo,
desprovista del sentido del mal,
a la que la conciencia no despierta jamás.

Tampoco de aquello que se considera a sí mismo bendecido.
Ni del corazón que nunca se ha comprometido en matrimonio,
pero que se estanca en la maleza de la indolencia,
ni tampoco del descanso engendrado por la escasez.

Cierto es que cualquier cosa que acontece
más la siento cuanto más duele.
Aun así, mejor es haber amado y haber perdido
que no haber amado jamás.

lord Alfred TENNYSON
(1809-1892)

*Lord Alfred Tennyson, poeta inglés laureado en 1850, es conside-
rado como una de las figuras más representativas de la época victoriana.*

Alfred Tennyson fue el principal representante de lo que se conoce como la era de la poesía victoriana. Sin embargo, no podría
ser menos victoriano. Era un adicto empedernido al tabaco y al

oporto, fue un vagabundo y tuvo una vida bastante inestable. El poeta Thomas Carlyle le describía en una carta que envió a Ralph Waldo Emerson como: «Un hombre sensual y triste con un aire de melancolía... uno de los hombres con mejor aspecto del mundo... Su voz es vigorosamente ligera. Apta para las grandes risotadas y los grandes lamentos». Por todo lo que he leído de Alfred Tennyson, deduzco que era una persona profundamente apasionada a la que le gustaba correr riesgos y dispuesta a asumir las consecuencias cuando sus inversiones o metas no salían como había planeado.

En este fragmento el poeta nos envía un mensaje que muchas veces desoyen los que viven con miedo al fracaso. Nos dice que avancemos por la vida como si el fracaso no existiera y que no hagamos caso de nuestros temores. No envidia el canto del pájaro que vive cómodamente a salvo dentro de su jaula; la libertad es lo que valora, a pesar de los riesgos que conlleva. No envidia a aquellos que, temiendo el riesgo de la convivencia en el matrimonio, escogen la seguridad de no comprometerse. Las últimas cuatro líneas de este poema se encuentran entre las más memorables y las más citadas de la literatura universal. Sin embargo, puede que también sean las más desoídas.

> *Cierto es que cualquier cosa que acontece*
> *más la siento cuanto más duele.*
> *Aun así, mejor es haber amado y haber perdido*
> *que no haber amado jamás.*

Yo secundo esta idea, y también te recuerdo que Tennyson no está hablando sólo de relaciones amorosas. Bien podía haber escrito: «Mejor es actuar y fracasar que no haber actuado jamás».

Te sugiero que reflexiones sobre esta idea radical: ¡no existe el fracaso! El fracaso es un juicio que los humanos proyectamos sobre una acción determinada. En lugar de juzgar, haz tuya esta actitud: ¡no puedes fracasar, sólo puedes producir resultados! Así pues, lo que deberías preguntarte realmente es: «¿Qué hacer con los resultados?».

Supongamos que quieres aprender a batear la pelota en el béisbol o que quieres hacer un pastel. Te vas a la base del bateador y golpeas mal la pelota con tu bate tras haber fallado varios golpes. Si estás haciendo un pastel, cuando lo sacas del horno se te cae y se hace pedazos ante tus ojos. En realidad no has fracasado, sino que has actuado y has producido un resultado. Ahora bien, ¿qué haces con los resultados que produces? ¿Los etiquetas como fracasos, proclamas que te falta coordinación o habilidad en la cocina y te deprimes por tus deficiencias genéticas o vuelves a la base o a la cocina y aprendes de los resultados que has obtenido? Esto es lo que Tennyson te está pidiendo que comprendas y que apliques en tu vida y en todas tus metas.

El hecho de que hayas pasado por rupturas o divorcios en tus relaciones no significa que hayas fracasado. Has producido un resultado. Es mejor arriesgarse y experimentar la vida que permanecer al margen temiendo que algo vaya mal.

Reflexiona por un momento sobre tu naturaleza. De niño, antes de que tuvieras ninguna oportunidad de estar sujeto a los condicionamientos que te alejan de los riesgos por miedo al fracaso, tu naturaleza estaba programada para que aprendieras a caminar. Durante un tiempo, sencillamente estuviste tumbado, y un día tu naturaleza te dijo: «Siéntate», y lo hiciste. Luego, tu naturaleza te ordenó: «Gatea», y obedeciste. Al final te dijo: «Ponte de pie, equilíbrate y muévete en una postura erguida», y escuchaste.

La primera vez que lo intentaste, te caíste y volviste a gatear, pero tu naturaleza no dejó que te conformaras con gatear, así que pasaste por alto tus miedos y las consecuencias que te produjeron y te volviste a levantar. Esta vez para tambalearte y volver a caer. Por último, tu naturaleza ganó y conseguiste mantenerte en pie. Imagina qué hubiera pasado de haber conseguido vencer a tus instintos naturales. Todavía estarías gateando y no conocerías las ventajas de vivir en pie.

Lo mismo sucede con todo lo demás. Es mucho mejor haber actuado y producido resultados que te permitan crecer como persona que no escuchar a tu naturaleza y vivir con temor.

La palabra «miedo» se puede ver como un acrónimo de Falsa

Evidencia con Apariencia Real.* Es decir, consideramos lo que imaginamos una razón de peso para no actuar y luego dejamos que se convierta en nuestra realidad, incluso antes de hacer ningún intento. Nuestro miedo se apoya en la ilusión de que es posible fracasar y que el fracaso nos resta valor como personas. Otro acrónimo para la palabra miedo sería Olvídalo Todo y Corre,** que es la actitud que adoptan muchas personas ante la perspectiva de un posible fracaso: huir. ¡Esto no es lo que Tennyson recomendaba!

A Alfred Tennyson se le concedió el título de lord ocho años antes de su muerte, y en los últimos años de su vida se convirtió en el poeta nacional de Inglaterra. No obstante, el joven Tennyson era un hombre que luchaba con energía por conseguir sus objetivos, que estaba dispuesto a equivocarse y ansiaba amar. Aun sabiendo que cabía la posibilidad de perder, prefirió eso a no haber amado jamás. Bien es cierto que sufrió el rechazo y la tristeza, pero, tal como patéticamente dice: «Envidia no tengo en estado de ánimo alguno».

Sé consciente en el fondo de tu corazón de que nunca has fracasado y nunca fracasarás. Lo que tradicionalmente calificamos como fracaso no hace sino frenar la posibilidad de que cometas errores. Y los errores son precisamente la única cosa que puede ayudarte a aprender y a desarrollarte como persona. Siempre me ha gustado la respuesta de Thomas Edison a un reportero que le preguntó cómo se sentía tras haber fracasado veinticinco mil veces en sus intentos por inventar la batería. «¿Fracasado? —respondió Edison—. ¡Ahora conozco veinticinco mil formas de cómo no hacer una batería!»

Pon en práctica la lección del poema clásico de Tennyson con las sugerencias siguientes:

• No vuelvas a emplear el término «fracaso» ni contigo mismo ni con ninguna otra persona. Recuerda que, cuando las cosas no

---

* Son las siglas de la palabra «miedo» (*fear*) en inglés. (*N. del t.*)
** Forget Everything And Run. (*N. del t.*)

salen como habías previsto, no has fracasado, sino que has producido un resultado.

• Hazte esta importante pregunta: «¿Qué voy a hacer con los
resultados que produzca?». Procede a actuar de tal manera que
puedas dar las gracias en lugar de estar resentido por esos resultados no tan gloriosos.

• Cuando los demás empleen el término «fracaso» contigo,
corrígeles diciendo: «No he fracasado, hoy he aprendido otra forma de no hornear el pastel».

• Realiza actividades en las que anteriormente no hayas mos-
trado mucha destreza. La mejor forma de vencer el miedo al fracaso es hacerle frente y reírse, en lugar de avergonzarse o sentir
bochorno por un resultado poco satisfactorio.

Perfección física

Para mí cada centímetro cúbico de espacio es un milagro...
Bienvenidos sean cada uno de mis órganos y actitudes...
Ni un centímetro, ni una partícula de un centímetro es vil...

Walt WHITMAN
(1819-1892)

*Los temas principales de la obra de Walt Whitman, ensayista, perio-
dista y poeta estadounidense, fueron el carácter sacro de la vida en todas sus formas, incluso la muerte, y la igualdad de todas las personas.*

El cuerpo físico compuesto de moléculas y átomos está en constante cambio. Dentro del cuerpo, en un «lugar indefinido», se encuentra el observador eterno, que es nuestra naturaleza divina inmutable. Walt Whitman respetaba su cuerpo y su continuo estado
de cambio desde una perspectiva sagrada. Una vez dijo: «Si hay
algo sagrado es el cuerpo humano...». ¿Cuál es tu opinión sobre
esta afirmación? ¿Cómo te sientes respecto al cuerpo que ocupas?
Tu respuesta estará en relación con tu calidad de vida, tanto la material como la espiritual.

Tu actitud con respecto a tu cuerpo influye en los átomos y las
moléculas que lo forman. El doctor Deepak Chopra dice a menudo a su audiencia: «Pensamientos felices hacen moléculas felices»,
señalando que la composición química de las lágrimas de júbilo es
notablemente diferente de la composición química de las lágrimas
de tristeza. Así que haz las paces con tu cuerpo y cuida sus distintos órganos, fluidos y estructuras óseas, contempla con admira-

ción su movimiento, sus pensamientos, sus sueños, sus cálculos, sus afectos y sus constantes cambios. Ésa es la actitud que Walt Whitman te pide que abraces cuando contemples el milagro de tu cuerpo en continua transformación: una actitud de admiración.

No hay nada imperfecto o vil en el cuerpo. Nunca es demasiado bajo, alto, rechoncho, oscuro, blanco ni ninguna otra cosa. El color de tu pelo, la cantidad, los lugares donde crece, todo ello sigue un designio divino. Tus senos son justo del tamaño que han de ser, tus ojos del color adecuado y tus labios del grosor correcto. Aunque tus pensamientos felices pueden crear moléculas felices, y tu mente tiene mucho que ver con tu salud, básicamente el cuerpo es un organismo que funciona de forma natural. Te has limitado a ocuparlo. Su forma, tamaño y lo que erróneamente se han denominado taras están en perfecto orden.

Unas pocas semanas después de la concepción, empezó a latir un corazón en el vientre de tu madre y tu cuerpo empezó a formarse, independientemente de tu voluntad. El proceso de la formación del cuerpo sigue siendo uno de los grandes misterios de la humanidad. ¿Quién puede explicarlo? El cuerpo inició su viaje a partir de la nada, los dedos de los pies y de las manos surgieron de una diminuta gota de protoplasma humano. ¿Cómo? ¿Dé dónde salió? ¿Quién puede cuestionar la sabiduría que determina el desarrollo de la simiente? Y eres tú quien reside en ese cuerpo que cambia tan drásticamente fuera del útero como cuando estaba dentro. Tú, el yo invisible, el fantasma que está dentro de la máquina, el ocupante de esta creación perfecta que observa todo el proceso.

Tu cuerpo es como un expediente académico, sólo que es para Dios. Es tu templo particular, el lugar en el que, mientras estés en este mundo, podrás comunicarte con Dios. Hallar cualquier defecto a esta casa divina o encontrar repugnante alguna de sus partes es mancillar el único lugar donde sabes que puedes encontrar a Dios. Nadie puede detener el proceso de este cuerpo cambiante. Nadie puede alterar su estructura fundamental. Vives en una entidad que siente una atracción invisible hacia el futuro que la llevará allá donde deba ir. No desprecies ninguna de sus partes a menos que quieras negar la sabiduría que te ha creado.

Trata a tu cuerpo como si fueras un huésped que está de visita y que luego ha de marcharse. Mientras esté aquí, no lo rechaces, no lo envenenes. Respétalo, acógelo y permite que siga su camino, que no es otro que marcharse como ha venido, regresar a su origen. Diviértete al observar cómo tu cuerpo atraviesa sus distintas fases. Admira cada centímetro.

Cuando te tuerzas el dedo del pie, te hagas un corte en un dedo de la mano o le des un tirón a un músculo y notes constantemente ese pequeño dolor que hace que hasta la más sencilla de las tareas resulte molesta, recuerda lo agradecido que has de estar por tener los dedos de los pies, los dedos de las manos y los músculos. Recuerda cómo trabajan a la perfección la mayor parte del tiempo, sin que tú te des cuenta. ¿Por qué, entonces, habrías de tener algún pensamiento desagradable respecto a tu cuerpo o contemplar esta cambiante creación divina con desprecio? Eres un privilegiado por tener el cuerpo que tienes. Hónralo como si fuera un garaje donde aparcas tu alma. Niégate a tener pensamientos de desprecio respecto a él. No te quejes de su tamaño, de su color o de sus zonas gastadas.

Mientras sientas gratitud y admiración, no es probable que lo rechaces. Cuando tu yo interior contemple con admiración cada milímetro del universo, consciente de que no hay errores, cuidarás más de tu cuerpo, lo repararás y lo mantendrás limpio, saludable y en forma. Si tu cabello elije crecer en tus orejas, sobre tus hombros y en tu nariz, en lugar de hacerlo en la cabeza, ¡que así sea! Si tu piel deja de estar tersa alrededor de los huesos, aplaude ese proceso. No te aferres a la carne como si fuera a durar siempre. Todo cuerpo es vulnerable a la muerte y, sin embargo, paradójicamente, dentro de ese mismo cuerpo mora tu yo inmortal. Considera tu cuerpo como un lugar desde donde observar el mundo. Hazlo desde la perspectiva milagrosa y sagrada que Walt Whitman tantas veces ha mencionado en su magnifica poesía.

A continuación hay algunas sugerencias para aplicar la sabiduría de las observaciones del autor en tu vida cotidiana:

213

• Da gracias todos los días por ocupar este templo que alberga a tu alma. Da las gracias en voz alta a tu hígado, a tus ojos, a tu páncreas, a cada órgano, a cada milímetro de tu cuerpo. Di sencillamente: «Gracias Dios por este lugar cambiante y perfecto desde el cual puedo observar».

• Sé más consciente de cómo eliges tratar al milagro de tu cuerpo. Háblale cuando haces ejercicio, lo alimentas y lo riegas con generosas cantidades de agua fresca. «Te bendigo, cuerpo mío maravilloso. Siendo más consciente de la creación perfecta que eres, evitaré maltratarte».

• Observa los cambios que tienen lugar en el cuerpo con alegría en lugar de rechazo. Niégate a tildar de defectuosa ninguna parte de tu cuerpo. Dios no emplea material defectuoso.

• Un cuerpo que ha sido cuidado tiene más oportunidades de evolucionar en la vida espiritual. El mundo material se crea a partir de la dimensión espiritual invisible. La pureza de pensamiento te ayudará a mantener un cuerpo puro y sano. Recuerda que los pensamientos curan al cuerpo, no a la inversa. Por eso una actitud de admiración y gratitud hacia el cuerpo es un factor tan importante en tu vida espiritual.

La eterna juventud

PADRE GUILLERMO
A imitación de Southey

«Eres viejo, padre Guillermo —dijo el joven—
y tu cabello está canoso;
y siempre te pones cabeza abajo,
¿crees que eso es correcto a tu edad?»

«Cuando era joven —respondió el padre Guillermo a su hijo—
tenía miedo de hacerme daño en el cerebro;
pero, ahora que seguro estoy de que no tengo,
lo hago cuantas veces quiero.»

«Eres viejo —dijo el joven— ya te lo he dicho antes,
y tu gordura es monumental,
sin embargo, al cruzar la puerta has dado un salto mortal,
¿se puede saber por qué razón lo has hecho?»

«Cuando era joven —dijo el sabio,
mientras agitaba sus mechas griscs—,
mantenía todos mis miembros muy ágiles
gracias a este ungüento a un chelín la caja;
puedo venderte un par si quieres.»

«Eres viejo —dijo el joven— y tus dientes
son demasiado débiles para masticar otra cosa que sebo;
sin embargo, te has zampado el ganso entero
y ni huesos ni pico has dejado,
¿se puede saber cómo lo has hecho?»

«Cuando era joven —dijo su padre— estudié leyes
y debatía todos los casos con mi esposa,
así fortalecí mis mandíbulas
y esa fuerza ha perdurado hasta ahora.»

«Eres viejo —dijo el joven— nadie puede suponer
que tu vista sea tan aguda como antes,
sin embargo, has sostenido una anguila en la punta de la nariz,
¿qué te ha hecho tan terriblemente hábil?»

«He respondido a tres preguntas y con eso basta
—dijo su padre—, ¡no te des tantos aires!
¿Crees que puedo estar escuchando constantemente tales tonterías?
¡Vete o bajarás las escaleras rodando de una patada!»

Lewis CARROLL
(1832-1898)

Lewis Carroll autor, matemático y fotógrafo inglés, es conocido sobre todo por Alicia en el país de las maravillas *y por* A través del espejo.

Charles L. Dodgson fue un matemático, fotógrafo y novelista inglés. Era sordo de un oído y algo tartamudo. No se casó nunca y, sin embargo, estaba fascinado por los niños y le encantaba estar con ellos. Podía hablar con naturalidad y facilidad cuando estaban a su alrededor y le encantaba inventar historias sobre la marcha. Solía ir de excursión con sus jóvenes amigos, y durante estas salidas su mente creó historias como la de Alicia y sus aventuras subterráneas. Unos veinticinco años después de haber publicado *Alicia en el país de las maravillas* recordaba «cómo, en un desesperado intento de escribir alguna línea nueva del cuento, había enviado a mi heroína a una madriguera de conejos, eso para empezar, sin tener la menor idea de lo que iba a suceder después».

Su afición por contar historias provocadoras sobre una heroína llamada Alicia se materializó finalmente en el famoso cuento y, bajo el seudónimo de Lewis Carroll, Charles Dodgson llegaría a ser conocido como uno de los autores de libros infantiles más famosos hasta la fecha. Este fragmento pertenece a esa famosa historia, que contó por primera vez en 1862 a un grupo de niños con los que había ido de excursión por el Támesis para comer a la orilla del río. En la actualidad, sus historias las leen niños y adultos de todo el mundo.

«Padre Guillermo» es una balada humorística que narra una conversación entre un padre y su hijo, que lo ve como un anciano inútil y acabado. Las respuestas del padre Guillermo envían un doble mensaje a todos aquellos que nos enfrentamos a la realidad de un cuerpo que envejece, pero que alberga un alma sin edad. Estos dos mensajes son: *a*) sólo eres viejo si lo crees, y *b*) puedes ser un experto en cualquier cosa que elijas. El padre Guillermo responde a cada una de las preguntas del niño haciendo referencia a su juventud, cuando todos sabemos que los niños de todo el mundo olvidan siempre que los ancianos también fueron jóvenes y cometieron actos absurdos y sin sentido. Se pone cabeza abajo porque la vejez le ha quitado la idea de tener un cerebro que ha de proteger, exclama. Da saltos mortales hacia atrás aunque está gordo y mastica huesos aunque sus mandíbulas sean débiles. La belleza de los escritos de Lewis Carroll radica en la ironía y la fantasía. Nos está diciendo que la vejez es un don y que, aunque es de esperar que las generaciones más jóvenes no nos comprendan y nos ridiculicen, no debemos dejar que eso altere nuestra vida.

Lo que yo entiendo de la respuesta del padre Guillermo al joven es que he de rechazar por completo la entrada de un ser viejo y enfermizo en mi cuerpo. Me recuerda que puedo mantener una actitud de alegre vivacidad y que esta decisión interior me permitirá actuar a cualquier nivel que yo decida, independientemente de mi edad. Me encanta este consejo y lo aplico todos los días.

Hace ya más de dos décadas, de hecho casi un cuarto de siglo, le dije a mi cuerpo que saldría a correr todos los días, lloviera o hiciera calor. He acostumbrado a mi cuerpo a nadar en el mar regularmente y a jugar al tenis al menos cinco veces por semana. Le digo que suba las escaleras siempre que sea posible, en lugar de subir en ascensor. Muchas veces le digo que iremos caminando a hacer los recados en lugar de ir en coche. Le digo que ha de hacer abdominales, jugar al baloncesto, al fútbol y realizar con mis jóvenes hijos cualquier otra actividad que ellos practiquen. No sólo eso, sino que recuerdo a estos jóvenes y a sus amigos, con el mismo alegre sarcasmo y humor, que puedo hacerlo durante todo el día sin cansarme, igual que ellos. Como respuesta a sus burlas les digo, como el padre Guillermo: «¿Crees que puedo estar escuchando constantemente tales tonterías? ¡Vete o bajarás las escaleras rodando de una patada!».

No hemos de dejarnos llevar por una actitud negativa y pensar que estamos envejeciendo a la par que nuestro cuerpo. Es fácil rendirse y acomodarse a la etiqueta, que tú mismo te has puesto, de viejo e inválido. Pero también puedes seguir el ejemplo del padre Guillermo y mirar a tu cuerpo frente a frente y decirle: «No me vas a impedir que viva plenamente».

El segundo mensaje que leo en las respuestas sin sentido del padre Guillermo a las preguntas de su joven hijo es que no es necesario limitar nuestras actividades a un área determinada. Puedes destacar como intelectual y como atleta, aunque muchas personas los consideren polos opuestos. He oído muchas veces que hay grandes escritores y grandes oradores, pero que no es posible ser las dos cosas a la vez. Estas personas me dicen que los escritores son gente introvertida que se comunica con las palabras y el papel, mientras que los oradores son gente extrovertida que se comunica con las personas y, por consiguiente, no suelen tener mucho talento para escribir.

Para mí esto tiene tan poco sentido, como para el padre Guillermo lo tenían las preguntas de su hijo, y por eso he elegido hacer ambas cosas, del mismo modo que puedo disfrutar escuchando música clásica y después pasármelo en grande con un partido de fútbol. Puedes ser un apasionado de la poesía y también de las novelas románticas. Puedes sentirte tan cómodo en un viaje por la realidad virtual en Disneylandia como en un grupo de debate sobre temas existencialistas. No es necesario que te encasilles para conocerte a ti mismo, ni que descubras cuáles son tus talentos naturales para dedicarte exclusivamente a ellos. Puedes disfrutar de un gran nivel de habilidad en casi cualquier área que decidas. Eres un ser ecléctico, no unidimensional. Cuando escuches las preguntas que te hacen esos jóvenes sabiondos que te ven como un viejo caduco y con pocas habilidades, ten presente al padre Guillermo, el intrépido personaje que Charles L. Dodgson creó con su extravagante e imaginativa mente, y que responde poniéndose cabeza abajo, sosteniendo una anguila sobre la nariz, o dando saltos mortales mientras desdeña bromeando a su joven crítico diciéndole: «¡No te des tantos aires! ¡Vete o bajarás las escaleras rodando de una patada!».

Te sugiero que literalmente tires por las escaleras todas aquellas actitudes que te identifiquen con un cuerpo envejecido o limitado. Para iniciar este proceso te sugiero:

• Habla con tu cuerpo y oblígalo a estar más activo, a pesar de sus objeciones. Si lo tienes acostumbrado a vivir como un teleadicto, se resistirá a caminar, a correr y a dejarse arrastrar a los ejercicios diarios. Toma nota de estas protestas y luego hazlo de todos modos.

• Frena el impulso a ponerte etiquetas que te limiten de alguna manera. Afirmaciones como «No se me da bien...» o «Nunca me ha interesado...» sólo sirven para reforzar una imagen de limitación. Puedes hacer bien y disfrutar de cualquier cosa si así lo deseas.

• Proponte un proyecto de automejora que esté diseñado para sacar el máximo provecho de tu mente, tu cuerpo y tu espíritu. Redacta un programa personal y aplícalo cada día.

• Toma clases de algo nuevo o que no te sea familiar, como tiro al arco, bridge, yoga, meditación, tai chi, baile o cualquier otra cosa que no hayas practicado antes.

Bondad

No llores, doncella, porque la guerra es buena.
Porque tu amado alzara abruptamente las manos hacia el cielo
y el corcel asustado huyera solo a galope tendido,
no llores, la guerra es buena.

Tambores del regimiento roncos y retumbantes,
pequeñas almas con sed de guerra,
hombres que nacieron para luchar y morir.
La gloria inexplicable ondea por encima de sus cabezas;
grande es el dios de la guerra, y su reino
un campo donde yacen miles de cuerpos sin vida.

No llores, pequeña, porque la guerra es buena.
Porque tu padre cayera en las trincheras amarillas,
con la ropa hecha jirones, bramando y sollozando,
no llores, la guerra es buena.

El rápido resplandor de la bandera del regimiento,
el águila con la cresta roja y dorada,
estos hombres nacieron para luchar y morir.
Indícales la virtud de asesinar brutalmente,
háblales sin rodeos de la excelencia de matar,
y de un campo donde yacen miles de cuerpos sin vida.

Madre, cuyo corazón humildemente cuelga como un botón
de la espléndida mortaja de tu hijo,
no llores, la guerra es buena.

Stephen CRANE
(1871-1900)

Stephen Crane, novelista, cuentista, poeta y corresponsal de guerra, conocido por su obra La roja insignia del valor, *murió a los veintinueve años y la obra que produjo en ese tiempo le aseguró un lugar permanente en la literatura estadounidense.*

Stephen Crane, el menor de catorce hermanos, vivió una vida breve pero intensa. Escribió acerca de lo que parecía repelerle y atraerle a un mismo tiempo. La violencia de las calles y sus víctimas fue el tema de su primera novela, *Maggie, una muchacha de la calle*, una historia solidaria sobre una inocente joven de los barrios bajos, sobre su degradación en la prostitución y su suicidio. En 1893, este tema suponía semejante tabú en la literatura que el propio Crane pagó los gastos de publicación del libro y tuvo que usar un seudónimo. En 1895 le siguió su historia clásica sobre los horrores de la guerra, *La roja insignia del valor*.

Escribió sobre su aversión a la violencia, su simpatía por las víctimas y los desheredados de la fortuna, y sin embargo sentía la misma atracción por experimentar en primera línea estas tragedias e informar de ellas: llegó a vivir un tiempo con el antiguo propietario de un burdel. La carrera de Stephen Crane como escritor y corresponsal de guerra por todo el planeta fue breve. Murió a los veintinueve años de malaria y tuberculosis, que contrajo en Cuba durante la guerra entre estadounidenses y españoles.

Para mí, este poema cargado de profunda ironía no es sólo un brutal ataque a la guerra y a todos sus horrores, sino un testimonio clásico contra la violencia de cualquier índole: la violencia que observamos diariamente en la falta de humanidad que el hombre demuestra con sus semejantes y la rabia y la furia que llevamos en nuestros corazones. Estas últimas son igualmente destructivas y también protagonizan los lamentos del poeta contra la guerra. Su irónico poema «La guerra es buena» es un comentario sobre lo que él llamó esas pequeñas almas con sed de guerra que hallan virtud en algo tan horripilante como asesinar brutalmente y en la excelencia de un campo lleno de cadáveres. Yo lo interpreto como una lección que me impulsa a mirar en mi interior y ver si aún queda algún resquicio de ese afán de gloria al que aspira el hombre por su falta de humanidad hacia sus hermanos. Es un importante recordatorio que permite que mi yo superior triunfe sobre su compatriota de clase inferior y suprime la curiosidad o fascinación que pueda sentir por la violencia de cualquier tipo.

Hay personas que empuñan armas y dejan doncellas llorando por todo el mundo, ya sea en los campos de batalla, en nuestros hogares, en las escuelas, en las calles o en los jardines de recreo. Todos ellos parecen ser hombres que nacieron para luchar y morir y, sin embargo, no creemos que nadie esté predestinado a semejante vida desde su nacimiento. Esto es el resultado de nuestra curiosidad y fascinación por la guerra y la muerte, por la rabia y la violencia, de modo que atraemos a nuestras vidas colectivas lo que más tememos. Vivimos, de forma más sutil, el mismo tipo de vida que el poeta Stephen Crane, atrayendo hacia nosotros lo que nos repele. Si no utilizamos bien a ese yo inferior, también seremos víctimas de esa búsqueda de gloria inexplicable del dios de la guerra y de su reino, donde yacen miles de cuerpos sin vida.

Nuestra fascinación por la violencia y su realización final se ve reflejada en nuestra afición a las películas de acción en las que el valor de la vida humana queda tan reducido que la muerte supone un entretenimiento. El lema de matar para tener al cliente contento influye poderosamente en la conciencia colectiva de los estadounidenses, tanto si nos damos cuenta de ello como si no. Defendemos la necesidad y el derecho de llevar armas y, por consiguiente, éstas se convierten en un artículo muy rentable. Una pistola para cada hombre, mujer o niño es la meta de esta industria, y cada día nos acercamos más a ella. No llores, la guerra es buena.

No obstante, hay mucho por lo que llorar y no faltan las lágrimas. Cada día, a todas horas, hay mujeres que gritan de angustia al ver caer a sus seres queridos víctimas de nuestra casi insaciable atracción por la guerra y la violencia gratuita. Los estadounidenses vivimos en la sociedad más violenta del planeta, en la que cientos de miles de personas son asesinadas y mutiladas cada año sin que nuestros dirigentes, que están tan ocupados castigando a otros por violar los derechos humanos, les dediquen la más mínima atención. No hace mucho, a los representantes oficiales de China que visitaron Estados Unidos no se les dio reconocimiento diplomático debido a las duras críticas que recibe su país por su postura hacia los derechos humanos. Esto me pareció tan irónico como el poema de Stephen Crane «No llores, doncella, porque la guerra es buena».

Para poder asestar un buen golpe a esta fascinación por la guerra, el crimen y la violencia, en primer lugar hemos de mirar en el fondo de nuestro corazón y dejar que nuestro yo superior triunfe sobre estas tendencias. Hemos de hallar ese lugar en nuestro interior en el que sabemos que todos estamos conectados por una inteligencia invisible y que es necesario vivir siendo conscientes de ella. Hemos de negarnos a participar en cualquier actividad en la que trivializar la violencia y la muerte se considere una diversión. Hemos de enseñar a nuestros hijos que no han nacido para luchar y matar, ni para alzar sus brazos al aire, en algún tipo de ritual egotista, para morir en la batalla como insignias rojas del valor. Hemos de educarles para despreciar la violencia y para que sepan aprender a controlar sus impulsos violentos, derivados de la excesiva necesidad del ego de triunfar en la batalla. Hemos de enseñarles a ellos y a nosotros mismos que es mejor cooperar que competir y enseñarles la gran sabiduría del refrán de los indios norteamericanos: «Ningún árbol tiene ramas tan estúpidas como para luchar entre sí».

Hemos de elegir a aquellos dirigentes que consideran una atrocidad que el mundo esté lleno de armas y municiones. Han de intentar por todos los medios, con verdadero valor, que se termine la fabricación de armas diseñadas para matar, desde las mortíferas bombas nucleares hasta las pistolas de bajo calibre. Si están diseñadas para causar la muerte, hemos de buscar otra alternativa. Por último, hemos de buscar en nuestro corazón para sofocar la atracción que siente nuestro yo inferior hacia la violencia y encontrar fascinación en la bondad y el amor.

«Todo lo que hemos de hacer es ser un poco más amables los unos con los otros.» Ésta fue la respuesta de Aldous Huxley cuando en su lecho de muerte le pidieron consejo para la humanidad, tras toda una vida dedicada al estudio y a la investigación sobre el espíritu humano. Palabras sencillas con una solución sencilla. Es indudable que la guerra no es buena. La solución es ser amable, no sólo con el mundo como colectivo, sino también en nuestra vida individual, que es donde empieza todo.

Para poner en práctica en nuestra vida esta toma de conciencia que sugiere el poema de Stephen Crane, empieza por:

• Evitar tu participación personal en películas, programas de televisión o lecturas que promuevan la violencia o menoscaben el valor de la vida humana haciendo que el asesinato o cualquier forma de violencia se convierta en una diversión.

• Enseña a los jóvenes a valorar la bondad por encima del asesinato. Explícales por qué no quieres que utilicen pistolas y armas de juguete. Explícales que pueden cambiar el mundo si en sus juegos eligen la bondad en vez de la muerte.

• Sé consciente de cuándo tienes impulsos violentos e intenta inclinar tus tendencias hacia el lado de la bondad. Al reconocer la rabia cuando ésta aparece, permitirás que tu yo superior empiece a domar las tendencias básicas del yo inferior.

• Apoya a organizaciones cuya misión sea erradicar la violencia sobre nuestro planeta. Hay muchas, desde las Naciones Unidas hasta grupos locales, que buscan a personas con tendencias más pacifistas para los puestos oficiales. Elige al menos una de dichas organizaciones para darle tu apoyo.

Risa

Pueden sonar todas las campanas del cielo,
cantar todos los pájaros celestiales,
brotar todos los manantiales de la Tierra,
soplar todos los vientos terrenales
reuniendo los más dulces sonidos.
Más dulce que todas las cosas,
que la mano de un arpista, que el canto de un pájaro,
que el sonido de los árboles del bosque
agitados por el viento al atardecer,
que el encantador susurro del agua de manantial,
que el viento en un día caluroso.

Todavía hay algo más, no hay nadie
que antes de oír su carillón
no conozca bien el más dulce sonido
escuchado por el hombre bajo el sol,
el que se espera en el cielo después de la muerte;
suave y fuerte, alto y fino;
el mismo sonido de la propia luz
que se escucha desde la cumbre de la mañana más rosada
cuando el alma del gozo
llena la risa clara de un niño.

El doblar de bienvenida de las campanas doradas
nunca emitió tales notas, ni marcó
las horas en tonos tan alegres y osados,
como una radiante boca de oro
repicando por el cielo.
Si el sencillo reyezuelo
fuera un ruiseñor, ¿cómo, entonces,
algo visto y oído por los hombres

227

podría ser la mitad de dulce
que la risa de un niño de siete años?

Algernon Charles Swinburne
(1837-1909)

Algernon Charles Swinburne, poeta y hombre de letras inglés, es conocido por su rebeldía contra las convenciones sociales y la religión victorianas, y por el espíritu pagano y los efectos musicales de su poesía.

Trata de imaginar los sonidos que Swinburne presenta al inicio de este poema sobre la risa de un niño. Intenta oír esas campanas y pájaros celestiales, los manantiales brotando de la tierra; los vientos, las arpas, los árboles susurrando y los cantos de los pájaros. En su mayor parte son sonidos melódicos naturales que traen a la mente la paz y la serenidad de la naturaleza. Los sonidos de Dios, si lo prefieres, que pueden deleitarnos cuando escuchamos con calma.

A Algernon Charles Swinburne, el prolífico poeta de mediados de la época victoriana, se le describe como un maestro de la música y el color de la palabra, términos que a mí me parecen fascinantes. Emplea su arte sin igual para comparar los más hermosos sonidos naturales de nuestro mundo con el sonido de la risa de un niño y termina diciendo que ¡son la mitad de dulces que la risa de un niño! Me encanta leer este poema, porque estoy totalmente de acuerdo con el poeta. No hay sonido más dulce que el de la risa, especialmente la de un niño.

Cuando nuestra hija pequeña, Saje, era niña, tenía la risa más contagiosa que jamás he escuchado. Si algo le parecía divertido, incluso cuando sólo tenía diez u once meses, se echaba a reír con estridentes carcajadas que surgían desde lo más profundo de su vientre. Cuando se producía este estallido de hilaridad, todos los miembros de la familia nos reuníamos a su alrededor e intentábamos que repitiera su maravillosa carcajada.

Hoy mismo, mi hijo pequeño, Sands, ha encajado un balón de fútbol en la rama de una palmera tras un impresionante *chut* en un campo de fútbol donde había varios cientos de personas. Tras intentar en vano recuperar la pelota lanzándole objetos, sugerí a mi amigo Steve alzarme sobre sus hombros para liberar el balón con un rastrillo. La visión de dos hombres adultos cogidos a un árbol haciendo equilibrios con un rastrillo ha hecho que mis hijos se partieran de risa.

Al final pudimos rescatar la pelota, aunque nos reíamos tanto que apenas podíamos controlar nuestros movimientos. Cuando la tarea hubo finalizado, vino un montón de gente a decirnos lo bien que se lo habían pasado con el espectáculo. Nuestros hijos nunca olvidarán lo divertido que fue resolver el problema haciendo el tonto, y lo que nos reímos.

La forma de cultivar el hábito de la risa y del sentido del humor sano es volver a entrar en contacto con el niño que hay en nuestro interior, sea cual sea nuestra edad cronológica. Muchas veces tendemos a equiparar cumplir años con volvernos más serios, como si ser maduro implicara reprimir nuestra risa infantil. Los oradores que me gustan son los que incluyen una considerable cantidad de humor en sus exposiciones, y me agradan especialmente los que se ríen de sí mismos, en lugar de reírse de los demás.

Todos los profesores hacia los que siento más respeto, tenían, sin excepción, un maravilloso sentido del humor y no les daba miedo manifestarlo en clase, independientemente de cuál fuera la asignatura, a menudo química, matemáticas o literatura. Me gusta frecuentar a la gente que se ríe a menudo y estrepitosamente y que provoca la misma reacción en mí. Todos mis hijos encajan en esa categoría. Cuando veo que sus rostros se iluminan con la risa, me estremezco de arriba abajo. De hecho, estar aquí sentado escribiendo estas palabras e imaginándome a mis hijos riendo hace que una oleada de buenos sentimientos recorra todo mi cuerpo. ¡El mero hecho de pensar en reírse es terapéutico!

Hay algo en la risa y en el sentido del humor que es extraordinariamente saludable. Me encanta la observación de Voltaire, que utilizaba magistralmente el humor y la sátira en sus escritos. «En la risa —dijo— siempre hay una especie de júbilo que es incompatible con el desprecio o la indignación...» Voltaire nos estaba recordando el valor del sonido de la risa, diciendo que es prácticamente imposible estar triste y reírse al mismo tiempo. Cuando te vayas a la cama por la noche y caigas en la cuenta de que ese día no te has reído demasiado, te recomiendo que te levantes y hagas algo divertido. ¡Probablemente eso ya hará que te pongas a reír! Cuando rías, observarás que te sientes mucho mejor física y emocionalmente.

Cuando a Norman Cousins le dijeron que padecía una enfermedad prácticamente incurable, un deterioro de la médula espinal que acabaría arrebatándole la vida, pidió a su familia que le llevaran al hospital todas las películas cómicas que pudieran encontrar. Cada día veía reposiciones de programas humorísticos de televisión, como el de los Three Stooges, Abbott y Costello y Jack Benny. Su terapia fue la risa. Su verdadera historia, *Anatomy of an Illness*, se convirtió en un *best-seller* en el que describía cómo se había curado de su enfermedad terminal gracias a la medicina de la risa. Cuando nos reímos, cambiamos literalmente la química del cuerpo. Introducimos en el torrente sanguíneo péptidos y endorfinas, que tienen un potente efecto curativo sobre el cuerpo. ¿No es fascinante que las lágrimas de la risa tengan una composición química tan distinta a las del llanto?

Swinburne escribió sobre la dulzura de la risa de un niño mucho antes de que existieran pruebas científicas médicas de la conexión cuerpo-mente o del valor medicinal de la risa, como tranquilizante o como estimulante sin efectos secundarios. Nuestro instinto nos dice que nos hemos de reír, que hemos de hacer que la vida sea divertida, que hemos de liberarnos de los pensamientos pesados y de las actitudes rígidas. Los sonidos naturales de las cosas que hay a nuestro alrededor —pájaros, árboles agitados por el viento, cascadas y lluvia— no son los únicos que ofrece la naturaleza, tal como indica Swinburne en su melodioso poema. Hay «algo visto y oído por los hombres» que también es natural.

Los sonidos de la diversión no sólo sanan al cuerpo, como Norman Cousins nos dijo, sino también al espíritu. Un antiguo proverbio oriental nos recuerda: «El tiempo que se pasa riendo es el tiempo que se pasa con los dioses». Todos tenemos el instinto natural de la risa. Todos queremos alegrar nuestra vida, sentirnos más conectados con los demás, sanar lo que está enfermo e influir en el mundo de una forma positiva. Una de las formas más básicas de lograr estos nobles ideales es pasar más tiempo divirtiéndonos y riéndonos a carcajadas. Tal como indica Swinburne: «...que se escucha desde la cumbre de la mañana más rosada cuando el alma del gozo llena la risa clara de un niño».

Realmente, cuando Saje era un bebé, nunca me había parado a pensar que sus magníficas carcajadas procedieran del «alma del gozo», hasta que leí varias veces este poema. Ahora sé que la inclinación natural hacia la risa y a dejarla brotar sin inhibición procede de un espacio divino en el interior de cada uno de nosotros.

Para poner en práctica la sabiduría de este poema, prueba estas sugerencias:

• Pasa algún tiempo observando cómo se relacionan los niños entre sí. Observa con qué frecuencia se ríen mientras juegan. Luego, recuerda que el niño que llevas en tu interior tiene las mismas inclinaciones. Sé más como un niño, no intentes controlar tanto tu vida y deja que ese niño que llevas dentro se exprese de formas divertidas.

• Si te consideras una «persona seria» o alguien que no tiene sentido del humor, cambia la etiqueta ahora mismo. No tienes por qué seguir anclado en ningún molde sólo porque te has acostumbrado a él.

• Haz un esfuerzo consciente para reírte más a menudo y no dejes pasar un día sin haberlo hecho. Esto es especialmente importante en los «días malos», como dijo Norman Cousins. Él cambió sus días malos por buenos gracias a la risa.

• Llena tu vida de actividades divertidas que puedan provocar risa: parques de atracciones, conciertos, comedias, películas divertidas, juegos. Este tipo de actividades te ayudará a reavivar en tu vida el efecto curativo de la risa. «Sé como un niño, sé como un niño.» Repite esta valiosa lección.

- Permítete estar un poco loco: esto animará tu vida. Cuando la gente te pregunte qué has tomado, les podrás responder: «¡Endorfinas!».

Visualización

En psicología hay una ley que dice que si formas una imagen mental de lo que te gustaría ser y la mantienes durante el tiempo suficiente, pronto te convertirás en lo que has imaginado.

William James
(1842-1910)

William James, filósofo, psicólogo y profesor estadounidense, fue un escritor excepcional en los ámbitos de la teología, la psicología, la ética y la metafísica.

William James era miembro de una familia increíblemente dotada. Su padre, Henry James senior, era un teólogo filosófico muy respetado que desarrolló su propia filosofía basándose en las enseñanzas de Emmanuel Swedenborg. El hermano de William, Henry, un año más joven que él, fue un novelista reconocido mundialmente, entre cuyas obras destacan *Daisy Miller, El retrato de una dama* y *Los embajadores*.

Muchos consideran a William James el padre de la psicología moderna. En esta breve sentencia nos ofrece una poderosa herramienta que podemos utilizar a diario en nuestras vidas. Es espléndida en su sencillez, y cuando se comprende plenamente es también uno de los grandes secretos para convertirnos en la clase de persona que nos gustaría ser. Sin embargo, debido a su sencillez, dejan de considerarla aquellos que atribuyen su infelicidad a factores como la mala suerte, los dioses, las circunstancias, la economía, la genética, la historia familiar o una interminable letanía de excusas para explicar sus fracasos y debilidades.

William James fue un orador muy solicitado en temas religiosos, filosóficos y psicológicos, que él personalmente transformó de filosofía no científica en ciencia de laboratorio. Abandonó la filosofía del determinismo, proclamando: «Mi primer acto de libre albedrío será creer en el libre albedrío». Al principio del fragmento citado emplea la expresión «En psicología hay una ley». Este proceso de crear una imagen mental suele recibir el nombre de visualización y se basa en la idea bíblica: «Como pienses, así serás». Esto trasciende la idea del pensamiento positivo. Si quieres que tu vida funcione de un modo totalmente nuevo, te animo a que descubras cómo trabaja esa ley para ti.

Pensamos en imágenes, al igual que soñamos en imágenes y no en palabras, frases u oraciones. Las palabras son símbolos que nos permiten comunicar o describir esas imágenes. Éste es el proceso de visualización que William James dice que podemos controlar a voluntad. Si puedes aprender a retener esas imágenes durante el tiempo suficiente, sin dejar que nada las debilite, podrás convertirlas en tu realidad. Te convertirás en un cocreador de tu existencia y de todo lo que acontezca en tu vida.

He escrito un libro sobre los nueve principios implicados en este proceso, *Construye tu destino*, y por eso he decidido no repetirlos aquí. Lo que haré es exponer las que yo denomino «cuatro erres» para poner en práctica esta idea a partir de hoy mismo. Aquí las tienes resumidas en una frase: *lo que realmente, realmente, realmente, realmente deseas, lo conseguirás*.

La primera «R» significa lo que *realmente deseas*. Ahí es donde tú formas la imagen de lo que te gustaría conseguir en la vida, como una promoción laboral, un coche nuevo, perder peso, dejar alguna adicción o cualquier otra cosa. Una vez se ha formado la imagen, la deseas viéndote en el trabajo, conduciendo un coche nuevo, con tu peso ideal o sin la adicción. Todo lo que manifiestas comienza con un deseo que tiene sus raíces en una visualización interna.

La segunda «R» representa lo que *realmente anhelas*. La diferencia entre tener una imagen mental de lo que deseas y un anhelo reside en tu voluntad de pedirlo. «Pedid y se os dará» no es una promesa vacía. Cualquier cosa que hayas deseado en tu imaginación, pide recibirla en voz alta, pero en privado. «Dios, pido tu cooperación para hacer que esta imagen mental se materialice.»

La tercera «R» significa lo que *realmente te propones*. Ahora vuelves a la imagen de lo que has deseado y pedido, y la enmarcas en una afirmación de propósito o voluntad. Algo parecido a: «Me propongo traer esta imagen mental a mi mundo con la cooperación de...», y la completas con el nombre con el que te refieres a la inteligencia creadora. Aquí no hay lugar para frases dubitativas como «si todo va bien» o «si tengo suerte». Una afirmación de propósito se basa en la ley que William James formula para ti al principio de este capítulo.

La cuarta «R» representa lo que sientes *realmente con pasión*, o lo que yo denomino el endurecimiento de la voluntad. No estás dispuesto a permitir que nadie te desanime en tu apasionada meta o que apaguen tu imagen. Te resistes a las opiniones negativas de los demás y guardas silencio en la medida de lo posible respecto a lo que intentas producir en tu vida. A esta pasión se refería William James al decir «la mantienes durante el tiempo suficiente». Los que realmente, realmente, realmente, realmente consiguen atraer a sus vidas lo que desean, no es porque tengan suerte, ni porque sus circunstancias creen sus deseos, sino porque tienen las «cuatro erres» trabajando sin cesar a su favor, en especial la cuarta, *realmente con pasión*.

Prácticamente todo en mi vida, incluyendo mis libros y cintas, son fruto de aplicar esta «ley de psicología». Todo empieza con un deseo. Este libro empezó con el deseo de escribir una interpretación de la gran sabiduría de las figuras que tanto he admirado durante toda mi vida y sobre lo que pueden ofrecernos hoy en día, aunque hayan dejado nuestro planeta. De hecho, vi la imagen de los distintos poemas y textos encabezando sesenta páginas de mis ensayos para ti, lector. Luego expresé ese deseo a mi esposa, a mi agente y a mi editor, al mismo tiempo que pedía el talento y la cooperación del universo para hacerlo realidad.

A esto siguió la intención de crear ese libro, que transmití a las distintas personas y departamentos del proceso de publicación. A algunos les gustó, otros se mostraron un tanto escépticos y me expusieron todas las razones por las que el análisis de la poesía no era muy popular, y otros me desanimaron. Yo tenía la imagen del libro y me encantaba la idea de introducir a aquellos grandes maestros en la vida de mis lectores.

Al final, venció mi pasión y me resultó imposible cerrar los ojos a la imagen que me había creado. Como dijo William James: «Pronto te convertirás en lo que has imaginado». Y aquí está, el libro, en tus manos. La clave es poner las «cuatro erres» en acción y utilizarlas de verdad.

«¿Qué es lo que no estabas dispuesto a hacer para que sucediera?» es mi respuesta a la pregunta que frecuentemente oigo cuando alguien pregunta por qué no se materializó algo que había imaginado. Cuando hay pasión y rechazas cualquier interferencia de fuentes externas, nada te puede detener. Según William James, ¡es una ley!

Para activar esta ley en tu vida, te sugiero que pongas en práctica las «cuatro erres». Éstas son mis sugerencias:

• Muéstrate dispuesto a desear todo aquello que quieres. Tienes derecho a compartir la abundancia del universo. Rechaza tus limitaciones y no te permitas considerarte indigno. Eres una creación de Dios y tienes tanto derecho a la prosperidad, el amor y la salud como cualquiera que haya vivido en este planeta.

• Expresa tus deseos en forma de petición al nombre o fase con el que te refieres a la inteligencia creadora a la que muchos llaman Dios. Muéstrate dispuesto a pedir ayuda y no te avergüences de poner por escrito tu petición o pronunciarla en voz alta. «Pedid y se os dará» no es una promesa vacía.

• Practica exponer tus peticiones en términos que no reflejen ninguna duda. Utiliza palabras como «haré», «podré», «me propongo», en lugar de camuflar tus deseos en la ambigua terminología del lenguaje que busca, pero que no espera recibir.

• Siempre que puedas no reveles tus imágenes ni tus intenciones de materializarlas. Cuando encuentres resistencia, en vez de desanimarte, transforma la respuesta negativa en la energía de tu pasión para iluminar la imagen de lo que deseas de modo claro y tangible.

La familia y el hogar

TECHOS
(PARA AMELIA JOSEPHINE BURR)

El camino es amplio, las estrellas están afuera y el aire de la noche es dulce.
En este momento el ansia de conocer mundo debería apoderarse de mis pies.
Pero me alegra regresar del camino y de sentir la luz de las estrellas en mi rostro,
y cambiar el esplendor de la noche abierta por un hogar.
Nunca he visto un vagabundo al que realmente le gustara
vagar de aquí para allá por las calles del mundo
sin tener un hogar:
aquel que ayer durmió en tu granero
y que al amanecer partió
andará errante hasta encontrar otro lugar.

Un gitano dormirá en su carro cubierto con una lona;
o entrará en su tienda cuando sea hora de dormir.
Se sentará en la hierba y descansará sobre ella mientras el sol esté en el cielo,
pero cuando oscurezca querrá un techo para cobijarse.

Si llamas a un gitano vagabundo, creo que haces mal,
puesto que él nunca viaja, sino que lleva su casa a cuestas.
Y la única razón por la que un camino es bueno,
como todo vagabundo bien sabe,
es por los hogares, los hogares a los que éste conduce.

Dicen que la vida es una carretera y que sus mojones son los años,
y que, de vez en cuando,
hay un peaje donde pagas con lágrimas tu paso.
El camino es duro y empinado, y se extiende
a lo ancho y a lo largo,
pero al final conduce a una ciudad dorada de casas doradas.

Joyce KILMER
(1886-1918)

Joyce Kilmer, poeta norteamericano, recordado principalmente por su poema Árboles, *murió en combate en Francia durante la Primera Guerra Mundial.*

Aunque el sargento Joyce Kilmer es conocido principalmente por su poema de doce líneas que empieza «Creo que nunca veré un poema tan encantador como un árbol», he elegido este poético tributo al hogar que, por deducción, es una invitación a valorar y apreciar todo lo que éste conlleva, especialmente la familia y los seres queridos. Bajo esos techos que Joyce Kilmer elogió en este poema se encuentra aquello a lo que todos hemos de prestar más atención, porque es la mayor fuente de amor de la que dispondremos durante nuestra vida. Esos techos cubren nuestros lugares de descanso. Para la mayoría de las personas, el hogar posee un profundo significado. Representa el ancla de nuestro paso temporal por la Tierra. Simboliza una sensación de seguridad: los que viven en él con nosotros nos ayudan a orientarnos a través de las incertidumbres de un mundo lleno de extraños. Aunque para muchas personas la vida hogareña está lejos de ser idílica, a pesar de todo parece existir una sensación de seguridad universalmente asociada a tener un hogar al que regresar, por muy lejos que decidamos ir.

He viajado por todo el planeta y he visto casas de todo tipo: las chozas de hierba de Polinesia y los iglúes en la tundra helada, personas compartiendo pequeños apartamentos en Hong Kong y otros que han elegido vivir en tiendas en el desierto. Incluso los que llevan la etiqueta de «sin hogar» suelen tener algún lugar favorito, ya sea una caja grande o un rincón propio debajo del puente de una autopista. La tendencia universal parece ser hallar algún cobijo que proporcione comodidad y seguridad y al que podamos llamar hogar.

Joyce Kilmer escribe sobre estas dos tendencias unificadoras humanas, la de vagar y la de tener un lugar al que regresar. En realidad, está diciendo que es fantástico estar en la carretera, pero que no hay nada como el hogar. Este poema me atrae por mi naturaleza errante, pero también por mi pasión por el hogar. De algún modo transmite una forma de combinar estas dos tendencias en apariencia irreconciliables presentes no sólo en mí, sino en la mayoría de las personas que conozco y en las que me escriben.

A todos nos gusta ver mundo, viajar, levantarnos y partir. Existe la fantasía, bastante común, de errar libremente, como un vagabundo sin empleo, soltando las amarras que nos paralizan. No obstante, al mismo tiempo, como dice el poeta: «La única razón por la que un camino es bueno, como todo vagabundo bien sabe, son los hogares, los hogares a los que conduce». Dondequiera que uno vaya verá a las gentes retirándose a sus cobijos, y esto sin duda nos hará sentir añoranza.

«Techos» nos exhorta a apreciar ese lugar de cobijo y bienestar al que llamamos hogar, a que miremos a nuestro alrededor y demos gracias por estar a salvo, no sólo de los elementos, sino del temor a no tener una casa. Además, estas estructuras a las que denominamos hogar son algo más que el lugar y los materiales con los que están construidas. Bajo esos techos se encuentran las personas que más se preocupan por nosotros, las que han estado dispuestas a mantenernos, las que siempre están allí por mal que vayan las cosas.

He conocido a personas que se muestran más amables con los extraños que con quienes viven bajo su propio techo, que son quienes más se preocupan por ellas.

Muchos de nuestros problemas y desdichas proceden de no saber relacionarnos con las personas con las que compartimos techo. No obstante, en general existe un vínculo muy fuerte entre los miembros de una familia que comparten el mismo hogar. Pienso en mis hermanos, con los que no vivo desde hace décadas y a los que apenas veo, y sin embargo el tiempo que pasamos bajo el mismo techo nos unió en un círculo de amor que jamás se romperá. Un hogar simboliza ese sentimiento de conexión con los demás que no se puede medir de ninguna forma. Es un sentimiento de unidad con quienes comparten ese espacio. Joyce Kilmer te pide que atesores ese sentimiento y que aprecies aquello que tú denominas hogar y a todas las personas con las que tengas la oportunidad de vivir entre esas paredes y bajo ese techo.

Pero debes sucumbir también a tu deseo de viajar, tomar la carretera principal y conocer todo lo que puedas; pero mientras estés en ruta, sé consciente de que a los lados o al final de esas grandes vías hay lugares que para algunas personas son su hogar. Por lo tanto, cuando regreses y te acerques a casa, detente antes de abrir la puerta y saborea ese sentimiento de gratitud, no sólo por tener un hogar al que volver, sino por quienes lo construyeron para ti, para que pudieras crecer y vivir todas tus experiencias, buenas y malas, fáciles y difíciles. Sé hoy un vagabundo y regresa luego al hogar. Se invirtió mucho amor, cuidado, alimento, trabajo y energía para protegerte y para que pudieras llegar a ser autosuficiente. Un hogar representa todos esos cuidados y todo ese amor.

El poeta que escribió estas sentidas líneas fue sargento de las fuerzas armadas de los Estados Unidos durante la Primera Guerra Mundial. Este sensible joven que marchó como voluntario lejos de su casa en New Brunswick, Nueva Jersey, cayó en acto de servicio en Francia en 1918, a la temprana edad de treinta y un años. Las últimas líneas de este poema parecen proféticas: «El camino es duro y empinado, y se extiende a lo ancho y a lo largo, pero al final conduce a una ciudad dorada de casas doradas».

No puedo imaginar una carretera final más abrupta o empinada que las trincheras de la Primera Guerra Mundial; y sin embargo, de algún modo el sargento Joyce Kilmer sabía de un hogar aún más magnífico, donde reside el alma. Esto se evidencia en las últimas líneas de este poema, así como en «Árboles»: «Los poemas son creados por tontos como yo, pero sólo Dios puede crear un árbol».

A continuación he aquí algunas sugerencias para poner en práctica este mensaje:

• Dedica unos momentos al día a valorar el entorno inmediato al que denominas hogar, independientemente de lo grande o humilde que sea. Da gracias a quienes te lo han proporcionado, a quienes lo comparten contigo y a Dios por la bendición de darte un refugio.

242

• Haz todo lo que puedas para ayudar a aquellas personas que no tienen hogar. Aunque algunas puedan haber elegido ser vagabundas y tener cada día un sitio nuevo al que llamar hogar, hay otras que no lo tienen y no es por gusto. Haz algún servicio, económico, espiritual o físico, en beneficio de aquellos a quienes les gustaría tener un lugar más estable al que llamar hogar.

• Enseña a respetar el hogar a quienes lo comparten contigo, no sólo por sus atributos físicos, sino por el espacio de cobijo y amor que representa.

Soledad

SOLEDAD

Ríe y el mundo reirá contigo.
Llora y llorarás solo.
La afligida y vetusta Tierra ha de pedir prestada su alegría,
puesto que no son pocos sus problemas.
Canta y las colinas responderán.
Suspira y se perderá en el aire.
Los ecos se unen a un sonido de júbilo,
pero se encogen ante la expresión del pesar.

Regocíjate y los demás te buscarán.
Laméntate y dándote la espalda se irán.
Quieren todo tu placer,
pero no tu lamento.
Alegre, tendrás muchos amigos.
Triste, los perderás todos.
Nadie rechazará tu exquisito vino,
pero en soledad beberás la hiel de la vida.

Festeja y tus salones estarán abarrotados.
Ayuna y el mundo pasará de largo.
Triunfa y da, y te ayudarán a vivir,
pero nadie te ayudará a morir.
Hay sitio en los salones del placer
para un largo y señorial tren,
pero uno a uno todos hemos de pasar
por los estrechos corredores del pesar.

Ella WHEELER WILCOX
(1850-1919)

Ella Wheeler Wilcox, cuya teatral personalidad la llevó hacia el espiritismo, la teosofía y el misticismo, nació en Wisconsin y fue muy querida por los lectores de sus volúmenes de poesía y sus columnas de prosa y poesía publicadas por todo el país.

El título de este poema es «Soledad», pero creo que sería más adecuado «Actitud». Lo que Ella Wilcox nos está transmitiendo a través de este poema frecuentemente citado es que la actitud que decidas adoptar reflejará justamente lo que atraerás a tu vida. Piensa en la tristeza y atraerás el vacío. Piensa en la alegría y el mundo reirá contigo. Este poema de hermosa sencillez es también una presentación elemental de la teoría del campo de energía, escrita antes de que se descubrieran dichos campos.

En esencia, esta teoría dice que existe un campo de energía vibratoria invisible alrededor de todas las cosas vivas, incluidos los seres humanos. Este campo es creado por nuestra forma de pensar y de procesar nuestras experiencias dondequiera que estemos. En ciertos niveles de la conciencia, este campo vibra muy deprisa. En otros, vibra muy despacio. Hay un continuo a lo largo del cual los distintos niveles de conciencia son responsables de crear el campo de energía.

Cuando estamos cerca de otra persona nos encontramos con diferentes campos de energía. Cuando hay una energía fuerte y continua durante largos períodos de tiempo, incluso aunque esas personas no estén presentes, el campo de energía puede seguir siendo intenso. Por ejemplo, a menudo nos sentimos tristes o contentos sin darnos cuenta de que hemos entrado en un campo energético invisible. Mientras visitaba la casa de Anna Frank en Amsterdam, casi me tenía que obligar a respirar. El aire parecía muy pesado en aquel lugar, que ahora es un museo visitado por millones de personas que acuden allí para compartir esa historia.

La energía del júbilo también permanece en los lugares donde éste abunda. En presencia de personas muy avanzadas espiritualmente, se puede sentir amor y experimentar un cambio interior por el mero hecho de estar en su campo de energía. Ella Wheeler Wilcox, sin saberlo, captó la esencia de esta teoría con esas dos famosas líneas iniciales: «Ríe y el mundo reirá contigo. Llora y llorarás solo».

Hace muchos años, un día, mientras caminaba por la playa, tuve una experiencia que ilustra el mensaje de este popular poema. Se me acercó una mujer que se acababa de trasladar de Chicago a Florida, porque me había visto en la televisión la noche anterior y me había reconocido. Me preguntó: «¿Vive aquí, en el sur de Florida?». Le dije que sí y que estaba dando un paseo después de haber estado viajando toda la noche. Entonces me hizo una pregunta bastante común: «¿Cómo es la gente por aquí?». Yo le respondí con otra pregunta: «¿Cómo es la gente en Chicago?». Me regaló una amplia sonrisa y me dijo lo amable y cálida que era la gente en la región central de los Estados Unidos, y yo le respondí inmediatamente: «Eso es lo que va a encontrar aquí».

En mi paseo de regreso por esa misma playa, una mujer que se acababa de trasladar desde Nueva York por razones laborales de su esposo me abordó para decirme que me había visto en la televisión la noche anterior y que le había gustado mucho el programa. Entablamos conversación y me hizo la misma pregunta que acababa de escuchar hacía sólo una hora. Como es natural, le respondí con la misma pregunta: «Cómo es la gente en Nueva York?». Entonces soltó una larga retahíla de adjetivos para describir lo insensible, cerrada y arisca que era la gente en la gran ciudad, y le respondí: «Eso es lo que vas a encontrar aquí». Atraemos a nuestra vida lo que proyectamos con nuestras actitudes. En general, los que creen que el mundo es una cloaca ven las sabandijas, mientras que los que creen en la bondad de la humanidad ven a los demás con la misma mentalidad.

Muchas personas se quejan de la mala calidad de los servicios en los Estados Unidos. «No se puede encontrar un buen servicio» es una queja que escuchamos a diario. De hecho, *Time* publicó una historia sobre el declive de los servicios en todos los campos, desde las tiendas y restaurantes hasta la reparación de relojes. No hace mucho, en un programa de televisión donde todos los asistentes coincidían en la mala calidad de los servicios, yo era el único en desacuerdo. Expliqué que mis expectativas atraían lo que yo esperaba. Cuando entro en cualquier tienda o restaurante, estoy seguro de que me van a tratar con educación y alegría, y eso es lo que suelo conseguir. Si no puedo encontrar a un vendedor para que me atienda, me niego a contaminar mi campo de energía con pensamientos de descontento y rechazo. En vez de eso, empiezo a enviar la energía que deseo encontrar. Si tropiezo con un camarero con mala cara, inmediatamente le llevo a mi campo de energía con una frase como: «Parece que ha sido un día duro. ¡Lo entiendo y ha sido recompensado con un cliente que le aprecia y que se da cuenta de lo duro que es su trabajo! Tómese su tiempo». ¡Y quién lo iba a decir!, la poetisa tenía razón: «Alegre, tendrás muchos amigos. Triste, los perderás todos».

Tu campo de energía irradia en la frecuencia vibratoria que generes. Estás produciendo un impacto y también estás recibiendo los impactos de muchos campos de energía cada día. «Niégate a emplear energía en las cosas que no quieres o en las que no crees», es un gran consejo. Cada vez que optas por llorar en lugar de reír, suspirar en vez de cantar, sufrir en vez de disfrutar, estar triste en vez de estar alegre, ayunar en vez de darte un festín o quejarte en lugar de gozar, estás eligiendo bajar la frecuencia de tus vibraciones y contaminar tu campo de energía mental más próximo.

Cada mañanas, cuando ves la luz, puedes elegir entre decir: «Buenos días, Dios» o «Santo Dios, ya es por la mañana». Según elijas, así será la energía que invitarás a tu vida. En realidad, «Hay sitio en los salones del placer para un largo y señorial tren». Recuerda el poema de Ella Wheeler Wilcox, mientras aumentas la frecuencia de la vibración de tu campo de energía haciendo estos ajustes en tu actitud:

• Cuando sientas alguno de los estados negativos de este poema, como la tristeza, el suspiro y el llanto, pregúntate: «¿Quién quiere estar conmigo cuando estoy así?», y empieza a cambiar ese estado con tu voluntad.

• Cuando eliges cambiar de estado de ánimo, aunque tengas que fingirlo, observa cómo empiezas a atraer lo que deseas a tu campo energético. El imán en que te estás convirtiendo puede estar cargado positiva o negativamente, y lo que elijas determinará lo que entre en tu espacio vital.

• Cuando entres en un campo donde hay mucha energía negativa, haz un esfuerzo para desviarla actuando de forma totalmente opuesta. Sonríe en situaciones en las que todos los que te rodean fruncen el entrecejo, e irradia alegría en vez de críticas.

• Anímate; cuanto más animado estés y más te desapegues de la arrogancia, más diversión atraerás a tu vida. Tenemos el control absoluto de toda la felicidad y el goce que experimentamos, por mucho que nos hayamos convencido de lo contrario.

Misterio

He observado el poder de la semilla de la sandía, capaz de extraer de la tierra y repartir por su cuerpo 200.000 veces su peso. Cuando me puedas decir cómo toma esta materia y crea los colores de su superficie, trascendiendo cualquier imitación del arte, y luego forma en su interior una corteza blanca y dentro de ella un corazón rojo, abarrotado de semillas negras, cada una de ellas capaz de reproducir 200.000 veces su peso, cuando puedas explicarme el misterio de la sandía, podrás pedirme que te explique el misterio de Dios.

William Jennings Bryan
(1860-1925)

William Jennings Bryan, líder político y orador norteamericano, fue uno de los conferenciantes más populares del circuito de Chautauqua y quizás el fiscal más conocido en el célebre juicio de Scopes.*

Siempre que leo esta observación de William Jennings Bryan sobre el poder de la semilla de sandía siento una profunda admiración y gratitud por los innumerables milagros que se producen en todas las cosas y en todas las personas que observo. Aunque no se le considera un poeta, un filósofo o un enviado espiritual, he incluido a Bryan en esta recopilación por este escrito sobre el misterio de la vida y el mensaje que encierra para cada uno de nosotros.

---

* John Thomas Scopes fue un profesor de instituto estadounidense que fue procesado por enseñar en la escuela la teoría de la evolución de Darwin. Su juicio pasó a la historia como «juicio de Scopes» o «el juicio del mono». (*N. de la T.*)

William Jennings Bryan fue considerado el orador más apasionante de su época. Perdió tres elecciones a la presidencia de los Estados Unidos por márgenes bastante pequeños y ostentó el cargo de secretario de Estado bajo la presidencia de Wilson. Sin embargo, por lo que más se le recuerda es por haber sido ayudante del fiscal en el famoso juicio del mono de Scopes en 1925, donde pronunció una magistral disertación sobre la interpretación literal de la Biblia y defendió la doctrina de la creación divina.

No obstante, este ensayo no pretende que te definas respecto al darwinismo y el creacionismo. Es un ensayo acerca del misterio de la vida y lo que ésta nos enseña para aprender a vivir en un nivel superior. El poder que encierra la semilla de la sandía es invisible, y sin embargo no se puede negar. Tiene en verdad un poder sorprendente, como lo ilustra la observación de Bryan de que es «capaz de extraer de la tierra y repartir por su cuerpo 200.000 veces su peso» y producir una creación perfecta «trascendiendo cualquier imitación del arte».

Apenas alcanzamos a comprender una creatividad así. Sabemos que nosotros no podemos hacer semejante cosa. Sentimos la perfección que existe en cada semilla para producir la vida, sin cometer ni un solo error. ¡La sandía nunca comete el error de producir involuntariamente una calabaza o una manzana! Esta fuerza que nadie puede ver, tocar, oler, oír o saborear es perfecta. Permíteme llamar a este poder invisible y perfecto la fuerza del futuro, a falta de otra definición mejor. Esta misma fuerza de futuro que se encuentra en la semilla es responsable también del principio de todos los seres humanos que han vivido en cualquier parte y en cualquier época en este universo, ¡incluido tú!, y creo que en esto tampoco ha habido nunca un error. Cada uno de nosotros se manifiesta exactamente como esa misteriosa fuerza del futuro dictamina, a su debido tiempo, según un orden, con el aspecto que ha sido determinado y destinados a marchar cuando sea la hora.

No obstante, nosotros, a diferencia de la semilla de la sandía, estamos sujetos a una enorme paradoja. Por una parte, estamos sometidos a la fuerza del futuro en lo que respecta a la estructura celular de nuestra simiente original, al igual que la sandía, y al mismo tiempo somos criaturas que eligen y poseen libre albedrío. De ahí que para nosotros el misterio vaya más allá que el de la sandía. Hemos de contemplar la paradoja de estar predestinados a elegir. Los humanos somos conscientes de esa misteriosa fuerza del futuro y nos preguntamos hasta qué punto somos atraídos hacia un final sobre el que no tenemos ni voz ni voto.

F. Scott Fitzgerald, que fue contemporáneo de William Jennings Bryan, describió esta paradoja: «La prueba para medir la inteligencia de primera clase es la habilidad para mantener dos ideas opuestas al mismo tiempo en el pensamiento y aun así conservar la capacidad para actuar. Uno debería, por ejemplo, ser capaz de ver que las cosas no tienen solución y, sin embargo, estar dispuesto a mejorarlas». Me parece que la lección que encierran los comentarios de Bryan y Fitzgerald es que hay que elegir la vida al tiempo que aceptamos con serenidad que la misteriosa fuerza del futuro está haciendo aquello que se supone que ha de hacer mientras nuestros cuerpos envejecen y mueren. Por ende, somos responsables y no lo somos, ambas cosas a un mismo tiempo, y está bien que estos dos opuestos coexistan.

Con esta actitud mental te liberas de la preocupación acerca de lo que le está ocurriendo a tu forma y a las formas que te rodean. Abandónate en manos de esa misma fuerza del futuro que se halla en la simiente de la sandía, y serás libre de presenciar estos místicos sucesos con amor, aceptación y sin temor.

Es una gran experiencia permanecer en un estado de aceptación metafísica. En este estado ves todas las cosas, incluso tu propio cuerpo, con un gozoso desapego. Éste es el tema principal de todos los poetas y filósofos citados en este volumen que expresan esta verdad inmortal: existe la vida que experimentamos con nuestros sentidos y está la vida invisible que experimentamos en nuestro interior, que trasciende nuestros sentidos. Todos nos aconsejan que seamos conscientes de esa misteriosa fuerza de futuro y que escojamos entre apreciarla o juzgarla y sentirnos confusos.

Mientras reflexionas sobre las palabras de William Jennings

Bryan y el enigma de la semilla de la sandía, date cuenta de que esa misma fuerza también está en tu interior. Tú eres parte de ese drama que crea formas millones de veces más grandes que la semilla que las originó. Tu conciencia de ese proceso te da en apariencia ventaja sobre la sandía. A diferencia de ésta, tú sabes que tu forma seguirá el plan descrito y que luego se convertirá en polvo. Tú posees el mayor de los regalos, una mente consciente para contemplar todo esto y para ser feliz o desdichado al valorarlo.

Te sugiero que adoptes la actitud de aceptar tu forma y tu fuerza de futuro, y elijas identificarte con el verdadero «aceptador» interior; no con el centro de mando, sino con el que está al mando, que es insensible a las fronteras y a los principios y finales. Tu regalo es tu conciencia. No necesitas explicar el misterio de Dios, puesto que incluso una pequeña semilla contiene una fuerza invisible del futuro que nos abruma. Es mucho más razonable ser conscientes de esta presencia, sentirla en nuestro interior y permitirnos la gran dicha de estar conectados con ella.

En lugar de permanecer en un estado de confusión sobre el que puedes tener control o no tenerlo y al que denominas destino, es mucho mejor rendirse y estar dispuesto a tener simultáneamente dos ideas opuestas en la mente. Vives a la vez en un cuerpo con límites y en un mundo interior sin fronteras.

Practica esta gratitud hacia el misterio de la vida con las siguientes sugerencias:

• Cada vez que sientas que caes en la tentación de emitir algún juicio o preocuparte, emplea tu mente para cambiar de dirección. La afirmación «Este mismísimo momento es un milagro, al igual que todo lo que me rodea» te permitirá canalizar tus pensamientos hacia la gratitud en lugar de hacia la ansiedad.

• Recuérdate a diario que todo sigue un orden perfecto. La semilla de la sandía, la simiente que te originó y la que creó el universo contienen una fuerza de futuro independientemente de lo que opines al respecto. Se trata de un sistema inteligente del que tú formas parte, y confiar en esa inteligencia es mucho más grati- ficante que cuestionarla o incluso intentar comprenderla.

• Procura ser menos racional e intelectual en tu vida y en el modo en que la organizas. Abandona la tendencia a calcular y per- mítete ser arrastrado por esa fuerza que es la fuente de tu vida. Y por cierto, saborea la suculenta sandía en lugar de intentar com- prenderla.

Trabajo

Cuando trabajáis, sois una flauta a través de cuya alma el murmullo de las horas se transforma en melodía. Amar la vida a través del trabajo es estar iniciado en su más íntimo secreto. Todo trabajo es inútil, salvo cuando hay amor, porque el trabajo es amor hecho visible.

Jalil GIBRAN (1883-1931),
El profeta

Jalil Gibran, místico, poeta, dramaturgo y artista libanés, vivió en los Estados Unidos a partir de 1910.

Si me viera obligado a expresar en porcentajes qué parte de mí es visible y qué parte invisible, me dividiría de este modo: uno por ciento visible, noventa y nueve por ciento invisible. Ésta es mi conclusión, basada en el antiguo recordatorio bíblico: «Como pienses, así serás».

Nuestros pensamientos, esa parte invisible de nuestra condición humana, lo determinan todo en nuestro yo físico y visible, que es la principal porción de nuestra existencia terrenal. En él también, en el dominio invisible, descansa esa parte de nosotros que es real, el aspecto que denominamos alma o el yo eterno e inmutable; ese aspecto del individuo que desafía a la muerte. Ahora dedica unos momentos a pensar en tu yo de este modo. Contémplate como un uno por ciento material y un noventa y nueve por ciento espiritual.

Si ya tienes presente esta imagen, recuerda que todo tu trabajo representa sólo una pequeña cantidad de ese uno por ciento. Quizá menos de una cuarta parte de ese uno por ciento de nuestra condición humana está dedicada a la actividad física denominada trabajo. No obstante, nuestros pensamientos respecto al trabajo ocupan la mayor parte de nuestra mente. Nuestros pensamientos, el alma, que proceden de ese noventa y nueve por ciento restante nos acompañan siempre. Gastar la energía de nuestra vida en el trabajo que hemos elegido, sumiendo a nuestra alma en el descontento, la ira y la frustración de este reino material de la existencia, supone haber invertido completamente nuestras prioridades. Si somos en un noventa y nueve por ciento invisibles, el amor debería ser la máxima autoridad.

Tus pensamientos respecto al trabajo que estás haciendo suponen un noventa y nueve por ciento de quien eres realmente. Cuando odias tu trabajo, ese elevadísimo porcentaje de tu esencia humana es dirigido hacia el uno por ciento de tu humanidad. Esos pensamientos se originan en el lugar donde residen los sentimientos de paz interior. Jalil Gibran lo llama «su más íntimo secreto». Si no te gusta lo que haces ni haces lo que te gusta, has preferido la estridencia a la música.

No hay excusa para mantener una situación en la que no haces lo que te gusta ni te gusta lo que haces. Tienes dos sencillas opciones: *a*) cambiar lo que estás haciendo y hacer algo que te guste, o *b*) cambiar lo que sientes respecto a lo que estás haciendo actualmente para reflejar el amor que deseas que rija tu vida. Continuar sin tomar ninguno de estos caminos es sacrificar la mayor parte de tu vida para satisfacer a ese menos del uno por ciento de tu condición humana.

Cuando vienes a este mundo, tu trabajo nace contigo. Naces con una misión en particular y el deseo de realizar ese trabajo fue infundido en tu corazón en el momento en que llegaste. Si no puedes sentirte conectado con esa meta porque has elegido hacer algo que no te gusta, sin importar qué te llevó a ello o por qué continúas haciéndolo, puedes obtener un gran beneficio escuchando el poético consejo de este gran poeta libanés, Jalil Gibran. Sean cuales fueren los riesgos, tu condición como ser humano y tu alma están en juego.

Sé que es muy fácil rechazar este consejo. Todos podemos hallar muchas razones prácticas y convincentes para no hacer lo que nos gusta, pero el mensaje del poeta no podrá ser silenciado. «Todo trabajo es inútil, salvo cuando hay amor.» Si quieres sentirte vacío y sacrificar la música de tu alma en un día a día sin amor en nombre del pragmatismo, habrás elegido abandonar la meta específica para la que has venido a este mundo.

Si, por el contrario, deseas sentirte en el trabajo como si fueras «una flauta a través de cuyo corazón el murmullo de las horas se transforma en melodía», te invito a que cambies tus percepciones internas respecto a la razón por la que estás trabajando. Tu primera razón probablemente tendrá relación con el dinero. Crees que has de hacer aquello para lo que te has formado o lo que siempre has hecho para que siga fluyendo el dinero. Te pido que desafíes esta idea, que no es más que un dictamen de tu condicionamiento cultural.

Te sugiero que intentes hacer lo que más te gusta, lo que tu alma te impulsa a hacer, y a que compruebes si después no le sigue el dinero. En un antiguo texto sagrado hindú, el *Bhagavad Gita*, Dios (Krishna) le dice a su discípulo (Arjuna): «Mientras los necios trabajan por los frutos de sus acciones, los sabios me los entregan a mí». El mensaje es que, en el trabajo, has de hacer lo que te gusta, aquello con lo que realmente disfrutas, y dejar que el universo se ocupe de los detalles. Debes saber en el fondo de tu corazón que hacer lo que te gusta y disfrutar con lo que haces es muy superior a gozar de lo que puedas producir o la compensación que recibas por tu labor.

Lee el consejo de Gibran y reflexiona sobre la dicha y la alegría que te puede ofrecer. Eres una flauta y tu trabajo es amor manifestado. Cuanto más difuminada esté la línea entre trabajo y diversión, más seguirás el consejo del poeta.

Personalmente no hago distinciones entre trabajo y placer. Me resulta muy difícil separarlos. Sigo mis principios haga lo que haga y dejo que los demás determinen si estoy trabajando o si me estoy divirtiendo. Cuando escribo, soy feliz porque estoy haciendo lo que me gusta. Sencillamente, no sabría decir si es trabajo o diversión. Lo mismo me sucede cuando hablo, juego al tenis o retozo con mis hijos. Siempre me parece estar haciendo ambas cosas, divertirme y trabajar.

De hecho, el trabajo es la manifestación del amor. No puedo ofrecer un consejo mejor que el que nos transmite Gibran. Haz lo que te gusta y disfruta con lo que haces. Puedes empezar ahora si quieres. Para ello, prueba estas sugerencias:

• Toma la decisión consciente de dejar de ver defectos en tu trabajo diario. Practica la gratitud por tener la oportunidad de trabajar. Envía amor a cada persona con la que te relaciones y haz que estar alegre sea un acto consciente por tu parte, preocuparte de cómo lo reciban los demás.

• Arriésgate a realizar un cambio importante, independientemente de cuál sea tu edad. Piensa qué es lo que más te gusta hacer en la vida, ya sea bailar, la jardinería, escribir o hacer crucigramas. Luego diseña un plan para hacer de esta actividad tu trabajo/diversión durante una semana o dos. Antes de darte cuenta habrás superado los condicionamientos culturales que dicen que el trabajo es una obligación y que supone una actividad pesada y aburrida pero necesaria para pagar las facturas. Aprende la lección que Jalil Gibran escribió para ti: «El trabajo es amor hecho visible».

• Cuando decidas hacer lo que te gusta y disfrutar con lo que haces, despréndete de la tentación de prever el desastre. Concéntrate en tu meta y en la dicha de vivir y rechaza los pensamientos que puedan entorpecer tu punto de vista. Recuerda que el amor que sientes por lo que haces es un pensamiento.

• Cuando estás inspirado en tu trabajo, todo parece salir bien. No piensas en la falta de dinero, en el cansancio o en el hambre. Tu inspiración parece conseguir que todo lo que necesitas aparezca en el momento preciso, como si Dios estuviera contigo, guiándote en el camino. La palabra «inspirar» deriva de la expresión «en espíritu». En realidad, cuando estás inspirado te encuentras en un estado de beatitud, puesto que estás trabajando con el espíritu y para el espíritu.

• Puedes considerar el trabajo como una labor cotidiana de tu vida. Practica hacer con amor cada una de las llamadas tareas cotidianas. Observa el espíritu, la vida, el alma, ese noventa y nueve por ciento de ti que es invisible, mientras barres, haces la cama, vas de compras, coges un lápiz, etc. Dirigir tu atención cariñosa hacia cada movimiento físico que realizas es una forma muy bella y práctica de amar la vida a través del trabajo.

Inspiración

Si conservas tu juicio, aunque los otros
estén perdiendo el suyo, y te culpen de ello.
Si crees en ti mismo, aunque otros duden,
pero eres indulgente ante sus dudas.
Si sabes esperar pacientemente
y, aun viviendo rodeado de mentira,
la mentira nunca está en tu boca.
Si eres a un tiempo odiado y no respondes con iguales armas
y no te muestras falsamente santo
ni finges al hablar mucho talento.

Si puedes soñar, sin que te domine el sueño,
y pensar, sin ser esclavo de la mente.
Si eres inmune al triunfo y al fracaso
y tratas a esos dos impostores del mismo modo.
Si escuchas tu verdad en otras bocas
que de ella se sirven para fines propios.
Si ves desmoronarse aquello por lo que has dado tu vida
y te inclinas para volver a construirlo de nuevo
con útiles gastados.

Si puedes arriesgar cuanto ganaste
a una carta, y perder, y retirarte
y volver a empezar como si nada
y no pronunciar palabra sobre tu pérdida:
si puedes forzar todo tu cuerpo
corazón, nervios y músculos
para que te sirvan aunque ya no tengan fuerzas
y mantenerte firme cuando nada queda salvo
la voluntad que dice: «¡Aguanta!».

Si hablas con la gente y conservas tu virtud,
si estás entre reyes y no pierdes tu integridad.
Si no pueden herirte tus enemigos
ni tampoco tus amigos.
Si todos ponen en ti su confianza
y ésta no queda nunca defraudada:
si puedes llenar cada minuto implacable
con sesenta segundos que merezcan haber sido vividos,
el mundo es tuyo, con todos sus tesoros,
y aún más, hijo mío: ¡serás HOMBRE!

Rudyard KIPLING
(1865-1936)

Nacido en la India de padres ingleses, Rudyard Kipling fue un famoso novelista, poeta y autor de novelas cortas. Durante los cinco años que vivió en Vermont, cuando publicó El libro de la selva *y* Capitanes intrépidos, *su popularidad en los Estados Unidos sólo rivalizaba con la de Mark Twain.*

Este conocido poema de Rudyard Kipling ha sido siempre uno de mis favoritos. Cuando lo leo, me imagino con cualquiera de mis ocho hijos sobre el regazo impartiendo una sabiduría perenne a su receptiva y entusiasta mente. En esta fantasía mi hijo o hija escuchan atentamente mientras les describo los secretos del universo, como si yo fuera el maestro iluminado que los ha descubierto tras una vida de esfuerzo, y que ahora, con una sabiduría paternal, los transmite a la siguiente generación, que empleará ese conocimiento para transformar el mundo. ¡Fin de la fantasía!

El poema «Si», de Rudyard Kipling, me inspira esta visión siempre que lo leo o lo escucho, pero esto no es más que una fantasía mía. He descubierto la verdad en muchos de los exquisitos consejos que Kipling dio a su hijo en este poema, pero, francamente, todavía estoy trabajando en su aplicación en mi vida. Este famoso poema del ganador del premio Nobel de Literatura de 1907 tiene mucho que ofrecernos. Las elevadas ideas que encierran sus cuatro estrofas me ayudan a ser mejor persona cada vez que lo leo y lo comparto con mis hijos, con mis alumnos y con el público. He incluido «Si» en esta recopilación porque también deseo compartirlo contigo. Es decir, quiero que te sientas impulsado no sólo a ayudar a los demás a mejorar su calidad de vida, sino a mejorarte a ti mismo como ser humano.

Hay muchos mensajes en estas treinta y ocho líneas de poesía. Voy a compartir contigo lo que me inspira este poético consejo.

Me inspira la idea de poder tener el suficiente buen juicio como para saber mantener mi propio sentido del equilibrio y la integridad, cuando rehúso integrarme en la locura que me rodea, a pesar de lo que piensen los demás. «Sé tú mismo» es el consejo que se da aquí, al igual que en muchas otras partes de este libro, y cuando soy capaz de hacerlo sin juzgar a los que me rodean, me siento reconfortado. Quiero que mis hijos o cualquiera que decida hacer de mí su maestro cultive su integridad personal y su equilibrio ante cualquier circunstancia.

Estoy inspirado cuando puedo utilizar la hipocresía para que me recuerde cuánto me desagrada. Antes solía utilizar la hipocresía de los demás como punto de partida para la mía. Si la gente me mentía, yo podía hacer lo mismo en algún momento, aunque no me agradara actuar de ese modo. Me resulta tan desagradable que me mientan que hago todo lo posible para evitar hacer lo mismo.

Estoy inspirado cuando soy un buen perdedor en mi vida. No siempre he sido así, ni tampoco lo soy siempre ahora, pero he mejorado mucho. Me gusta tanto la acción y competir como me ha gustado siempre, pero ahora puedo retirarme en paz cuando ha finalizado la competición y sé que a mi auténtico yo le tienen sin cuidado los resultados. El acto de participar significa que puedes ganar o perder, y los resultados son impostores que se hacen pasar por tu verdadero yo. Me gustaría que mis hijos supieran que esto no son sus victorias, ni tampoco sus fracasos.

Me encanta cuando leo alguna mala crítica sobre alguno de mis libros y me siento exactamente igual que si leo una que me pone por las nubes. Te puedo asegurar que no siempre he sido así. Antes solía preguntarle a mi agente: «¿Dónde estoy en la lista de los libros más vendidos?». Ahora sé cuál es la diferencia entre yo y mis libros, y nunca pregunto, pero si lo hago, formulo la pregunta de la siguiente manera: «¿En qué puesto está mi libro en la lista de los más vendidos?». Lo importante es saber dónde está la diferencia. Ahora sé que yo no soy lo que hago, y me identifico con esa alma eterna e invisible que observa las acciones y sabe que los éxitos y los fracasos son meras sombras de su verdadero yo. Me encantaría que mis hijos y alumnos experimentaran esta libertad.

Estoy inspirado cuando las decisiones que tomo se basan en lo que siento y no en los posibles resultados. Ésos son los momentos en los que puedo rechazar una lucrativa oferta televisiva para dar una charla benéfica, y no sólo no me preocupo por ello, sino que no siento la necesidad de mencionárselo a nadie; también son los momentos en los que puedo ser generoso sin que nadie lo sepa.

Estoy inspirado cuando dejo de emitir juicios basándome en las apariencias, los éxitos y las posesiones, y veo únicamente la manifestación de Dios en todas las personas. La tentación de clasificar a las personas según estos parámetros es a veces abrumadora y siempre les digo a mis hijos que nunca pierdan su integridad. Mi familia ha sido bendecida con cierto poder adquisitivo, y me siento muy orgulloso cuando veo que comparten esa bendición y resisten la tentación de considerarse superiores a los demás por ese simple hecho.

Estoy inspirado cuando veo que vivo según me dicta mi corazón y cada vez tengo menos necesidad de demostrar mi valía. Estoy inspirado cuando puedo leer poesía todo el día y luego escribir sobre ella, en lugar de dedicarme a otra actividad más lucrativa. Estoy inspirado cuando me doy cuenta de que ya no siento la necesidad compulsiva de convencer a los demás de que tengo razón, incluso aunque esté seguro de que lo que digo es totalmente cierto.

Quiero que mis hijos y mis alumnos conozcan la dicha y el sentido de realización que resulta de seguir el propio destino y llevar a cabo nuestras heroicas misiones, aunque los que nos rodean, incluido yo mismo, prefieran otra cosa.

Todas estas cualidades, que Kipling describe magistralmente en su poema «Si», expresan a mi entender lo que verdaderamente quiere transmitir en su conclusión. Si puedes hacer todo esto, sentirás la inspiración y «el mundo es tuyo, con todos sus tesoros, y aún más, hijo mío, ¡serás HOMBRE!». Ésta fue su forma de decirle a su hijo que la madurez significa ser uno mismo, sin que te importe la opinión de los demás. Cuando hayas madurado en estas cualidades, obtendrás todo lo que siempre deseaste tener.

Para poner en práctica las palabras de este poema clásico, tengo una sencilla sugerencia para ti:

• Copia este poema, y léelo para ti mismo y dáselo a aquellas personas a quienes desees ayudar a adquirir madurez emocional y espiritual. Todas las lecciones se encuentran dentro de él. Éstas son: conserva la calma, confía en ti mismo, sé honesto, sé un soñador, desápegate, arriésgate, independízate, sé humilde, sé compasivo, perdona. Todo esto se encuentra en el poema. La pregunta que puedas formularte ahora empieza con una sola palabra: «Si»...

Amor del alma

CUANDO SEAS VIEJO
A imitación de Pierre de Ronsard

Cuando seas viejo y canoso, y el sueño se apodere de ti,
y des cabezadas al lado del fuego, coge este libro,
lee lentamente y sueña con la tierna mirada
que una vez tuvieron tus ojos y con la profundidad de sus sombras.

¡Cuántos amaron tus momentos de alegre gracia
y tu belleza con falso o verdadero amor!
Pero sólo un hombre amó al alma peregrina que hay en ti,
y a los pesares de tu cambiante faz.

Y al encorvarte al lado de la resplandeciente chimenea
murmura, un poco triste, cómo partió el amor
y escaló las montañas
y ocultó su rostro entre una multitud de estrellas.

PARA ANNE GREGORY

Nunca un joven
se ha de perder
por esas grandes murallas
color de miel de tu sien;
que te ame por lo que eres
y no por tu cabello dorado.

Puedo teñirme el pelo
y conseguir ese color,
marrón, negro o pelirrojo.
¡Que esos jóvenes desesperados
me amen por lo que soy
y no por mi cabello dorado!

Ayer noche a un anciano religioso
oí decir que había hallado un texto que probaba
que sólo Dios, querida mía,
puede amarte por lo que eres
y no por tu cabello dorado.

William Butler YEATS
(1865-1939)

William Yeats, poeta y dramaturgo irlandés, es considerado como uno de los más grandes poetas del siglo XX.

William Butler Yeats fue un visionario fascinante que buscó la sabiduría y la fraternidad a través del misticismo; le gustaba escribir sobre el gemido del alma por liberarse de las condiciones del mundo material. Yeats, indiscutiblemente uno de los poetas modernos más significativos y renombrado dramaturgo, era un nacionalista irlandés cuando Irlanda se convirtió en un Estado libre en 1922, y en 1923 recibió el premio Nobel de Literatura. Le consumía su interés por el ocultismo y la magia, así como por las siniestras fuerzas que parecían estar arrastrando al mundo hacia una caótica batalla entre el bien y el mal. Murió poco después del inicio de la Segunda Guerra Mundial.

Además de escribir sobre Irlanda, Yeats escribió sobre un amor que trascendía la preocupación por la belleza física. Se había enamorado de Maud Gonne, una bella mujer irlandesa que era tan brillante como rebelde y que adoraba Irlanda. Rechazó las atenciones de Yeats y su propuesta de matrimonio. Curiosamente, la hija de Maud también rechazaría más tarde su propuesta de matrimonio. Yeats tuvo muchas amantes, pero no se casó hasta los cincuenta y dos años.

Los dos poemas que he seleccionado nos muestran a un hombre que abraza poéticamente un amor inspirado en algo más que en la mera atracción física. En 1907, Yeats viajó por Italia con Anne Gregory, una hermosa mujer de cabello rubio, a quien escribe así: «Que sólo Dios, querida mía, puede amarte por lo que eres y no por tu cabello dorado». Este mismo tema aparece en «Cuando seas viejo»: «¡Cuántos amaron tus momentos de alegre gracia y tu belleza con falso o verdadero amor; pero sólo un hombre amó al alma peregrina que hay en ti, y a los pesares de tu cambiante faz». Nos está diciendo que la verdadera prueba del amor nada tiene que ver con el aspecto físico y que, aunque admiremos la belleza externa, debemos amar como lo hace Dios, por lo que verdaderamente somos.

Uno de mis momentos más memorables como estudiante de doctorado tuvo lugar en los años sesenta durante un seminario en un curso avanzado sobre psicología del asesoramiento, impartido por el catedrático de más prestigio de la universidad. Junto a otros once alumnos, estudié las investigaciones que se habían realizado sobre la autorrealización, incluyendo las características especiales de las personas con un alto rendimiento. Estas personas excepcionales, algunas de ellas figuras históricas, fueron denominadas autorrealizadoras. El propósito del seminario era enseñarnos estas características y ayudar a los demás a adoptarlas para que tuvieran vidas más plenas y apasionadas.

Los rasgos de estos autorrealizadores incluían el aprecio por la belleza, el tener una meta, la resistencia a la endoculturización, el gusto por lo desconocido, un gran entusiasmo, honradez consigo mismos, distanciamiento con respecto a los resultados de sus acciones, independencia de las opiniones ajenas y ausencia de deseo de ejercer control sobre los demás. Cada día hablábamos de la estrategia que podíamos emplear como terapeutas para animar a los pacientes a autorrealizarse. Hacia la mitad del semestre, nuestro distinguido profesor nos hizo un examen, que consistía en la siguiente pregunta: «Una persona autorrealizada llega a una cena en la que todo el mundo lleva un atuendo formal. Nuestro hombre va vestido con tejanos azules, una camiseta, zapatos deportivos y una gorra de béisbol. ¿Qué hace? Tienes treinta minutos para escribir la respuesta».

Los doce escribimos ardientemente durante la siguiente media hora y luego se nos pidió que leyéramos nuestras respuestas en voz alta. Recuerdo que algunas de ellas eran: no prestaría atención a las apariencias; no se marcharía ni se excusaría; actuaría como si no pasara nada; se integraría y disfrutaría de la reunión sin preocuparse por lo que pudieran pensar los demás. Recuerdo haberme sentido especialmente orgulloso de mi respuesta, que mencionaba su capacidad para tener una meta y una misión superior.

Cuando todos hubimos terminado, nuestro profesor nos dijo: «Lo siento, habéis suspendido vuestro examen de mitad de semestre. Sólo teníais que escribir cuatro palabras». Y las escribió en la pizarra: «No se daría cuenta».

El nivel más alto de conciencia es aquel en el que una persona autorrealizada no se fija en las apariencias y sólo ve la manifestación de Dios en todas las personas. Es el tipo de amor sobre el que escribe William Butler Yeats en estos dos poemas.

¡Vaya reto! Pasar por alto lo que ven nuestros ojos y sentir un afecto profundo por el alma, en lugar de fijarnos en el aspecto físico. ¡Vaya reto en una sociedad en la que el bombardeo continuo de la publicidad está destinado en su mayor parte a promocionar productos que son casi exclusivamente para mejorar nuestro físico! En una sociedad en la que se ocultan las arrugas o, mejor aún, se las elimina con cirugía, y el pelo blanco se oculta, así como todos los signos del proceso natural de envejecimiento.

Yeats nos pide que trascendamos esos mensajes publicitarios, para amar con un amor divino que nada tiene que ver con las apariencias; nos dice literalmente que no nos fijemos en los rasgos superficiales. Todos hemos tenido esta capacidad en el pasado. Había una época en la que no nos fijábamos en el color de la piel o en el aspecto físico de nuestro compañero de juegos. Cuando el proceso condicionante de nuestra cultura se impuso sobre nosotros, empezamos a reparar más en el aspecto de la persona que en el alma que llevaba en su interior.

Las cuatro líneas de poesía más significativas que he leído en mi vida se encuentran en uno de mis poemas favoritos de Yeats, «Hacia Bizancio»:

Un anciano no es más que una cosa miserable,
un harapiento abrigo colgado sobre un palo,
a menos que el alma aplauda y cante, y lo haga con fuerza,
*por cada andrajo de su atuendo morta*l.

Como seres con un cuerpo físico, todos vamos en camino de convertirnos en «un harapiento abrigo colgado sobre un palo». Si amamos sólo por lo que percibimos con nuestros sentidos, el amor acaba convirtiéndose en algo detestable. No obstante, cuando el alma aplaude y canta, la edad es insignificante. Yeats nos pide que vayamos más allá de lo meramente superficial, y luego, cuando eso se convierta en nuestra forma de ser, que lleguemos al extremo de ni siquiera darnos cuenta. Permite que el alma de tus seres queridos reciba tu atención, y mientras estás en ello hazte un favor y deja que tu propia alma aplauda y recibe su aplauso. Ámate como te ama Dios, por lo que eres.

A continuación tienes algunas sugerencias para aplicar este tipo de amor en tu vida:

• Empieza a verte como un alma con un cuerpo, en lugar de como un cuerpo con un alma. Interpreta las señales que la edad deja en ti como condecoraciones al valor y trata de trascenderlas para acceder a esa parte de ti que nunca envejecerá.

• No hagas caso de la incesante propaganda que asedia nuestra conciencia a diario exhortándonos a aferrarnos a la eterna juventud y a juzgarnos a nosotros mismos y a los demás por las apariencias. Siéntete orgulloso de ti mismo y de tu carácter, no de tu aspecto. Repite la famosa frase de la película *La jaula de las locas*: «Yo soy lo que soy».

• Cuando conozcas a otras personas, busca ante todo la manifestación de Dios en ellas y resiste la tentación de hablar de los rasgos externos en los que nos han enseñado a fijarnos. Limítate a hablar de otros en base a su belleza interior y niégate a participar en los cotilleos que ponen el acento en las apariencias.

• Cuando hables de tus sentimientos a las personas a las que amas, deja claro lo que realmente te gusta de ellas en lugar de hablar de su aspecto. Habla a su alma inmortal en lugar de hacerlo con el cuerpo que la contiene.

Ser Supremo

He salido sólo para acudir a la cita. ¿Quién es, pues,
este que me sigue en la silenciosa oscuridad?
Me desvío para evitar su presencia, pero no consigo escapar.
Con sus fanfarronadas levanta polvaredas,
y con su voz poderosa remeda todas las palabras que yo pronuncio.
Es mi propio yo miserable, ¡oh Señor! No conoce la vergüenza.
Pero yo me avergüenzo de acudir a tu puerta en su compañía.

Rabindranath TAGORE
(1861-1941)

Rabindranath Tagore, una de las personalidades más destacadas de la India moderna, místico y pintor, recibió el premio Nobel de Literatura. Sus obras clásicas son conocidas por su belleza lírica y su intensidad espiritual.

Hay dos personas dentro de cada uno de nosotros. La primera es la que yo denomino ego. El ego quiere tener razón. El ego cree que está separado de todos los demás y que ha de competir contra ellos. Cree que su existencia depende de ser mejor que los otros. Por consiguiente, se esfuerza no sólo por tener más cosas, sino porque éstas sean más caras. Se siente mejor cuando puede vencer a alguien y evalúa su mérito como persona basándose en su capacidad de destacar sobre aquellos a quienes desea conquistar. Si consigue ser el número uno, su sueño se hace realidad. No obstante, pertenecer al diez por ciento que se encuentra en la cima es bastante bueno, y estar en la mitad superior es esencial.

Al ego no sólo le gusta ganar, sino que lo necesita desesperadamente y siempre ansía algo. Se regocija en sus éxitos, cuenta sus trofeos, recompensas y condecoraciones. El ego puede tener los coches más llamativos, los trajes más selectos, los alimentos más exquisitos, las drogas más espectaculares, el sexo más pervertido y todas las formas posibles de placer, y cuando todas estas cosas se han agotado o han pasado de moda, aparece una lista nueva de demandas. No es posible satisfacer al ego mientras quede alguien a quien vencer o algo nuevo que comprar y poseer para ser un vencedor. Se esfuerza, pero nunca llega.

La segunda persona que habita en nosotros es la que denomino espíritu. No tiene interés en ninguna de las cosas que atraen al ego. No le importa en absoluto adquirir cosas, no tiene el menor interés en destacar, y menos aún en vencer a los demás. De hecho, nunca se compara con nadie. Sólo parece querer una cosa, y cuando esta cosa aparece nada le distrae. El espíritu pasa por alto todas las necesidades de su omnipresente gemelo, el ego, y sólo desea la paz.

Cuando ha de competir, compite, pero no siente necesidad alguna de estar por encima de los otros competidores. Sabe disfrutar plenamente de las posesiones, pero no se deja dominar por ellas y puede desprenderse de ellas fácilmente. Mientras los mantras del ego incluyen las palabras «más» y «mejor», el mantra del espíritu es siempre el mismo, «paz». El espíritu irradia esta paz a los demás y promueve esta tranquilidad en todo momento, incluso en medio del caos.

Aquí están nuestros dos eternos compañeros, el ego y el espíritu. La cuestión no es cómo acabar con uno en favor del otro, sino cómo subyugar esa parte que nos hace vivir en un constante torbellino y que nunca nos deja disfrutar de la paz. ¿Cómo podemos superar el anhelo constante por conseguir más cosas? Yo me hago esta pregunta muchas veces al día. ¿A qué parte de mí le permito que lleve las riendas en este momento? He escrito todo un libro sobre el tema, quizá para ayudarme a mí mismo a comprender el poder que le he dado a mi ego en mi vida. Se llama *Tu yo sagrado** y está dedicado al tema del famoso diálogo de Tagore con Krishna (Dios) que he citado al principio de este ensayo.

¿Cómo podemos dominar esa parte de nosotros que se siente separada del resto de la humanidad y que ansía conquistar, ganar y adquirir cosas para sentirse bien? He reunido los pensamientos de poetas famosos como Tagore y Rumi, que no sólo son colaboradores esenciales de este libro, sino en mi vida cotidiana, y he creado la siguiente oración, que repito cada mañana antes de empezar el día:

> Querido Dios, mi ego es exigente, insistente, está obsesionado con tener razón y siempre busca más. Nunca parece estar satisfecho. Mi yo sagrado tiende a la paz, a no ser competitivo, a no juzgar y nunca exige nada. Por favor, haz que se comuniquen entre sí.

Tagore, en su diálogo con Dios, está haciendo algo muy parecido. Se pregunta: «¿Quién es, pues, este que me sigue en la silenciosa oscuridad?», de quien parece que no puede escapar; que con sus fanfarronadas tergiversan cada palabra que pronuncia y no tiene vergüenza. No obstante, también reconoce que la entrada al reino más sublime está bloqueada por este desvergonzado «yo miserable». Este poeta recibió el premio Nobel de Literatura en 1913 por una de sus grandes colecciones de poesía; sin embargo, no se sentía identificado con tal honor. Pasó su vida escribiendo sobre cómo evitar el peligro de identificarse con tales premios.

La lectura de los sensibles poemas de Tagore, y de éste en particular, supone un valioso recordatorio de las ventajas de subyugar al ego y escuchar al espíritu, que nos otorga la paz. Las polvaredas a las que se refiere el poema son la confusión que enturbiará tu vida si desoyes al espíritu y te niegas a aceptar que el ego es el responsable. La tranquila dignidad y el semblante de serenidad que encarnaba Tagore en su vida se reflejan en su poesía, deliciosamente sencilla.

---

* Publicado por Grijalbo.

A continuación tienes algunas sugerencias para aplicar la sabiduría de la poesía de Tagore en tu vida diaria:

• Escucha a tu corazón antes de reaccionar. Observa si puedes dominar a tu ego una vez en el día de hoy. Antes de hablar, pregúntate: «¿Lo que voy a decir es para contradecir a alguien y probar que yo soy especial? ¿Crearé más confusión o más serenidad?». Luego toma la resolución de ser amable y dulce. Observa cómo reacciona tu ego y al menos un par de veces al día procura que adquiera menor relevancia, hasta que esto se convierta en una costumbre, en una nueva forma de ser.

• Sé consciente de la frecuencia con la que usas la palabra «yo» en tus conversaciones e intenta iniciarlas con «tú» al menos unas pocas veces al día. Utiliza la necesidad de reconocimiento y halagos para aplaudir los logros ajenos.

• Procura estar menos aferrado a las cosas que has acumulado y empieza a practicar el distanciamiento. Dar más de uno mismo a los demás, desprendiéndose de posesiones materiales, es una buena forma de aplacar el apego por las posesiones materiales, de frenar al ego y de conseguir la paz que anhela el espíritu.

• Conversa con tu ego como yo lo hago en mi plegaria diaria. Háblale desde tu yo superior. Aquí tienes un ejemplo de una carta que Shirley Ross Korber escribió a su ego tras leer *Tu yo sagrado*:

> Escribir en mi diario es una rutina cotidiana para mí desde hace trece años. Esta mañana he escrito una carta a mi ego. Dice así: «Querido ego, por la presente te comunico que tenemos un nuevo líder. Estás invitado a quedarte como socio, pero en silencio. Yo (mi yo sagrado) voy a regir mi vida y mis negocios. He contratado los servicios de un asesor en el universo, Dios. Dios y yo vamos a reestructurar mi vida y mis asuntos. Tú ya no tendrás voto en ninguna de mis decisiones. No te guardo rencor, pero permitir que influyas en mis decisiones no favorece mis intereses».

Intimidad

La fuerza de la mayoría
es el paraíso del tímido.
El espíritu valeroso
halla su gloria luchando en solitario.

Mohandas Karamchand GANDHI
(1869-1948)

Gandhi, conocido como Mahatma, *que significa «gran alma», defendió la no violencia en su lucha por la independencia y los derechos civiles de la India.*

Las palabras de Mohandas Gandhi revelan parcialmente el secreto para hacer realidad lo que deseas en la vida y los misterios de la
física cuántica. Esto resulta más claro cuando consideramos que
podemos dividir el universo de nuestra experiencia personal en lo
visible y lo invisible, o lo material y lo espiritual. El mundo visible
es lo que experimentamos con nuestros sentidos. Éste es el mundo en el que tenemos mayor interés cuando se trata de conseguir
las cosas que deseamos.

Pero ¿de dónde proceden las cosas? ¿Cómo se manifiesta esta
llamada realidad? La física cuántica busca la respuesta a esa pregunta, y yo, personalmente, tengo el convencimiento de que el primer físico cuántico no fue Bohr o Einstein, sino san Pablo, uno de
los apóstoles del Nuevo Testamento. En palabras de san Pablo:
«Aquello que vemos no procede de lo material». Tengo la impresión de que san Pablo afirmaba precisamente lo que nuestros físi-

cos cuánticos contemporáneos dicen hoy: las partículas no son responsables de su propia creación. La mecánica cuántica implica también el estudio del nivel más ínfimo de la materia (el mundo material), en un intento por descubrir el origen del mundo físico. La conclusión es que el mundo visible procede del mundo invisible. ¿Cómo se relaciona todo esto con la visión de Gandhi del espíritu del valiente que lucha solo? Vamos a verlo.

Nuestra realidad única la constituyen el ego y el espíritu. A menudo consideramos al ego como nuestro guía en asuntos terrenales, porque no podemos crear o manifestarnos desde la dimensión del ego; el mundo invisible se denomina espíritu. Las partículas (la materia) no son responsables de nuestra creación. Para realizar nuestros sueños hemos de liberarnos de nuestro ego, que no es más que la idea persistente de que eres una entidad separada que ha de competir con los demás y que también está separada de Dios (o tu origen último). Mientras sigas pensando que estás separado de los demás y de Dios, no gozarás del poder que éste puede otorgarte. Cuando vuelves a conectar con él o con lo invisible (espíritu), recobras ese poder. Esto significa que adquieres el poder de materializar, sanar y atraer hacia ti lo que deseas. Sin embargo, aunque hayas conectado nuevamente con tu origen divino, el ego quiere desempeñar su papel.

En el momento en que empiezas a decir a los demás lo que deseas y cómo piensas alcanzar tu destino personal, estás invitando al ego a que intervenga. Cuando empieces a explicar tus ideas radicales, te pedirán que las defiendas. Entonces te sentirás empujado a discutir cómo encajan éstas en los esquemas de las personas con quienes estás hablando. Y lo peor de todo es que tendrás que escuchar a esas personas cuando te digan que tienes que ser más realista y mirar a tu alrededor.

Una vez interviene el ego, pierdes literalmente la capacidad para crear lo que te dicta el corazón. Por lo tanto, al compartir tus más profundos deseos estás buscando la fuerza de la mayoría, lo que Gandhi denomina «el paraíso del tímido». No te confundas, el tímido no hace realidad sus sueños, se une a las filas de los insatisfechos.

Al luchar por lo que sabes que es tu destino, sin prestar atención a lo que digan los demás, te conviertes en el «espíritu valeroso» que «halla su gloria luchando en solitario». El espíritu es la fuente de todo lo que ves, de todo lo que presencias, de todo lo que observas. Puedes reconectarte con él evitando la influencia del ego. Esto implica guardar tus sueños para ti y compartirlos sólo con Dios o como quiera que llames a la fuente invisible de todas las cosas que forman nuestro mundo material. Conecta con esa fuente y podrás compartir sus poderes; vive pendiente de tu ego y perderás esa posibilidad.

Cuando era joven, tenía el proyecto de independizarme económicamente. Compartí mi «plan» con mi familia y amigos. Cada vez que explicaba que, cuando cobrase, guardaría una quinta parte del dinero para no gastarlo en otras cosas, escuchaba todo tipo de objeciones a mi estrategia financiera. Recuerdo que me decían: «¡Qué poco realista! No puedes ahorrar un veinte por ciento de tus ingresos, pagar impuestos, recibos y mantener a tu familia. Es imposible». Yo defendía mi plan, explicando que, si no tocaba el capital, los intereses me permitirían vivir de rentas en menos de quince años. Sin embargo, los «expertos» especialistas en pobreza me desalentaban. Aprendí a mantener la boca cerrada y procedí sin decir nada. Me di cuenta de que cuanto menor necesidad sentía de compartir mis proyectos con los demás, con mayor rapidez se materializaban.

Al separar mi sueño del ego y confiar en el poder del silencio, atraje a mi vida la independencia económica que reflejaba mi punto de vista interior. Las palabras de Gandhi me recuerdan esa temprana etapa de mi vida y son un eficaz recordatorio en el mundo actual. Resiste la necesidad de compartir tus sueños con mucha gente y conviértete en un espíritu valeroso que busca la gloria en su guía interior. Otra forma más sencilla de decir esto, aunque igualmente profunda, es: «Si sigues a la manada, acabarás implicándote en lo que han dejado atrás».

Mis sugerencias para poner en práctica las palabras de Gandhi son las siguientes:

• Cuando estés a punto de buscar el apoyo de alguien para realizar tus sueños, detente y recuerda que cuando el ego se implica pierdes tus medios científicos y espirituales para crear lo que deseas.

- Para satisfacer la necesidad de anunciar tus planes, escribe en un diario lo que vas a hacer realidad en tu vida. Al menos, tu diario no te dará razones para que dudes de tus sueños.

- Ten muy presente que el proceso de la creación pasa de lo invisible a lo visible, del espíritu a lo material. Confía plenamente en tu capacidad para contactar conscientemente con el mundo invisible. El contacto consciente es la diferencia que existe entre haber oído hablar de la existencia de Dios y conocer a Dios.

Imagen de uno mismo

Ésta es la verdadera dicha de la vida: ser utilizado para un propósito que para ti es sublime. Ser una fuerza de la naturaleza, en lugar de un febril, egoísta e insignificante manojo de enfermedades y sufrimientos que se queja de que el mundo no se preocupa por hacerle feliz. Yo opino que mi vida pertenece a la comunidad y que, mientras viva, tengo el privilegio de hacer por ella todo lo que pueda.

Quiero haber sido bien utilizado cuando muera, puesto que cuanto más duro trabajo, más vivo me siento. Disfruto de la vida en sí misma. La vida no es para mí una «breve llama»; es como una magnífica antorcha que ahora sostengo en mi mano, que deseo que arda en todo su esplendor antes de entregársela a las generaciones futuras.

George Bernard SHAW
(1856-1950)

George Bernard Shaw, dramaturgo, crítico y reformador social irlandés, utilizó sus obras y ensayos como vehículo para sus teorías e ideologías, entre las cuales estaba el socialismo político y económico, una nueva religión de evolución creativa, la antivivisección, el vegetarianismo y una reforma de la ortografía.

George Bernard Shaw trabajó hasta los noventa años como brillante dramaturgo, crítico literario, musical y de teatro y ensayista sobre todos los temas imaginables. Ganó el premio Nobel de Literatura en 1925 por *Santa Juana*, aunque lo rechazó, y es conocido sobre todo por su cautivadora *Hombre y superhombre* y, cómo no, por *Pigmalión*, cuya última adaptación cinematográfica recibió el título de *My Fair Lady*. Este pasaje refleja perfectamente el credo vital de George Bernard Shaw, el novelista irlandés más carismático desde el siglo XVII.

Shaw murió cuando yo tenía diez años y todavía recuerdo su muerte. Siempre me he sentido atraído por su filosofía de la vida. En el fragmento que he seleccionado, nos habla de vivir como si nos estuvieran utilizando para un fin que para nosotros sea «sublime». Esta idea de vernos con un propósito natural tiene relación con la imagen que tenemos de nosotros mismos. ¿Aspira alguien a la imagen que Shaw describe como «un febril, egoísta e insignificante manojo de enfermedades y sufrimientos que se queja de que el mundo no se preocupa por hacerle feliz»? Lo más probable es que no. Sin embargo, ¿no conocemos todos a personas que encajan en esta descripción?

Los que disfrutan de la vida como si su existencia fuera una fuerza de la naturaleza son personas activas que se sienten plenamente vivas y no tienen mucha paciencia para las quejas y los lamentos. No están activas sólo por estar ocupadas, sino que disfrutan de sus actividades. No tienen tiempo o interés para escuchar lamentaciones mezquinas, ni tampoco ellas mismas se lamentan. Shaw nos dice que abandonemos nuestra obsesión por nosotros mismos y disfrutemos de la verdadera felicidad, que está en sentir que tu vida tiene un propósito determinado.

En este fragmento, el dinámico y agudo filósofo transmite su enorme entusiasmo por la vida y nos exhorta a abrazar una actitud semejante hacia todas las personas y todas las cosas. Deja de renegar, de lamentarte y de ser pasivo cambiando tu percepción de la vida en general, dice Shaw. Nos pide que gocemos de la vida, no por los resultados y recompensas que encontremos en nuestro camino, sino por sí misma. Sacúdete la pasividad de encima y busca una razón para ser feliz, éste es el consejo de uno de los mejores ejemplos de lo que significa ser una persona plenamente realizada. Piensa que tu vida tiene un propósito natural para todas las personas que conoces y todas las cosas que haces. ¿Cómo puedes cumplir con ese propósito?

Mi sistema es apartarme del campo de energía de los que infringen los principios sobre los que ha escrito Shaw. Cuando empiezo a oír quejas, lamentos y críticas me alejo, deliberadamente y en silencio, lo antes posible. En general, intento no decir o hacer nada que pueda ser interpretado como un rechazo. Sencillamente, me niego a tener contacto con ese tipo de energía. También he descubierto que cuanto menos verbalizo las cosas, menos motivos tengo para quejarme. Hace casi veinte años decidí dejar de emplear estas frases: «Estoy cansado», «No me encuentro bien» o «Estoy cogiendo un resfriado». Esta fue una decisión consciente que tomé a raíz de la lectura de este pasaje de Shaw, que he incluido parcialmente en algunos de mis libros anteriores. Al no utilizar estas frases, me vi obligado a reconsiderar mi actitud respecto a la fatiga y la enfermedad, y descubrí que, por el mero hecho de eliminar las quejas verbales, esas enfermedades aparecían con mucha menos frecuencia en mi vida.

Cuando me encuentro con otras personas que me dicen lo cansadas que están o que sienten que se están resfriando, yo respondo: «No tengas pensamientos cansados», «No tengas pensamientos resfriados». Con frecuencia recibo una mirada de asombro, pero yo ya he transmitido mi mensaje y les he hecho saber que no me voy a dejar arrastrar a una discusión sobre sus quejas o lamentos.

Si estás dispuesto a aplicar el consejo del pasaje de Bernard Shaw, si lo sigues de todo corazón, puede cambiar literalmente tu salud mental. Si cada día te ves como una persona capaz y trasciendes el orgullo y las quejas para ver la vida como una espléndida antorcha que ilumina tu camino majestuosamente, entenderás lo que Shaw quiere decir por «verdadera dicha de la vida». Me encanta la idea de haber sido aprovechado al máximo cuando llegue mi hora. Para mí esto significa no tener pensamientos que nos paralicen o que nos aparten de nuestra heroica misión. Significa rechazar cualquier acción o pensamiento que anule nuestra cualidad de fuerzas de la naturaleza con un propósito determinado. Cualquier pensamiento que nos impida conocer y movilizar esta fuerza, en primer lugar ha de ser identificado, y luego, paso a paso, erradicado. ¡No vas a morir sin haber escuchado tu propia música!

Puede que sientas que este consejo está bien para un genio como George Bernard Shaw, pero que no es para ti, porque en muchos aspectos te ves como un pequeño desecho egoísta. Esta actitud refleja la imagen de ti mismo que has decidido adoptar y aquí el mensaje esencial es que puedes cambiarla. Recuerda, la imagen de uno mismo proviene del yo y nadie de fuera es responsable de ella. Sólo tú.

Estas palabras han guiado mi vida desde que las leí cuando era joven. Prueba estas alternativas para evitar ser «un febril, egoísta e insignificante» desecho:

• Elimina de tu vocabulario las frases sobre cualquier cosa que no quieras que se manifieste en tu vida. Cuando te descubras queriendo hablar de tus enfermedades, tu cansancio o tus temores, guarda silencio en lugar de pronunciar una profecía que se cumplirá sin lugar a dudas.

• Siempre que puedas, apártate física y sutilmente de quienes persisten en cargarte con sus pesares.

• Pon energía en tu vida interesándote en nuevos proyectos o aficiones, y en general, gozando intensamente de la vida. Abandona los hábitos negativos que has adoptado y que reflejan una mala imagen de ti mismo. Elimina de tu vocabulario las etiquetas o comentarios que te denigran y haz saber a quienes los utilizan contigo que no estás dispuesto seguir recibiendo ese tipo de calificativos.

• Conviértete en una persona activa en lugar de pasarte la vida criticando, lamentándote o dando explicaciones. Deja que hable tu verdadero yo y no aceptes alegremente las burlas.

• Desoye las críticas. Mi cita favorita de Albert Einstein, contemporáneo de Shaw, está colgada en una pared de mi despacho: «Los grandes espíritus siempre han encontrado una violenta oposición por parte de las mentes mediocres». ¡Tú eres un gran espíritu! Vive como te corresponde.

Sufrimiento

El hombre se ha identificado erróneamente con la pseudoalma o el ego. Cuando traspasa este sentido de identidad a su verdadero ser, el alma inmortal, descubre que todo dolor es irreal. Ya no puede ni siquiera imaginar el estado de sufrimiento.

Paramahansa YOGANANDA (1893-1952),
Dichos de Paramahansa Yogananda

Paramahansa Yogananda, hijo de una devota y adinerada familia bengalí, se licenció en la Universidad de Calcuta en 1915 y fundó la Self-Realization Fellowship en Los Ángeles en 1920, a fin de ofrecer una ciencia de investigación espiritual para la armonía interior, que condujera a un mundo más compasivo y pacífico. Su Autobiografía de un yogui *introdujo a millones de personas en la antigua filosofía yóguica de la India y en su tan venerada tradición de meditación.*

El mensaje de inspiración divina de Paramahansa Yogananda —que es posible imaginar que el sufrimiento no existe— puede parecerte imposible. Si he incluido esta sentencia en este libro es precisamente para animarte a contemplar la idea del sufrimiento de una forma que a buen seguro te ayudará a ver la vida desde una perspectiva totalmente distinta. Te invito a desprenderte de algunas ideas firmemente arraigadas y de la falsa identidad a la que se refiere Yogananda.

En la esencia de tu verdadero ser —lo que Yogananda denomina «alma inmortal»— el dolor es irreal. No obstante, vivimos en un mundo real, con problemas reales y con elementos de sufrimiento que sabemos que son reales. El consejo de traspasar nuestro sentido de identidad y entrar en un estadio en el que ni tan siquiera podemos imaginar el sufrimiento probablemente parezca un imposible.

Personalmente, me ha resultado muy útil convertirme en un espectador, porque ha permitido que me desprenda de mi apego hacia lo efímero. Uno de mis grandes maestros, Nisargadatta Maharaj, lo expone del siguiente modo: «Tú no sufres, sólo sufre la persona que imaginas que eres. Tú no puedes sufrir». Una vez más se refiere a tu verdadero ser, a esa parte de ti que es distinta de tu ego-cuerpo. Superar tu inclinación a creer firmemente en el sufrimiento convirtiéndote en un espectador de tu vida es un reto fascinante.

Vamos a tomar como ejemplo el tipo de sufrimiento más común, el dolor. Supongamos que padeces alguna clase de dolor, como un fuerte dolor de cabeza, y que no estás dispuesto a tolerar que ningún *swami* te diga que no es real o que sólo es tu imaginación. Tienes todo el derecho del mundo a adoptar esa actitud, pero si me escuchas un momento, sabremos si eres capaz de distanciarte del sufrimiento. ¿Qué pasaría si pudieras llegar a ser un espectador de ese dolor de cabeza traspasando tu sentido de identidad hacia lo que Yogananda llama tu verdadera existencia?

Si pones tu atención en el dolor podrás identificar su localización precisa, describir su tamaño, color, forma y cualquiera de sus características. Si te concentras durante el tiempo suficiente, podrás llevar el dolor de un sitio a otro en tu cabeza. Una vez hayas conseguido esa movilidad, tendrás la certeza de que eres capaz de sacarlo de tu cabeza. Esto significa que has eliminado el sufrimiento convirtiéndote en un observador y desvinculándote por completo de esa experiencia dolorosa. Algunos llaman a esto control mental, pero yo lo veo como un eficaz medio para dejar de identificarnos con lo que hemos convenido en llamar sufrimiento.

La mayor parte del sufrimiento que experimentamos fuera del ámbito de nuestro cuerpo físico tiene lugar debido a nuestra identificación con el orgullo. Mientras trataba de decidir cómo podía enfocar este tema del ego y del dolor, recordé una conversación que había tenido con mi querido amigo Deepak Chopra. No acababa de decidirme a utilizar sus palabras y, de pronto, sonó el teléfono y, cómo no, era Deepak quien llamaba. Le dije que acababa de escribir su nombre en un trozo de papel para recordar lo que me había dicho sobre el ego y el sufrimiento, y que tenía intención de llamarle para asegurarme de que era correcto.

Él respondió: «He captado tu mensaje en el campo unificado y por eso te he llamado». Lo que me había contado era la historia de un monje budista al que le habían preguntado cuál era la única cosa que siempre podía recordar y utilizar cuando sentía dolor. El maestro dijo: «Recuerda esto y nunca volverás a sufrir. No se ha de adjudicar nada al "mi" o al "mío"». Si repites estas palabras con la suficiente frecuencia, especialmente cuando estás triste y por tanto sufres, podrás dejar de identificarte equivocadamente con tu ego. El ego es orgullo.

Deepak y yo hablamos durante unos minutos, y él me dijo: «Ya que estás escribiendo sobre la capacidad de acabar con el sufrimiento, te sugiero que ofrezcas a tus lectores una frase de los indios norteamericanos ojibway que yo mismo utilizo cuando me doy cuenta de que he vuelto a caer en la arrogancia al enfadarme por algún asunto sin importancia. Sólo tengo que repetir esta frase y el sufrimiento desaparece como por arte de magia». La frase es la siguiente: «De vez en cuando me compadezco de mí mismo, y mientras tanto mi alma es guiada por los grandes vientos celestiales».

Es una maravillosa imagen que puedes invocar cuando sientas que estás sufriendo y te identifiques con tu orgullo. Como espectador, puedes observar tu sufrimiento y, desde esa posición privilegiada, optar por amarlo y entregarte de lleno a él. Puedes tratarlo como un regalo que te ayudará a superar esa crisis de identidad con tu pseudoalma y a dedicar tu atención y energía a esa parte de ti que puede observar el pesar desde una perspectiva de total distanciamiento.

Este tipo de enfoque resulta bastante efectivo a la hora de eliminar el sufrimiento. Cuando vives como lo hizo Yogananda, puedes decir: «Ni siquiera puedo imaginar el estado de sufrimiento». Por alguna razón, puedo imaginar a Yogananda diciendo que debes aprender a gozar del sufrimiento, puesto que Dios lo ha hecho todo por nuestro propio bien. El dolor es un mensajero para que recuerdes a Dios, y que tu alma está siendo guiada por los vientos celestiales, aunque sea invisible, y entonces el dolor ya no será dolor, ni el sufrimiento será sufrimiento, habrás erradicado tu vulnerabilidad al dolor y al sufrimiento al no identificarte más con tu cuerpo-mente.

Esto no es un truco, es un medio real para descubrir todas tus ataduras, todos tus «mí» y «míos», toda tu arrogancia, y para que te vuelvas a identificar con aquello que es eterno. Verdaderamente funciona: como dice Yogananda, descubrirás que el dolor es irreal.

Para poner en práctica este divino consejo empieza por:

• Hacer una evaluación sincera de lo que crees que es el origen de tu pesar. Luego empieza a repetir: «La causa de cualquier sufrimiento está en mí y voy a dejar de culpar a los demás por ello».

• Ahora haz un esfuerzo por descubrir todo lo que puedas sobre tu actual estado de sufrimiento. Si es tan sólo un estado mental de tristeza, observa dónde reside, dónde se manifiesta, qué aspecto tiene y todas las características que puedas identificar.

• Cuando seas consciente de que te estás autocompadeciendo, procura repetir las palabras de los ojibway. Pronto verás lo triviales que son tus sentimientos de autocompasión para con tu alma eterna, que nada sabe de tales cosas.

• Pregúntate como hago yo siempre: «¿Qué lección puedo aprender de esta experiencia?». Una vez que sé que he de aprender algo del sufrimiento, al igual que de cualquier desengaño y tristeza de mi vida, puedo transformar ese dolor en un canto casi al momento.

La energía del amor

Algún día, cuando hayamos controladolos vientos, las olas, las mareas y la gravedad, tendremos que dominar para Dios las energías del amor. Entonces, por segunda vez en la historia de la humanidad, el hombre habrá descubierto el fuego.

Pierre TEILHARD DE CHARDIN
(1881-1955)

Jesuita francés, paleontólogo, científico y filósofo, Pierre Teilhard de Chardin hizo de su trabajo una reinterpretación del cristianismo a la luz de la evolución. Entendía la materia y el espíritu como dos aspectos distintos de una misma esencia cósmica sin necesidad de que eso engendrara ningún conflicto intelectual.

Pierre Teilhard de Chardin escribe aquí sobre un tema que, una vez haya sido entendido por todos nosotros, tendrá una enorme repercusión sobre la humanidad. Habla del amor y de la energía como fuerzas interconectadas, sugiriendo que la energía del amor puede unir a los seres humanos, porque es la única capaz de alcanzar nuestra esencia más profunda. Piensa en la magnitud de lo que este brillante filósofo y hombre de Dios nos ofrece con su observación. Da por hecho que llegará un momento en que aprenderemos a dominar los vientos, las olas, las mareas y la gravedad para que sean nuestros aliados en nuestra incesante necesidad de suministros de energía.

Como podrás observar, todas estas fuentes de energía son movimientos dirigidos por un poder invisible. Nadie ha visto jamás al viento; lo único que podemos observar son sus efectos. Oímos el susurro de los árboles, vemos cómo se arremolina la lluvia y sentimos el aire en nuestra cara, pero el viento no se puede ver. Lo mismo sucede con las olas, las mareas y la gravedad.

Contemplamos el incesante movimiento de las olas rompiendo en la orilla del mar, yendo y viniendo cada día, y, sin embargo, la causa de ese movimiento permanece oculta a nuestras investigaciones. Vemos que caen objetos de los árboles, pero lo que los impulsa a caer también es un misterio para nuestros sentidos. Ahora piensa un momento en el poder latente e inexplorado del amor. Lo único que podemos ver son los resultados de su energía. Nadie puede decir qué es o dónde se encuentra; no obstante, todos la conocemos y la sentimos cuando se manifiestan sus efectos.

Dentro de cada célula de nuestra individualidad humana encontramos átomos infinitesimales y partículas subatómicas. Cuando alineamos un cierto número de electrones dentro de un átomo de una molécula producimos una fuerza que aún sigue siendo un misterio. No pretendo ser un experto científico, pero digamos que, teóricamente, un átomo contiene mil millones de electrones. Cuando los alineamos artificialmente a un mismo tiempo, uno debajo del otro, al final conseguimos lo que los físicos denominan masa crítica. Teóricamente obtenemos 375 millones de electrones en fila, y los 625 millones restantes revolotean al azar. Cuando alineamos los 375 millones de electrones, una fuerza que se halla dentro de la estructura del átomo impulsa a los electrones restantes a que también se alineen. Este punto se denomina fase de transición, que es el momento en que la fuerza interior que se encuentra dentro de una célula, una molécula, un átomo o una partícula subatómica se activa para crear esta nueva alineación. Esta energía que reside dentro de la célula es lo que Pierre Teilhard de Chardin denominó amor. Él lo expresó de este modo: «El amor es la afinidad que vincula y atrae a los elementos en el mundo...».

Ahora, piensa en ti mismo como si fueras una célula dentro del cuerpo de la humanidad, que contiene como unos seis mil millones de células. Cuando todos nos alineamos de cierta manera, también formamos una masa crucial. El campo de energía creado

292

por esa masa crucial es el amor. Al igual que sucede en el microcosmos, ésta produce resultados en el macrocosmos o el mundo material tal como lo percibimos. Teilhard habla de la humanidad alcanzando esta masa crucial y activando la fuerza invisible del amor como el equivalente del descubrimiento del fuego. Para que esto pueda suceder, tiene que haber un primer grupo de personas que se alineen de la forma que han indicado los maestros espirituales a lo largo de la historia.

Pierre Teilhard de Chardin, muy respetado en vida, fue sin embargo un personaje poco conocido. Como jesuita se le prohibía publicar ciertas ideas y el grueso de sus enseñanzas no se publicó hasta después de su muerte. La esencia de su filosofía es que existe una evolución social y mental que nos impulsa hacia la unidad espiritual. Tan sólo hemos de «imaginar nuestra capacidad para amar desplegándose hasta abarcar a la totalidad de la humanidad y de la Tierra...». Él llamó a esta energía latente del amor el sintetizador universal. El amor es un elixir revitalizador que tiene el poder de nutrir y unir a la humanidad de un modo similar a como el primer fuego atrajo a los cavernícolas. Imagina, si lo deseas, un estado de admiración parecido y el impacto sobre nuestra supervivencia de un descubrimiento de la magnitud del fuego.

Podemos aplicar las enseñanzas de Teilhard comprendiendo que herir a un ser humano equivale a herir al poder divino que mora en nuestro interior. Este sintetizador universal, el amor, forma parte de cada uno de nosotros de la misma manera que un electrón comparte la fuerza que reside dentro de los confines de un átomo. Por eso cuando actuamos con un espíritu mezquino de palabra o de obra, estamos inhibiendo literalmente la fase de transición que nos conducirá a descubrir el fuego por segunda vez en la historia del mundo. Cada acto de odio o agresión hacia otro ser humano es una acción que nos aleja del control de la energía del amor. Puede sonar excesivo, pero creo que todos podemos dominar nuestra mezquindad y atraer esa fase de transición universal que Pierre Teilhard de Chardin predecía como nuestro destino.

Esto me recuerda mi cita bíblica favorita, la famosa afirmación sobre el amor de Corintios 1,13: «Aun cuando yo hablara las lenguas de los hombres y de los ángeles, si no tuviere caridad, vengo a ser como un bronce que suena o un címbalo que retiñe». Y continúa diciendo que no conseguimos nada sin amor. Habla de la paciencia y la bondad del amor; de la ausencia de envidia y ostentación, de humildad, de búsqueda interior; y de cómo el amor no piensa en el mal, sino que se complace en la verdad. El pasaje termina con este formidable mensaje: «Ahora permanecen estas tres virtudes: la fe, la esperanza y la caridad; pero la caridad es la más excelente de todas».

Sí, aún más grande que la fe y la esperanza es la capacidad y la voluntad de cultivar el amor. ¿Cómo podemos hacerlo? Desprendiéndonos del impulso de criticar a los demás. Evitando sentir alegría por los errores o el sufrimiento ajenos. Podemos vivir las lecciones de la bondad, en lugar de leerlas en la iglesia. Podemos erradicar nuestro deseo de venganza y sustituirlo por el del perdón. Podemos amar dondequiera que estemos y en cualquier momento, simplemente por decisión propia. Esta energía es tan poderosa que literalmente mantiene unidas a todas las células del universo. Es la cola que nos une. Robert Browning describió nuestro mundo sin amor: «Sin amor nuestra Tierra es una tumba». Tú sabes cuándo la energía del amor está ausente y puedes hacer tu aportación para revivirla.

Pon en práctica las famosas palabras de Teilhard ahora mismo. A continuación te ofrezco algunas sugerencias para controlar las energías del amor:

• Contémplate como una célula dentro de este cuerpo llamado humanidad que puede activar la energía para la fase de transición hacia el amor universal. Tú puedes cambiar las cosas, y cada pensamiento de amor, seguido de una acción, te lleva un paso más cerca del segundo descubrimiento del fuego.

• Aparta de tu mente los pensamientos de crítica, venganza, ira y odio siendo consciente de ellos cuando surjan. Sencillamente di: «No quiero pensar de este modo y me niego a volver a tener este tipo de pensamientos».

• Cuando te enfrentes a la mezquindad y al cotilleo, responde desde una postura afectuosa: «No quiero emitir ningún juicio». En lugar de criticar a la persona mezquina, proyecta amor silenciosamente. Cuando estés en alguna reunión sé la persona que defiende al que está ausente.

• Enmarca Corintios 1,13 y cuélgalo en tu casa como he hecho yo. Lo leo cada vez que cruzo el pasillo que va a las habitaciones de los niños y me recuerda que el mayor regalo que puedo ofrecerles a ellos y al mundo es el sintetizador universal: ¡amor!

Individualidad

Aquí está la cabeza de Effie
cuyos sesos son de galleta
y en el día del juicio final
Dios hallará seis migas

se inclinará sobre el féretro
esperando que algo se levante
como hicieron los otros...
imagina Su sorpresa

vociferando en medio de la algarabía general
¿dónde está el difunto Effie?
«Yo soy *puedo*» a Dios dijo
con un hilo de voz la primera miga,

con lo cual sus otras cinco migas compañeras
amagaron sus risas como si vivas estuvieran
y la número dos siguió con la canción
«yo soy *podría* y mal no hice»

gritó la tercera, «yo soy *debería*
y ésta es mi hermana pequeña *pudiera*
con nuestra hermana mayor *haría,*
no nos castigues porque fuimos buenas»;

y la última miga, un tanto avergonzada,
susurró a Dios «mi nombre es *debo*
y con las otras
he sido Effie, que muerto está»

imagínate a Dios
entre un monstruoso barullo;
ve con cuidado y sígueme
agáchate al lado del pequeño Effie,

(¿necesitas una cerilla o puedes ver?)
donde las seis migas subjuntivas
se crispan como pulgares mutilados:
puedes imaginar Su rostro blanco

mirando con el entrecejo fruncido,
yo sé cómo mira
(nerviosamente aprobando con los ojos
a los benditos mientras sus oídos están saturados

con la agotadora música
de las innumerables condenadas malabaristas)
frenéticamente arriba y abajo;
ha llegado al fin el día del juicio

no temas cruzar el umbral
levanta la sábana así.
Aquí está la cabeza de Effie
cuyos sesos son de galleta.

E. E. CUMMINGS
(1894-1962)

e. e. cummings, uno de los poetas estadounidenses más dotados e in-
dependientes de su época, escribió poemas líricos, obras cortas hu-
morísticas y amargas sátiras sobre las carencias y las instituciones de
su tiempo.

Para apreciar plenamente a e. e. cummings, es una ayuda saber que
la energía de su poesía procedía de su profundo individualismo
iconoclasta. Estudió la magnífica disertación de Ralph Waldo
Emerson contra la autoridad establecida, *Confía en ti*. Mientras
servía en Europa durante la Primera Guerra Mundial fue confi-
nado en un campo de prisioneros por su propio ejército debido a
su amistad con un estadounidense que criticaba la guerra. El cen-
sor francés lo consideró potencialmente peligroso porque pensaba por sí mismo. Llegó incluso a cambiar legalmente su nombre
para que se escribiera sólo en minúsculas, y casi siempre emplea-

ba minúsculas en su poesía, además de una puntuación y unas frases excéntricas. Pasó treinta y seis días viajando por Rusia, lo que confirmó su desagrado por el colectivismo y reforzando su ya firme resolución sobre la importancia de pensar por uno mismo y resistirse a la autoridad, especialmente cuando ésta exige conformismo.

Este poema, la historia de Dios saludando a Effie en el día del juicio final, es desde hace tiempo uno de mis favoritos. Pone de manifiesto la firme creencia del autor sobre la disidencia y arrogancia de Nueva Inglaterra. Me encanta la imagen de Dios inclinándose ante la tapa del féretro y sorprendiéndose al no ver a nadie. Su yo sin cerebro ha sido sustituido por los seis símbolos de una cabeza hueca, que él llama las «seis migas». Estas migas de galleta son lo que Effie ha dejado en lugar de su cerebro, y nos pide a todos que observemos con cuánta frecuencia utilizamos estas migas del conformismo en lugar de nuestra individualidad.

El nombre de la primera miga es «puedo» una de «las innumerables condenadas malabaristas», como cummings llama a los seis símbolos de estar muerto mentalmente. «Puedo» necesita pedir permiso a los demás para actuar, como en: «¿Puedo por favor tener tu bendición y tu indulgencia para existir o hacer algo?». La palabra «puedo» simboliza la falta de confianza en uno mismo y la tendencia a buscar el mérito en la aprobación y la autoridad de los demás. Utilizar siempre esta palabra, dice cummings, es como tener una galleta en vez de un cerebro.

El nombre de la miga número dos es «podría», cuyo lema para ir por la vida es: «Podría haber sucedido así». «Podría» también es sinónimo de «puedo» cuando se emplea para pedir el permiso de los demás: «¿Podría hacer esto?». En cualquier caso, la predisposición a actuar de una de estas serviles maneras simbolizadas por «puedo» y «podría» es una actitud que el poeta nos pide que desafiemos enérgicamente, pues de lo contrario te arriesgas a que Dios no tenga sustancia alguna que juzgar el día del juicio.

Las migas tres, cuatro y cinco son la rima del terceto de una forma de vida vacía y yerma de poder personal. «Debería» es el término que empleamos cuando nos referimos a las acciones pasadas desde una perspectiva de deseo. En este caso evaluamos una acción no por lo que hicimos, sino por lo que deberíamos haber hecho. Las personas que viven exclusivamente con sus «debería» están viviendo una vida imposible y vacía, utilizando el presente para lamentarse por lo que deberían o no deberían haber hecho.

La hermana pequeña «pudiera» y la mayor «haría» son indicativos de que existe un cartel de vacante porque el cerebro del propietario no está disponible. La forma de vida de estas dos hermanas conlleva desesperación, puesto que esperan y debaten las decisiones y las acciones. La frase «Lo haría si pudiera» nos muestra a las dos hermanas dando excusas, explicando su falta de iniciativa y de acción. Cuando se emplean en una frase interrogativa, como «¿Te parece bien», o «¿Puedo hacer tal cosa?», tenemos a la galleta sustituyendo a una mente clara y decidida. Cuando se utilizan como explicaciones para justificar por qué no ha funcionado algo, siguen siendo el relleno de una mente vacía.

La última, un poco avergonzada, dice que su nombre es «debo», el último símbolo de un aparador vacío. Ésta es la miga que se emplea para justificar todas las obligaciones que te has impuesto, las exigencias y las expectativas de los demás. «Debo hacer esto, porque si no lo hago les decepcionaré.» «Debo hacer lo que había programado porque si no me hundiré.» Mi amigo y profesor Albert Ellis se refiere a este impulso como «debomasturbador».

Aquí tenemos los seis indicios de una cabeza que está tan hueca que Dios se agacha sorprendido mientras espera a que salga algo. En su lugar encuentra un inventario personal de excusas que empleamos con más frecuencia de lo que pensamos. A menudo parece natural pedir permiso y autorización en lugar de tomar las riendas de nuestra vida. Cuando decimos «¿Puedo?», realmente estamos diciendo «No confío en mí mismo para dar los pasos necesarios, de modo que entregaré la responsabilidad de mi vida a otra persona». Para cummings, esto equivale a no tener cerebro o, en el mejor de los casos, a estar muerto, y que en su lugar haya migas de galleta donde Dios esperaba encontrar un ser pensante.

Cuando hablamos de lo que deberíamos haber hecho, de lo que podíamos haber hecho, de lo que habríamos hecho, no estamos siendo realistas. Las cosas que se han hecho, hechas están ¡y punto! Desde luego, podemos aprender de todo lo que hemos hecho, pero los «haría», «podría» y «debería» son claramente un callejón sin salida.

Utilizar los versos de este poema es como reemplazar tu propio proceso de pensamiento por las migas de la galleta.

No te «debomasturbes», eres libre para tomar el control de tu vida, a tu manera, sin preocuparte de quienes te han impuesto los «debo» en el pasado.

No seas un Effie a quien Dios no pueda encontrar cuando hayas dejado este mundo. Se te ha dado un cerebro y una capacidad para pensar y actuar utilizando ese importante órgano. No dejes que se deteriore hasta convertirse en migajas por emplear estos seis símbolos de una cabeza hueca. Para practicar las enseñanzas de este mordaz e individualista poeta, empieza el proceso con estas ideas:

• Sé consciente cuando vayas a usar cualquiera de estas seis migas. De este modo podrás eliminarlas no sólo de tu vocabulario, sino también de tu vida.

• No te conviertas en un buscador de permisos cuando tengas algún asunto importante que resolver en tu vida. En vez de decir: «¿Puedo ir a este seminario?» o «¿Te parecería bien si fuera a esta comida?», expón tus intenciones con frases asertivas. Di: «Iré a esta reunión» o «He programado esta comida en mi agenda. ¿Te gustaría venir?».

• No te apegues a las responsabilidades que te han impuesto los demás sin tu consentimiento. Tú eres quien elije tus responsabilidades y no tienes obligación de atarte a ningún «debería», a menos que quieras hacerlo. Convierte tus «debería» y «debo» en tus opciones personales y llévalos contigo con un fuerte sentido de la personalidad, con fortaleza y lo más importante de todo, con vitalidad. ¡Tu mente no es una galleta!

Independencia

Dos sendas se separaban en un bosque dorado;
apenado por no poder recorrer las dos
al ser un único viajero, largo tiempo estuve
mirando a una tan lejos como alcanzaba mi vista,
hasta el recodo donde en la maleza se adentraba.

Después tomé la otra, igualmente buena,
por el atractivo que a mis ojos le daba
la abundante maleza y la falta de uso,
aunque desde donde me encontraba era cierto
que no era mucho lo que las diferenciaba,

que en aquella mañana igualmente intactas se posaban
las hojas que ambas sendas cubrían.
Así pues, ¡guardé la primera para otro día!
Y sin embargo, sabiendo que una senda a otra conduce,
dudé si alguna vez debería volver.

Algún día, en algún lugar lejano,
sin duda diré con un suspiro de alivio:
dos sendas se separaban en un bosque, y yo
tomé la menos usada.
En eso estará la diferencia.

Robert FROST
(1874-1963)

Robert Frost, ganador de varios premios Pulitzer, es reconocido por sus descripciones poéticas de la Norteamérica rural y del alma humana.

Cuando Frost escribe sobre tomar la senda «menos conocida», está hablando de algo mucho más trascendente que el mero hecho de elegir un camino en un cruce. Al hablar de las dos sendas que divergen en el bosque y de la reflexión que eso suscita en él —«Dudé de si alguna vez debería volver»—, lo que Frost nos está diciendo en realidad es: «Aquí sólo tengo una oportunidad. No puedo tomar un camino y, si éste no funciona, regresar para tomar el segundo». Sabe que tiene que elegir, y el criterio que sigue para tomar su decisión es hacer caso de su instinto, que le lleva a adentrarse en la senda menos conocida.

En este poema veo un consejo que se puede aplicar a todas las áreas de nuestra vida. Para mí, lo que Frost nos dice es que tengamos cuidado si seguimos a la manada y que no hagamos nada simplemente porque lo hacen los demás. Por otra parte, también has de hacer lo que haces del modo que creas más conveniente, al margen de cómo lo hagan los demás o de cómo se ha hecho siempre. En la última estrofa del poema, que quizá sea el más conocido de Robert Frost, esta valiosa lección sobre la necesidad de elegir nuestro propio camino culmina con la conclusión de que una vida vivida de este modo supone una gran diferencia.

Mi esposa y yo somos padres de ocho maravillosos hijos. Nuestra principal preocupación es ayudarles a desarrollar sus propios objetivos en la vida, a la vez que ponemos todo nuestro empeño para apartarles del mal camino. Cada día oímos historias sobre jóvenes víctimas de horrores como los accidentes de tráfico por exceso de alcohol, sobredosis de drogas, actividades delictivas y enfermedades de transmisión sexual que con frecuencia son sinónimos de sentencias de muerte. Al hablar con ellos y con sus amigos sobre estos temas, solemos escuchar estas palabras: «Todo el mundo lo hace». Oímos términos como «presión por parte de los compañeros» y que para los jóvenes es normal buscar la aceptación de sus amigos. Nadie, nos dicen a menudo, quiere parecer un «idiota» por no encajar en el grupo. Yo siempre les recuerdo este poema, «La senda no tomada». Puesto que simplemente no puedes decidir qué camino tomar y los dos parecen atractivos, sigue el consejo del poeta y toma el menos conocido, eso marcará la diferencia en tu vida.

Si todos piensan que está de moda beber y consumir drogas y tú no estás seguro, toma un camino distinto. Elije una senda que sólo tú vayas a atravesar; eso hará que todo sea distinto. Una de las razones por las que la presión de los compañeros tiene tanto efecto sobre los jóvenes es porque los adultos también somos víctimas de la misma mentalidad de grupo. Muchas veces excusamos a los jóvenes porque nosotros mismos tenemos problemas para hacer que nuestra vida sea diferente.

Crear esta colección de ensayos basándome en las creativas enseñanzas de todas estas grandes almas de la historia de la humanidad me ha ayudado a abrir los ojos. Antes de escribir lo que yo creía que el poeta o el escritor nos estaba transmitiendo, leí todo lo que pude sobre sus vidas y las decisiones que tomaron en su momento. Casi todas estas personas que tanto respetamos tomaron la senda por descubrir, y por eso pudieron destacar.

El propio Frost debía haber sido primero granjero, luego abogado y por último profesor. Probó lo primero y luego lo dejó. Empezó a estudiar derecho como quería su abuelo, pero dejó la facultad casi inmediatamente. Abandonó Harvard debido a una enfermedad, quizá por seguir el camino más común. Sin embargo, la poesía estaba en su corazón, y cuando llegó a un camino que pocos habían tomado todo cambió; y hoy gozamos del regalo de su poesía gracias a esa elección. Gracias a elecciones similares, hoy gozamos de la música de Mozart, de las pinturas de Miguel Ángel y de las esculturas de la antigua Grecia.

El poema de Frost nos invita a olvidarnos de la presión del grupo y a que seamos conscientes de que si realmente deseamos cambiar nuestra vida no podremos conseguirlo haciendo lo que hacen los demás o siendo igual que el resto de la gente. Si optas por hacer que tu vida sea como la de la mayoría, entonces, ¿qué es exactamente lo que tienes que ofrecer? La senda más trillada es la que te permitirá encajar, sentirte aceptado e incluso integrado, pero jamás te dejará destacar. Mientras lees todas estas aportaciones de estos grandes pensadores de todos los siglos, estás absorbiendo la sabiduría de unas personas que en su mayoría eligieron la senda menos conocida. Sus escritos perduran porque siguieron adelante, a pesar de las críticas de los que eligieron el otro camino.

En mi trabajo, nunca me ha importado hablar y escribir sobre temas e ideas que eran criticados por los que estaban en la otra senda. Al principio, el camino estaba lleno de baches y grava. Sin embargo, siempre me he guiado por lo que me dictaba el corazón. Con el paso de los años, asfaltaron e iluminaron el camino. Ahora, muchos de los que antes pensaban que ésta era una senda absurda caminan conmigo. Muchas veces oigo decir: «Antes pensaba que tus ideas eran insensatas, pero ahora realmente estoy de acuerdo contigo». Estoy contento de haber experimentado lo que dijo Robert Frost.

Frost escribió sobre el hombre común y las opciones poco comunes que éste puede escoger cuando se deja guiar por su intuición en lugar de seguir a la manada. ¡Qué gran lección para nosotros, y especialmente para nuestros hijos! Yo soy uno de esos hijos, que ahora dice a los suyos que tomen la senda menos frecuentada. Te animo a que conozcas el placer de elegir tu propio camino y poder decir «en algún lugar lejano... con un suspiro de alivio». Espero que para entonces haya más niños en el mundo que cuando se hagan adultos sepan que en ese camino nunca hay aglomeraciones.

Para aplicar en tu vida este mensaje empieza por:

• Deja de usar la conducta o los éxitos de los demás como medio para justificar la vida que llevas. Incluso si son muchos, o la mayoría, los que ven las cosas de una forma determinada, si sientes que no estás en armonía con la forma de pensar del grupo, reafírmate tomando el camino que desea tu corazón.

• Trabaja duro y no hagas comparaciones en tus relaciones. Esperar que los demás se atengan a las normas de la mayoría no favorece la autoestima o la individualidad.

• Escucha a tu corazón en lo que respecta al camino que deseas seguir. Aunque toda tu vida te hayas preparado para una cosa, si eso no es lo que sientes ahora, empieza la aventura de explorar la senda desconocida. La recompensa de la independencia sobrepasará en mucho a la de la práctica de la conformidad.

- Recuerda, como hizo Frost en su poema, que no es probable que tengas una segunda oportunidad para regresar y tomar el camino que realmente deseabas seguir, pero que no tomaste por ser el menos conocido.

Aprecio

¿Por qué razón cuando estoy en Roma
daría lo que fuera por estar en casa,
pero cuando en mi tierra estoy,
mi alma se muere por Italia?

¿Y por qué contigo, mi amado, mi señor,
me aburro de tal manera,
pero cuando te levantas y te vas
lloro por volver a tenerte junto a mí?

Dorothy PARKER
(1893-1967)

Escritora estadounidense de relatos breves, versos y críticas, Dorothy Parker destacó por su mordaz ingenio.

Este poema, de estilo ingenioso y agudo como era habitual en los escritos de Dorothy Parker, refleja un rasgo neurótico con el que estamos bastante familiarizados. Es una reflexión poética sobre nuestra particular tendencia a desear lo que no tenemos hasta que lo tenemos, y entonces dejamos de desearlo. ¡Éste es uno de los grandes misterios de la humanidad! ¿Cuál es la razón por la que tan a menudo dejamos de disfrutar negando persistentemente el aquí en pos del allí? Dorothy Parker titula el poema «Sobre ser mujer», pero en base a las observaciones que he realizado entre mis colegas masculinos, incluido yo mismo, yo le pondría el título de «Sobre ser humano».

Muchos padecemos esta enfermedad de no estar plenamente inmersos en el presente que, sin embargo, es el único lugar donde realmente podemos estar. ¿Por qué malgastamos los preciosos momentos de nuestra vida, lo más valioso que tenemos, deseando estar en otra parte? ¿Por qué desperdiciamos nuestro presente sintiéndonos culpables por el pasado, temerosos por el futuro o deseando estar en alguna otra parte, tal como agudamente expone Dorothy Parker en este breve poema?

Mi respuesta a estas preguntas es que lo hacemos porque vivimos nuestra vida con una actitud de desprecio en lugar de gratitud. La forma de resolver este dilema es tan simple que se le escapa a casi todo el mundo. Es la siguiente: vive tu vida con gratitud en lugar de vivirla con desprecio. Sólo se trata de tomar conciencia de que estás desperdiciando el momento presente en el privado mundo de tus pensamientos. Cuando estés en Roma y añores tu hogar, o viceversa, despierta, deja de despreciar Roma y esfuérzate por apreciarla un poco más. Este tipo de diálogo interior te rescatará de la trampa de no estar nunca en el presente.

Uno de los rasgos que he observado en las personas con un alto rendimiento es su inexplicable capacidad para no pensar en el pasado ni en el futuro. Cuando estás en su presencia y las miras a los ojos sabes que tienes toda su atención. La preocupación no forma parte de la experiencia de su vida. Una de estas personas me explicó: «En primer lugar, no vale la pena preocuparse por cosas sobre las que no tienes control, porque si no puedes hacer nada, no tiene sentido que te preocupes. En segundo lugar, no vale la pena preocuparse por las cosas sobre las que tienes control, por que si tienes el control, no hay razón para preocuparse». Y en estas dos categorías entra todo aquello que podría preocuparte. Creo que este mensaje es lo bastante importante como para que nos lo repitamos con frecuencia.

Por lo tanto, si estoy en Roma, no tengo ningún control sobre mi casa. De modo que tengo la oportunidad de no despreciar Roma y de apreciar mi hogar, cuando estoy en Roma. Del mismo modo, cuando estoy con alguien y me aburro, es porque he elegido despreciar a esa persona y apreciar sólo a la que no está presente. Por eso cuando se marcha esa persona que nos aburre, seguimos manteniendo el mismo proceso neurótico. Aprecio lo que no tengo y desprecio mi soledad, que es lo que constituye el presente. Aprendiendo a apreciar lo que tenemos y a no despreciar nada, el dilema que presenta la ingeniosa escritora en su poema desaparece. Sencillamente se trata de tomar una decisión consciente en ese momento.

A menudo veo que caigo en la trampa de la que habla Dorothy Parker cuando me quedo solo con el exclusivo propósito de escribir. Cuando estoy lejos del ruido y de las constantes interrupciones que se producen al tener una gran familia, descubro que deseo estar con ellos. Cuando estoy en casa, anhelo la intimidad y la soledad del lugar donde trabajo. Mi forma de salir de esto es ser consciente de lo que estoy haciendo y de cómo utilizo mis pensamientos y eso me devuelve inmediatamente al presente.

Mientras escribo practico el hábito de apreciar todo lo que me rodea. Miro el paisaje y doy gracias por mi entorno y por la oportunidad de dar vida a mis escritos en este lugar. Entonces escribir se convierte en una gran fuente de dicha. Del mismo modo, cuando estoy en casa y los niños corren de un lado a otro y parece reinar el caos, intento apartar la idea de estar en otro sitio y practico la gratitud. Observo a mi esposa en casa y pienso en la suerte que tengo de estar allí. Incluso aprecio las cosas más evidentes que a menudo consideramos normales, como la nevera, los cuadros de la pared y los perros que ladran. Sólo se trata de apreciar y erradicar el desprecio.

Reconozco que Dorothy Parker fue famosa principalmente por su mordacidad y su ingenio; quizás por eso la he incluido en este libro. Me encanta la sátira, reírme. Cuando ella se enteró de la muerte del presidente Calvin Coolidge, respondió: «¿Cómo pueden estar seguros?». Y en una crítica a la obra *The Lake*, que interpretaba Katharine Hepburn en 1934, dijo: «Abarcó todas las emociones desde la A a la B». Soy muy consciente de que en este poema Dorothy Parker se está refiriendo con cierto sarcasmo a sí misma y, sin embargo, tocó un tema de vital importancia para llevar una vida plena.

Quizá la característica principal del bienestar mental sea la capacidad para vivir el presente, plenamente y sin pensar en estar en otra parte. La descripción de Henry David Thoreau es: «Bendito sea sobre todos los mortales el que no pierde ni un momento de su vida en recordar el pasado». Yo añadiría con profundo respeto: «Y sin prever el futuro». Indiscutiblemente existe un pasado, y un futuro, pero no están aquí, en el presente.

Nuestro presente es un misterio del que todos formamos parte; un sueño, si así lo deseas, del momento. El verdadero misterio se oculta en el aquí y ahora. No te quepa la menor duda de que luchar por vivir en el presente es hacerlo por lo que ya existe. Puedes utilizar estos maravillosos momentos del presente en un estado de gratitud, que significa estar totalmente presente, o en un estado de desprecio, que es desear estar en cualquier otro sitio menos donde estás. Pero, a fin de cuentas, el presente es todo cuanto tenemos, cuanto hemos tenido siempre.

Disfruta del corto poema de Dorothy Parker y aprende de sus observaciones incorporando las siguientes sugerencias en tu presente:

• Cuando deseas estar en otra parte, vuelve al estado de gratitud por el lugar donde te encuentras. Cuando planificas algo, disfruta haciéndolo. Recuerda que no estar totalmente inmerso en el presente es un hábito que puedes romper ahora mismo.

• Rechaza los pensamientos de desprecio. Cuando te des cuenta de que estás despreciando a alguien o a algo en tu momento presente, intenta sustituir esa actitud por un pensamiento de gratitud. Por ejemplo, en lugar de aburrirte en una conversación, piensa: «Voy a pasar los próximos minutos apreciando a esta persona por lo que es, y eso es todo». Eliminar este tipo de juicios supone regresar al presente.

• Dedica un tiempo a meditar. La meditación les resulta difícil a muchas personas porque su mente siempre está en algún lejano lugar. Una forma de meditación es identificar los pensamientos a medida que van surgiendo y luego optar por dejarlos marchar. Esto te ayuda a ser consciente de ellos y a regresar al momento presente, lo que a más de uno no nos viene nada mal.

• Pon en práctica disfrutar de cada fase de la comida, en lugar de pensar en el postre mientras estás tomando el aperitivo. Esto también se puede aplicar a gozar del amanecer, a estar despierto durante el día y a no pensar en la cama mientras trabajas. La esencia de este mensaje es estar en el aquí y ahora. No hay ningún otro lugar donde estar.

Perdón

Mi viejo es blanco
y mi vieja es negra.
Si alguna vez maldije a mi viejo blanco
retiro esas maldiciones.

Si alguna vez maldije a mi negra madre
y en el infierno la quise ver,
me arrepiento de ese pensamiento malvado
y ahora le deseo el bien.

Mi viejo murió en una gran casa
y mi madre en una choza.
Me pregunto dónde moriré yo
al no ser blanco ni negro.

Langston Hughes
(1902-1967)

Langston Hughes, poeta estadounidense, también escribió tiras humorísticas en los periódicos, una novela y una colección de relatos breves. Es conocido principalmente por sus poemas, en los que usa rimas de blues y baladas y que en general son documentales que tratan de las penurias y las alegrías de los negros americanos.

Este breve poema, escrito en un estilo rápido e ingenioso por el hombre que yo considero el antepasado del movimiento norteamericano de los derechos civiles, es un tributo al efecto curativo del perdón, así como una parodia de lo absurdo que es clasificar a las personas por su aspecto, especialmente por el color de la piel. La última línea de cada una de las estrofas transmite un importante mensaje. Resumen lo que es la verdadera espiritualidad, así como la salud sociomental: «Retiro esas maldiciones» y «Y ahora le deseo el bien». ¿Qué quiere decir Langston Hughes en estas líneas? Creo que está expresando que es lo bastante maduro espiritualmente para decir a sus padres: «Os perdono y lamento cualquier mal pensamiento que haya podido albergar contra vosotros».

La libertad que nos confiere un sencillo acto de perdón nos ahorra el esfuerzo de la ira y el alto precio que se cobra el odio. El perdón puede darte paz mental. Piensa en aquellas cosas que te hayan hecho y que te hagan albergar hostilidad. Cada herida es como ser mordido por una serpiente. Rara vez mueres por la herida, pero la mordedura está ahí y el daño lo materializa el veneno que continúa fluyendo por tu organismo. El veneno es la amargura y el odio al que te aferras mucho después de haber sido herido, y que acabará destruyendo tu paz mental.

El antídoto es el perdón, que no es tan difícil de practicar como crees. Si crees que el perdón es un reto y una acción conflictiva que te costará años asimilar, te comunico que es justamente lo contrario. El perdón es gozoso, fácil y, ante todo, tremendamente liberador. Nos alivia de las cargas del resentimiento y de los sufrimientos del pasado; no es más que un sinónimo del desapego. Ahora estoy hablando por experiencia propia, y quizás por eso me gusta tanto este poema.

Mi viejo era un blanco que desapareció de mi vida cuando yo era niño y jamás me llamó por teléfono. Ni una sola vez en su vida vino a ver cómo estaban sus tres hijos. Pasó algún tiempo en la cárcel, era alcohólico, maltrataba a mi madre y a muchas otras mujeres, murió de cirrosis hepática a los cuarenta y nueve años y fue enterrado en una fosa para pobres en Biloxi, Mississippi.

Llevé conmigo el peso del resentimiento y el odio hasta los treinta años, hasta que fui a visitar su tumba y básicamente le dije lo mismo que Langston Hughes: «Retiro esas maldiciones», y al hacerlo mi vida cambió por completo. Mi escritura empezó a fluir, mi enfoque sobre el modo de cuidar de mi salud mejoró significativamente, mis relaciones pasaron de ser hostiles a convertirse en asociaciones espirituales, y lo más importante, me sentí liberado del peso de tener ese veneno corriendo por mis venas. Cuando aprendemos a perdonar, nos elevamos por encima de quienes nos han ofendido o agraviado y nuestro acto de perdón pone fin a la desavenencia. La última estrofa del poema de Langston Hughes describe el proceso de identificarnos con las apariencias externas.

Soren Kierkegaard, el famoso filósofo danés, dijo: «Una vez me hayas clasificado, me negarás». El proceso de encasillarnos a nosotros mismos y a los demás en pequeños compartimentos basándonos en clasificaciones y luego en opiniones fundadas sobre las mismas bases es la experiencia más antiespiritual e inhumana que se pueda imaginar. Sin embargo, lo hacemos constantemente. El gobierno nos pide que rellenemos los impresos del censo y nos identifiquemos étnicamente. Las ayudas se conceden sobre la base de estas distinciones y los prejuicios son cada vez mayores porque tendemos a identificarnos con lo que ven nuestros ojos, en lugar de con lo que sienten nuestros corazones. Sabemos que podemos intercambiar órganos y hacernos transfusiones de sangre, sabemos que nuestros pensamientos y almas no tienen color; no obstante, todavía necesitamos ponernos etiquetas tomando como referencia el aspecto exterior.

Tenemos un amigo íntimo que vive en Maui. Su padre —que dejó a su familia hace mucho tiempo— es negro y su madre blanca. Al igual que Hughes, ha sido educado por su madre y su abuela. Una vez me dijo: «Al no ser ni negro ni blanco, realmente no tengo a quien odiar». Se puede aprender mucho de esta observación.

Me encantan las dos últimas líneas del poema de Langston Hughes: «Me pregunto dónde moriré yo, al no ser blanco ni negro», porque resumen el absurdo de poner etiquetas a las personas. ¡Qué dilema! Sabemos lo que podemos hacer con su viejo y con su vieja, pero ¿qué podemos hacer con él? Este hombre, Langston Hughes, escribió este poema entre los años veinte y treinta, cuando el odio y la tensión racial estaban en un momento álgido en Estados Unidos, y tuvo el valor de escribir aquello que le dictaba su corazón. Quizá su poema más conocido sea «Yo también canto a América». Lo cito aquí para que lo leas mientras reflexionas sobre estos dos temas del perdón y de la clasificación de las personas:

YO TAMBIÉN CANTO A AMÉRICA

Yo soy el hermano negro,
al que mandan a comer a la cocina
cuando vienen visitas,
pero me río,
como bien,
y me hago fuerte.

Mañana, me sentaré en la mesa
cuando vengan visitas.
Nadie se atreverá a decirme:
«Ve a comer a la cocina».
Entonces, además,
verán lo bello que soy
y se avergonzarán.

Yo también soy América.

Esto, visto con una o dos generaciones de distancia, nos recuerda que actuamos vergonzosamente cuando aplicamos etiquetas. Él tenía razón: «Mañana, (...) Nadie se atreverá a decirme: "Ve a comer a la cocina"», y así ha sido gracias a personas como Langston Hughes, capaces de reír, de crecer fuertes y sentirse bellas a pesar de lo que dijeran los demás, y por si fuera poco, capaces de perdonar. Nos recuerda que todos valemos lo mismo, como hizo William Blake, que también escribió acerca de su desprecio por los prejuicios y nos dejó un poético recordatorio: «En el cielo, el único arte de vivir es olvidar y perdonar».

Para poner en práctica las ideas de Langston Hughes toma nota de estas pautas:

• Recuerda a todas las personas que alguna vez te hayan herido de alguna forma, por mucho daño que te hayan hecho o por reciente que sea, y toma la decisión de olvidar. El perdón es un acto del corazón. Hazlo por tu propio bien. Es el único antídoto para el veneno que has dejado que circule dentro de ti.

• Sé consciente de que tus padres (y todas las personas que forman parte de tu pasado) hicieron lo que pudieron dadas sus circunstancias. No puedes pedir más de nadie. Puede que tú no lo hubieras hecho del mismo modo, así que aprende de ello. Perdonar es reconocer que las heridas profundas no se cerrarán hasta que perdones. De modo que decídete a dar el paso e inmediatamente te sentirás más liberado que nunca.

• Haz todo lo que puedas por evitar encasillar a las personas. Pasa por alto el color de la piel y la estructura ósea, sé consciente de cómo Dios se manifiesta a través de todas las personas y dirígete a ellas desde ese espacio donde no hay distinciones. Recuerda siempre que todas las personas, sin excepción, tienen derecho a decir: «Yo también canto a América».

No violencia

La perspectiva de la no violencia no cambia inmediatamente el corazón del opresor. En primer lugar actúa sobre los corazones y las almas de los que están comprometidos con la misma. Les proporciona un nuevo respeto hacia sí mismos, les exige una fortaleza y un valor que no sabían que poseían. Al final llega al oponente y sacude de tal manera su conciencia que la reconciliación se hace realidad.

Martin Luther KING
(1929-1968)

El doctor Martin Luther King fue ministro de la Iglesia baptista y un apasionado luchador por los derechos civiles a través de la no violencia. Su vida fue segada por una bala asesina en 1968.

Esta cita del doctor Martin Luther King me recuerda la historia de Buda. Según parece, un hombre oyó hablar de la reputación de Buda, de no ser un hombre violento y de estar siempre en paz ante cualquier situación. Este hombre decidió poner a prueba a este ser divino e hizo un largo camino para estar en su presencia. Durante tres días fue grosero y molesto con él. Le criticaba y encontraba defectos en todo lo que hacía o decía. Le insultó verbalmente, intentando que reaccionara con furia. Sin embargo, Buda nunca cedió ante sus insultos. Siempre le contestaba con amor y ternura. Al final, el hombre ya no lo pudo resistir más y le preguntó: «¿Cómo puedes tener tanta paz y ser tan amable cuando todo lo que te he dicho era ofensivo?». La respuesta de Buda fue en forma de otra pregunta: «Si alguien te hace un regalo, pero no lo aceptas, ¿a quién pertenece?». El hombre tuvo su respuesta.

Si alguien te ofrece un regalo de ira u hostilidad y tú no lo aceptas, éste sigue perteneciendo al dador. ¿Por qué eliges estar triste o enfadado respecto a algo que no te pertenece?

Ésta es la esencia del mensaje que nos ofrece el doctor Martin Luther King. Cuando eliges la no violencia, eres tú quien cosecha sus primeros frutos. Eliminas tu tendencia a aceptar regalos malintencionados. Cuando los demás intentan seducirte con argumentos o conflictos de cualquier tipo, tú sencillamente «pasas». Tu objetivo inicial no ha de ser cambiar a nadie, sino llegar a ser conscientemente un instrumento de la gracia y de la indulgencia. Cuanta más paz halles en tu interior, menos te afectará la enemistad y el desprecio de los demás.

Cuando el doctor King habla de algo que está sucediendo en el corazón y el alma de los que están comprometidos con la no violencia, no está hablando exclusivamente del movimiento de los derechos civiles o de la guerra de clases. Nos está diciendo que si podemos comprometernos a que haya paz en nuestro corazón, tendremos más valor y más fuerza que nunca. Cuando los que nos rodean intentan atraernos a sus batallas, nuestro compromiso de paz nos permite entablar un diálogo distinto con nosotros mismos, incluso antes de que consideremos si aceptamos o no los «regalos» que nos ofrecen. Nuestra afirmación es: «Elegiré la paz en lugar de esto». Tras una serie de diálogos semejantes, acabaremos reaccionando pacíficamente.

Mi esposa Marcelene es una mujer muy pacífica y reflexiva, y ha sido así durante las más de dos décadas que llevamos juntos. En nuestros primeros años de relación intentaba arrastrarla a diferentes discusiones con mi lógica un tanto subida de tono, pero ella sencillamente no entendía la relación de ese modo. Con su conducta me estaba diciendo: «No estoy interesada en pelearme contigo», y lo demostraba con una pacífica continencia y no dejándose llevar por mi beligerancia. Al poco tiempo me di cuenta que no conseguiría que aquella mujer pensara como yo. Comprendí que es muy difícil luchar contra alguien que no tiene interés en hacerlo. Ella no estaba intentando cambiarme con su conducta. Respondía pacíficamente desde su compromiso con una actitud no violenta.

Cuando leas estas hermosas palabras del doctor King, recuerda que tu objetivo al elegir la no violencia no es el de cambiar a nadie o el de arreglar el mundo. Tu meta es la de concederte el respeto que te mereces como creación divina y eliminar el dolor asociado al conflicto y a la enfermedad. De este modo, empezarás a irradiar espontáneamente esa fuerza del respeto y la paz, influyendo con tu mera presencia en quienes tienes alrededor.

De Buda y de Jesucristo se decía que con su sola presencia podían elevar la conciencia de quienes estaban a su alrededor. Probablemente habrás experimentado esto si has estado cerca de personas pacíficas altamente evolucionadas. Parecen irradiar feromonas de amor que te hacen sentir paz y seguridad en ti mismo. Por propia experiencia sé que podemos cambiar la energía de cualquier entorno decidiendo conscientemente poner en práctica una afirmación como ésta de *Un curso de milagros*: «Estaré en paz y no seré violento, sea cual sea la ofensa que me hagan».

He practicado enviar feromonas no violentas de energía en muchas situaciones en que solía pensar que no tenía poder alguno sobre ellas. En una tienda de comestibles, cuando oigo o veo a los padres maltratar a su hijo, me traslado a mi campo de energía y dejo que mi energía de paz y amor alcance el suyo. Suena a locura, pero siempre parece dar resultado, y tal como dice el doctor King con tanta elocuencia: «Llega al oponente y sacude de tal manera su conciencia que la reconciliación se hace realidad».

Cuando los niños son groseros y quieren pelea, démosles un ejemplo vivo de lo que significa no dejarse arrastrar a la violencia. En nuestras relaciones con la familia o con otros adultos, hagamos que vean ante todo un corazón y un alma que está en paz. Siempre tenemos la opción de elegir entre la malevolencia o la benevolencia, incluso aunque sientas que estás siendo utilizado como cebo. Recuerda las palabras de Buda y su regalo, y sé consciente de que la no violencia que predicó y vivió el doctor King es un ejemplo que todos podemos aplicar en nuestras vidas a diario.

Si deseas formar parte del movimiento de la no violencia, prueba estas sugerencias:

• Cuando sientas el impulso de reaccionar ante algún tipo de violencia con la misma moneda, haz el voto de ser un instrumento de paz, tal como nuestros maestros espirituales nos animaron a hacer.

• Trabaja cada día para atraer más paz a tu vida. Dedica un tiempo a meditar, practicar yoga, leer poesía, dar paseos en solitario, jugar con los niños y los animales o hacer cualquier cosa que despierte tu amor y te haga sentir amado.

• Haz un esfuerzo consciente para eliminar la influencia de la violencia en tu vida, como, por ejemplo, en los periódicos y las noticias de la televisión, que tratan de llamar tu atención sobre la hostilidad y el odio destructivo bombardeándote continuamente con reportajes que te quitan la paz. Aléjate de ellos, y cada vez que oigas ese tipo de noticias, recuerda que por cada acto despiadado hacia el hombre hay miles de acciones bondadosas.

• Recuerda este antiguo proverbio chino: «El sabio no habla, los que tienen talento hablan y los estúpidos discuten».

Comparación

Cuando pienso en los hombres de rico talento,
me siento complacido, a mi introvertida manera,
cuando al hacer balance descubro,
cuánto tenemos en común, ellos y yo.

Como Burns, tengo debilidad por la botella.
Como Shakespeare, sé poco latín y menos griego.
Me muerdo las uñas como Aristóteles.
Como Thackeray, soy un poco esnob.

Padezco la vanidad de Byron.
He heredado el resentimiento de Pope.
Como Petrarca, me embobo por una sirena.
Como Milton, tiendo a estar abatido.

Mi lenguaje recuerda al de Chaucer.
Como Johnson, no deseo morir
(también me bebo el café del plato)
y si Goldsmith parecía un loro, yo también.

Como Villon, tengo deudas a montones.
Como Swinburne, creo que necesito una enfermera.
Como jugador empedernido supero a Christopher Marlowe.
y sueño tanto como Coleridge, sólo que peor.

Al compararme con hombres de rico talento,
soy todo cuanto un hombre de talento debería ser,
me parezco a cada genio en sus vicios,
por detestables que éstos sean,
sin embargo, escribo muy parecido a mí.

Ogden Nash
(1902-1971)

Ogden Nash, escritor estadounidense de verso ligero, es conocido por su sofisticado humor y su sentido de la sátira.

Ogden Nash fue conocido por su gran sentido del humor y sus versos audaces, que a menudo eran irregulares y muy variados, desde frases de una palabra hasta líneas que ocupan un párrafo. Tuvo muchos seguidores en vida, especialmente por su poesía que satirizaba las debilidades cotidianas. En el poema que he citado se burla de sí mismo justificando sus debilidades comparándolas con las de «los hombres de talentos dorados», que son algunos de los mejores poetas del mundo. Aunque este poema está escrito medio en broma, resalta la tendencia que tenemos muchas personas a compararnos con los demás.

Parece más sencillo comparar nuestra conducta con la de los demás para determinar dónde nos encontramos en la vida. De hecho, casi toda nuestra educación en casa y en la escuela se ha basado en el método de la comparación, y la mayoría fuimos preparados para encajar en algún lugar intermedio, según cómo se agrupe el resto. Para evaluarnos, la curva estándar se aplicaba para determinar dónde encajábamos, ya fuera en geografía, matemáticas, en el tipo de ropa que llevábamos y qué toque de queda obedecíamos. Cualquier cosa que hicieran los demás se empleaba como barómetro para determinar lo que teníamos que hacer. Había expedientes académicos e informes de conducta social. La comparación como medio de evaluación prevalecía hasta tal punto que lo más normal es que sea el medio que emplees para evaluar tu vida de adulto, así como para dirigir la vida de los miembros de tu familia.

Sin embargo, comparar una persona con otra supone negar el carácter único de cada individuo, y las comparaciones nunca conducen al autoconocimiento. Resulta cómodo buscar la aprobación fuera de uno mismo, si los demás también lo hacen. Y dado que casi el sesenta y ocho por ciento de las personas actúan así, resulta tentador creer que éste es el camino correcto. Cuando nos comparamos con otros, estamos cayendo en los mismos condicionamientos del pasado, ya que buscamos en el exterior algo que en realidad llevamos dentro de nosotros mismos. Me gusta esta sentencia de Laozi, el fundador del taoísmo: «El que conoce a los demás es sabio. El que se conoce a sí mismo está iluminado».

Cuando recurrimos a las comparaciones de cualquier tipo, a lo máximo que podemos aspirar es a algo de sabiduría, pero para iluminarnos hemos de conocer y honrar a la creación única que hay dentro de cada uno de nosotros. Ésta es la genialidad que nunca se hallará en la medianía.

Estar siempre esforzándose por llegar al punto más ancho y elevado de la curva «normal» y evitar los delgados finales que representan los extremos, no es, como estoy seguro de que ya sabes, el camino que ha de seguir todo el mundo. ¿Por qué? Porque el genio creativo siempre se encuentra en la posición más alejada de la media.

Jean Piaget fue un famoso psiquiatra suizo que investigó cómo los estudiantes podían conseguir mejores resultados. Cuando yo todavía estaba realizando mi doctorado, me enseñó algo muy importante que jamás he olvidado. Sus experimentos con alumnos de enseñanza básica confirmaron que el aprendizaje y los niveles de rendimiento eran diferentes para individuos distintos. En una clase en la que se empleara un solo método de enseñanza, por ejemplo conferencias, los resultados finales se asemejaban a una curva con aproximadamente dos tercios dentro de la nota C o aprobado; un cuarto se dividía en dos mitades, una por encima del aprobado y otra justo por debajo de éste; el seis por ciento se dividía en partes iguales en muy deficiente y excelente con minúsculas fracciones en lo que se denominaban desviaciones distantes del centro. Es decir, que una diminuta fracción son genios y otra diminuta fracción sencillamente no ha asimilado nada.

No obstante, esto no fue lo que me impresionó, ni tampoco lo que siempre he recordado de Piaget. Éste dijo luego que, si se cambiara el método de enseñanza, de conferencias a dibujos, por ejemplo, se obtendría la misma distribución estándar: una diminuta fracción de genios y otra de ceros; un seis por ciento de excelentes y de suspensos bajos; un veinticinco por ciento de suspensos altos y notables; un sesenta por ciento de aprobados altos y de aprobados bajos. Lo sorprendente del caso es que las personas que entrarían en las diferentes categorías no serían las mismas que con el otro método, y si probáramos otros métodos, por ejemplo coloquios o presentaciones con vídeo, con el mismo grupo, con cada nuevo método obtendríamos nuevos genios, nuevos suspendidos y un nuevo grupo dentro de la media.

Para mí, la interesante conclusión de Piaget es inolvidable. En toda persona hay un genio, y todos nosotros, como educadores, como padres o como directores de nuestras propias vidas necesitamos hallar el método que nos permita revelar al genio que llevamos dentro.

El satírico poema de Ogden Nash «A ellos me parezco» nos recuerda lo absurdo que es compararnos con los demás en cualquier circunstancia. Su conclusión revela la verdad de su afirmación: «Sin embargo, escribo muy parecido a mí». Eso es lo único que él pudo hacer: ser él mismo.

Con frecuencia, en nuestro afán por encajar en un entorno y ser aceptados, nosotros mismos nos ponemos la trampa al pensar cómo somos en comparación con los demás. Hemos sido condicionados desde pequeños y por eso es fácil olvidar que nuestra genialidad individual puede que no se haya desarrollado. La idea de compararse con otra persona parece absurda cuando sabes que eres un ser único y además encuentras el método, las personas y las circunstancias que te parecen adecuadas.

Al igual que me sucede a mí cuando escribo, hablo, corro una maratón, lavo el coche o me cepillo los dientes, en el fondo de tu corazón sabes que no necesitas comparar tus acciones con las de los demás para decidir cómo has de actuar. Somos libres cuando podemos decir: «Ésta es mi forma de hacerlo, ¿cuál es la tuya? ¡No existe una única manera!». Soy libre cuando ya no necesito decir lo que tengo en común con esos ricos talentos. La conclusión es la misma a la que llegó Ogden Nash: «Sin embargo, escribo muy parecido a mí». Deja de comparar y empieza a organizar tu vida.

Para dejar de compararte con los demás, empieza a practicar estas sugerencias:

• Emplea tu propio sistema para evaluar tus acciones y tu personalidad. «¿Estoy contento conmigo mismo?» en lugar de «No soy tan bueno como mi hermana».

• Cuando te des cuenta de que vuelves al antiguo hábito de comparar, deja de hacer lo que estés haciendo en ese momento y obsérvate. Ser consciente es el principio del cambio. Cuando estés a punto de decir: «Creo que estoy dentro de la media en algo», detente y vuelve a componer la frase del siguiente modo: «Así es como yo lo hago y me parece bien».

• No emplees comparaciones con tus hijos, a menos que esperes lo mismo a cambio. Puesto que cada vez que dices: «Todos tus compañeros de clase hacen las tareas de la casa», puedes esperar oír algo parecido a: «Ningún padre obliga a sus hijos ir a la cama tan pronto». El hábito se vuelve insidioso y pasará de generación en generación si no dejas de utilizar la comparación como norma. Cambia tus instrucciones a «Espero que hagas algún trabajo en casa, y esto no tiene nada que ver con tus amigos».

• Si no tienes tanto talento o no eres tan experto como desearías en algo en particular, recuerda que no es porque no seas inteligente, sino que es el resultado de tu experiencia y de tu reacción única a ese acontecimiento. Tu genialidad puede estar en otra parte o puedes necesitar otro método de enseñanza. Respeta tu individualidad y evita especular sobre cómo eres en comparación con los otros. La comparación siempre cede el control de tu vida a aquellos con quienes te comparas.

Acción/hacer

Se debería hablar menos; un lugar de predicación no es un punto de encuentro. ¿Qué has de hacer entonces? Coge una escoba y limpia la casa de alguien. Eso ya dice mucho.

Madre TERESA
(1910-1997)

La madre Teresa, monja, profesora de geografía e historia y directora de un colegio en Calcuta, sintió la llamada de la vocación y abandonó el convento para ayudar a los más pobres y vivir entre ellos. En 1950, ella y sus ayudantas fundaron la orden de las Misioneras de la Caridad.

La forma más eficaz de enseñar a alguien lo que nos gustaría que supiera es a través de nuestra conducta, no de nuestras palabras. A menudo pasamos largas horas conversando, expresando nuestro enfado por cosas que nos sublevan e intercambiando insultos y ejemplos de lo que nos resulta tan exasperante. El cambio deseado no se materializa, y seguimos experimentando la angustia de ser incorrectamente tratado.

A cierto nivel puede ser cierto que la comunicación es la clave para las relaciones satisfactorias; no obstante, con frecuencia parece que cuantas más palabras se intercambian, menos logramos. Esto suele pasar con las personas que más nos importan, con nuestra familia, empleados y jefes, e incluso con nuestros propios hijos.

La madre Teresa, el diminuto gigante espiritual que trabajó a diario en las calles de Calcuta viendo a «Jesucristo en todos sus disfraces de miseria», tal como ella decía, nos ofrece una profunda sabiduría en este breve consejo. «Se debería hablar menos», y debería haber más acción por tu parte. Las palabras que no están respaldadas por la acción se convierten simplemente en un «lugar de predicación» y nada más. Si realmente quieres dejar constancia de algo, puede que debas crear un «punto de encuentro» con una conducta nueva y eficaz. El antiguo aforismo «Oigo y olvido; veo y recuerdo; hago y comprendo» no sólo se aplica a lo que quieres aprender, sino también a cómo quieres ser tratado. Es evidente que no puedes aprender a nadar escuchando las instrucciones de los demás o viendo nadar a otros. Has de practicarlo para aprender. Esta misma lógica concisa se puede aplicar a la interminables retahíla de palabras que empleas como único medio de comunicación.

La conducta es la forma más eficaz de comunicarnos con los demás. Mi esposa y yo siempre hemos enseñado a nuestros hijos a ser buenos con todas las criaturas. Sin embargo, la mejor forma de comunicar este mensaje es nuestra propia conducta. Quizás el ejemplo más significativo sucediera en Maui, cuando Marcelene y una de nuestras hijas descubrieron que un pajarito se había caído del nido. Recuerdo que mi esposa, que ese día tenía que atender asuntos familiares importantes, puso al pajarito en una caja de zapatos, recorrió media isla para dejar al animal en un lugar de acogida al que había llamado, pasó cuatro horas conduciendo y perdió todo el día por la pequeña cría. Entregó al pajarito en una sociedad protectora de animales y al hacer esto creó un punto de encuentro en vez de un lugar de predicación. Ese día nuestros hijos y yo vimos el amor hacia todas las criaturas en acción y la lección resultó mucho más útil que ninguna charla sobre el tema.

Cuando te descubras enzarzado en fútiles juegos de palabras que nunca pasan de la superficie, detente y recuerda la gran sabiduría de la sugerencia de la madre Teresa. Pregúntate: «¿Qué puedo hacer aquí?», en lugar de seguir intentando constatar algo. Si alguien utiliza un lenguaje poco respetuoso, házselo saber con palabras, pero si la falta de respeto continúa, cambia a la fase de la acción o al punto de encuentro, tal como dice la madre Teresa. Apártate inmediatamente de allí. Si estás tratando con un adulto, haz todo lo posible para transmitirle tu enfado. Aléjate al menos durante una semana. Si estás tratando con un alcohólico, no te conviertas en su cómplice empleando palabras como único medio de comunicación. Exígele a esa persona que busque ayuda o de lo contrario dejarás de formar parte de su vida. Con los niños, quítales los privilegios y mantente firme cuando hayan infringido las reglas básicas de la decencia y la armonía. Siempre has de hablar las cosas, pero al final has de coger la escoba y limpiar la casa de otro si realmente quieres ayudar.

No se puede decir que la madre Teresa fuera cruel o que no se preocupara por los demás, puesto que dedicó su vida a la caridad y a dar un trato humano a los más necesitados. Parecía saber que la forma de hacer que esto fuera realidad no era hablar sobre la importancia de la acción virtuosa, sino vivir según ella. No es cruel mostrar con tu conducta que no estás dispuesto a perdonar esas cosas que te parecen detestables. Puede que sea la única forma de que se produzca un cambio. Las palabras, aunque importantes, corren el riesgo de ser olvidadas si no van acompañadas de la acción.

Todos parecemos tener tendencia a hablar interminablemente de nuestros problemas. Formamos comités para estudiar problemas, vamos a las reuniones y hablamos de todas las razones por las que probablemente no se pueda hacer nada. Las personas de acción no suelen formar parte de esos comités ni escuchar informes de conveniencia. Recuerdo haber leído algo sobre Lee Iacocca, el ejecutivo de la automoción conocido por su impaciencia con las excusas, que con su liderazgo consiguió colocar en la cima a dos de las más grandes empresas de la automoción. Cuando pidió a sus ingenieros que diseñaran un prototipo de coche descapotable que no se había conseguido fabricar en muchos años, no dejó de oír razones para justificar la inviabilidad del proyecto y todos los problemas de ingeniería que acarrearía. Al final, exasperado, les ordenó: «Coged un coche, cortadle el maldito techo y dejadme verlo».

La gente de acción, las personas que cambian las cosas en la vida, las que más admiramos, parecen conocer la verdad que encierra este antiguo dicho: «Lo que haces habla tan alto que no me deja oír lo que dices». Sé un hacedor. En el proceso harás más para enseñar a los demás y para llevar más plenitud a tu vida que todas las palabras que puedas encontrar en el diccionario.

Para poner el práctica el consejo de la madre Teresa, prueba lo siguiente:

• Ten presente que en la vida te tratarán como enseñas a los demás a que te traten. Pregúntate si tu conducta incita a los malos tratos que recibes.

• Cuando sientas que tus palabras ya no tienen ningún efecto y que te están conduciendo a largas y cansadas historias que terminan con los mismos resultados, decídete por la creatividad y transforma el lugar de predicación en un punto de encuentro.

• Escribe nuevas formas de acción que te lleven a ese punto y comprométete a seguirlas, aunque te sientas tentado de volver a los juegos de palabras.

• Deja que los miembros de tu familia, especialmente tus hijos, observen tu filosofía de vida. Al margen de lo que puedan decir, te respetarán por tus acciones, incluso aunque parezcan críticos. Si te niegas a descender al nivel de la discusión y de la actitud defensiva, y sencillamente demuestras tu filosofía de la vida con determinación, llegarás a conocer el valor de ese punto de encuentro.

Respeto

Brisbane

Donde Dios se nos reveló.

Sólo los dos conocemos la magia y el respetuoso asombro
de esa presencia.

Contra lo improbable...

Nuestra conexión con la eternidad se reforzó,
se fortaleció.

Sin embargo, la paradoja siempre persiste...

Tenemos control y no lo tenemos,
condenados a elegir.

De lo único que estoy seguro es de que nuestro
amor se instauró para la eternidad.

Wayne W. Dyer
(1940-)

Wayne Dyer, un alma infinita disfrazada de esposo, padre de ocho hijos, escritor y orador, es autor de este libro y de otros dieciséis, incluyendo tres libros de texto.

Este libro no trata de enseñarte a apreciar la poesía y la filosofía, sino a aplicar la sabiduría de estos escritores en nuestra vida cotidiana. Todos los textos reproducidos en este libro transmiten mensajes de personas sensibles, altamente creativas y productivas que vivieron sobre nuestro planeta Tierra, al igual que tú y yo.

Considero un poco pretencioso incluir un poema propio junto al esplendor de tantos poetas, artistas y filósofos consumados. No obstante, he optado por aceptar la incomodidad y la timidez que me produce incluir «Brisbane» en este libro, que ha supuesto para mí un trabajo de amor esclarecedor, como ejemplo de poesía que procede del corazón de un hombre normal y corriente, escrito para su esposa en un momento de respetuoso asombro e inspiración. También deseo que conozcas la historia que hay tras este poema de alguien que todavía está vivo y puede expresar sus razones para escribirlo.

De modo que concluyo esta recopilación con un poema escrito por mí para mi esposa Marcelene, y espero que tú también cojas papel y lápiz y dejes a un lado el miedo al ridículo o a las comparaciones injustas con los grandes poetas para expresar tus más íntimos sentimientos hacia los que amas.

Este poema se llama «Brisbane» porque es la ciudad del norte de Australia donde, en 1989, sentí y supe con absoluta certeza que había una fuerza en el universo a la que yo denomino Dios. Fue cuando empecé a conocer a Dios, mientras que, hasta ese día, sólo había oído hablar de él.

Mi esposa Marcelene y nuestros dos hijos, que en aquella época tenían un año y medio y tres años y medio, venían con nosotros en mi gira de conferencias por Australia, en febrero de 1989. Ese día hablé a un numeroso grupo de personas y luego regresamos exhaustos a nuestro hotel en Brisbane para retirarnos a descansar. Uno de mis hijos estaba en mi cama, mientras Marcelene dormía con el bebé en la cama de al lado.

A las cuatro y cinco de la madrugada sucedió algo que nunca me había pasado antes o que, al menos, me conmocionó como ninguna otra cosa que pueda describir. Mi esposa se despertó de un sueño profundo y empezó a reorganizar la habitación. Sacó a nuestra hija de tres años y medio de mi cama y la puso con su hermano de un año y medio. Luego se metió en la cama conmigo, acurrucándose junto a mí. Esto era bastante extraño en Marcelene, sobre todo porque aún amamantaba a nuestro hijo. Yo estaba aturdido, como en medio de un sueño.

Mi esposa llevaba ocho años amamantando o encinta y, por consiguiente, había interrumpido por completo su ciclo menstrual. Además, le habían asegurado que no se volvería a quedar embarazada, puesto que le habían extirpado un ovario. No obstante, para estar seguros de no tener más hijos, actuábamos con precaución y yo me retiraba en el momento preciso. Pero, a pesar de todo esto, concebimos a nuestra hija Saje Eykis Dyer, que nació el 16 de noviembre de 1989.

¿Qué hizo que mi esposa despertara en ese momento? ¿Qué provocó esta extraña conducta, casi obsesiva, en una mujer que siempre mantiene el control? ¿Qué fuerza estaba operando esa noche? ¿Quién la dirigía?

Saje ha supuesto una fuerza unificadora en nuestro matrimonio; sin embargo, cuando descubrí que mi esposa estaba embarazada a causa de ese maravilloso y extraño arrebato de medianoche, supe, al igual que ella, que había una fuerza superior disponiéndolo todo para traer a ese pequeño ángel al mundo material, a través de nosotros, a pesar de nuestra voluntad de no tener más hijos. La cirugía, las medidas de precaución, la marcha atrás, la ausencia de un ciclo menstrual que nos permitiera calcular las distintas etapas de la ovulación y el hecho de estar profundamente dormida en una tierra extranjera son obstáculos insignificantes para una fuerza vital que lucha por manifestarse en nuestro mundo.

El día de la madre de 1989 escribí este poema para mi esposa y lo coloqué dentro de un *collage* enmarcado de nuestro viaje a Australia. No obstante, no importa cuántas palabras escriba, ni cómo intente transmitir lo extraordinario de esa experiencia, porque, tal como escribí: «Sólo los dos conocemos la magia y el respetuoso asombro de esa presencia». Desde aquel día nunca he experimentado la menor duda sobre la presencia de Dios en mi vida. No participo en grandes debates con los no creyentes, tampoco siento una necesidad especial de convencer a nadie de lo que sé. Sencillamente lo expreso, en mis escritos y en mis charlas, y también en el pequeño poema que escribí para mi esposa. Vuelvo a ese día y mi conexión con ese divino despertar, con esa fuerza omnipresente, se refuerza. Gracias a esa experiencia también sé que toda alma que se manifiesta como ser humano forma parte de esta divina comedia.

Nos gustaría pensar que somos los responsables de estas cosas, y sin embargo una parte de mí sabe que nada puede detener a un alma que está dispuesta a venir al mundo; la paradoja de la expresión «condenados a elegir» es prueba evidente. Es decir, por una parte tenemos el control y por otra no lo tenemos, las dos cosas a la vez; aprender a vivir con este enigma supone gran parte del camino para conocer a Dios.

Tú llegaste a este mundo a través de un designio igualmente milagroso. Tu corazón empezó a latir dentro del vientre de tu madre a las pocas semanas de la concepción, y esto sigue siendo un verdadero misterio para el ser humano. ¿Cómo surge algo de la nada? ¿Dónde estaba esa vida antes de la concepción? ¿Qué sucede en el instante de la creación? Todos nosotros somos una paradoja, y quizá lo mejor sea dejar a un lado el esfuerzo intelectual y aceptar con un corazón afectuoso que nuestro amor se ha instaurado para siempre.

Llénate siempre de respetuoso asombro y muestra gratitud por cada momento de tu vida y cada molécula de la creación. No obstante, en algún lugar, muy dentro de ti, en un recóndito espacio de tu conciencia, ten la certeza de que existe una presencia divina actuando en tu interior y en todo el universo, una presencia que nunca se equivoca. A pesar de lo que hayas llegado a creer con el paso de los años, éste es un sistema inteligente del que todos formamos parte, y donde nuestras entradas y salidas siempre se producen en el momento adecuado.

Este último mensaje es también mi tributo a ese revelador momento a principios de 1989. Puedes estar seguro de una cosa que se menciona en *Un curso de milagros*, y que he intentado transmitir en este último capítulo. Es la única sugerencia que deseo ofrecerte para que la tengas presente cuando cierres este libro: «Si supieras Quién camina junto a ti por la senda que has elegido, el miedo no tendría lugar».

¡Namaste! (Honro ese lugar de ti donde todos somos uno.)

Esta obra, publicada por
GRIJALBO MONDADORI,
se terminó de imprimir en los talleres
de Hurope, S.L., de Barcelona,
el día 22 de octubre
de 1999